门店营运管理

主　编　操　阳　徐　恺
参　编　辛永容　李冬梅　陈高峰
　　　　俞　俊　张　勇　李卫华

MENDIAN
YINGYUN GUANLI

南京大学出版社

图书在版编目(CIP)数据

门店营运管理/操阳，徐恺主编. —南京：南京大学出版社，2014.12(2020.1 重印)

ISBN 978-7-305-14537-7

Ⅰ. ①门… Ⅱ. ①操… ②徐… Ⅲ. ①连锁店—商业经营 Ⅳ. ①F717.6

中国版本图书馆 CIP 数据核字(2014)第 307488 号

出版发行 南京大学出版社
社　　址 南京市汉口路 22 号　　邮　编 210093
出 版 人 金鑫荣

书　　名 门店营运管理
主　　编 操 阳 徐 恺
责任编辑 张静萍 王抗战　　编辑热线 025-83592123

照　　排 南京理工大学资产经营有限公司
印　　刷 虎彩印艺股份有限公司
开　　本 787×1092 1/16 印张 13.5 字数 320 千
版　　次 2014 年 12 月第 1 版 2020 年 1 月第 3 次印刷
ISBN 978-7-305-14537-7
定　　价 35.00 元

网　　址：http://www.njupco.com
官方微博：http://weibo.com/njupco
官方微信号：njupress
销售咨询热线：(025)83594756

前　言

连锁门店(Outlet)是直接面向顾客的经营单位，既是顾客购物及体验的场所，也是连锁企业市场竞争的主战场，主要承担着商品销售和服务职能。连锁门店作为专门的销售业务单位，根据总部的要求和服务规范，直接为终端消费者提供产品和服务，创造顾客价值；没有门店提供商品和服务，顾客价值和企业的利润均无法实现。因此，连锁门店运营管理能力及水平的高低直接影响到企业的盈利能力、市场占有率等，而加强门店运营管理，是提升企业竞争力的重要途径。

连锁门店的运营管理是在连锁总部统一管控下进行的，连锁门店既要执行总部的经营战略和各项政策，实行统一采购、统一配送、统一价格、统一营销策略等；同时，也要立足本商圈的顾客需求特点，准确定位，通过有效零售组合，提高门店服务能力，形成区位竞争优势，扩大门店商圈的辐射范围，提升顾客价值。

近年来，随着互联网的发展和人们对网购认识的加深，网上购物被越来越多的人所接受，越来越多的企业加入到电子商务的大军中。特别是O2O商业模式在中国的兴起，更是引发一场"线上线下"的商业大战。由于本书受篇幅及编者能力水平的限制，此部分涉及较少。

连锁门店运营管理是理论与实操都很强的一门课程。编者在总结多年教学、实践经验，吸收有关教学研究最新成果和企业实践的基础上，充分吸收"项目化课程开发"、"理实一体化"及"典型工作任务导向"等高等职业教育教学改革最新成果，依据"适度、够用"的理念，对教材内容进行了基于工作过程的整合编写。本书在编写过程中力求：

1. 内容的务实性。针对高职高专技能型人才培养的需要，在理论介绍的基础上，重点强调实践性操作，使本书整体内容更务实，适应高职高专教育的要求。

2. 编写的生动性。克服以往教材过于呆板的弊端，力求在编写中形象生动，能给读者更多的启发与思考。

3. 知识的拓展性。针对高职高专学生的知识结构特点，在编写中增加知识拓展栏目，旨在使学生能够利用课余时间，学习更多相关知识，提高学生的专业素养。

4. 文字的简洁性。本书在文字描述上力求简洁、明快、通俗易懂。

5. 时代性和创新性。本书编写中采用最近的文献资料、数据、案例等，紧贴时代发展的脉搏；同时注重编写体例和内容的创新，以保持本书的生命力。

本书由操阳、徐恺主编，并由操阳统撰定稿。全书共8个模块，具体编写分工如下：模块一，操阳(南京旅游职业学院)、徐恺(江苏经贸职业技术学院)；模块二，模块四，徐恺(江苏经贸职业技术学院)；模块三，李卫华(江苏经贸职业技术学院)；模块五、模块八，辛永容(江苏开放大学)；模块六，李冬梅(常州工程职业技术学院)；模块七，陈高峰(山西轻工职业技术学院）。

本书在编写过程中，苏果超市有限公司人力资源部原执行总监俞俊、苏果超市有限公司光华路购物广场店店长张勇为本书提供了门店营运与管理方面的实际经验、素材与体会，在此表示衷心感谢。同时，我们参考了大量的书籍、网络文献资料，吸收了国内外众多学者的研究成果和实践经验，在此一并向这些作者、专家、学者表示衷心的感谢！

由于编者水平有限，同时零售行业不断发展，连锁经营的理论不断完善，我们对连锁企业门店营运与管理的理解和认识也有待不断提高；因此，本书难免有粗疏和不足之处，敬请广大读者谅解并多提宝贵意见，以便我们提高、完善。

编　者

2014 年 10 月

目　录

模块一　连锁门店营运与管理认知

【学习任务】

- 掌握营运管理的基本概念和内容。
- 掌握门店营运管理的内容、要求。
- 掌握门店管理的职能和目标。
- 掌握门店营运管理目标的制定步骤和实施。

导入案例

启点超市:本土的均价折扣店

上海启点超市是一家以经营1元、5元、9元商品为特色的新兴连锁超市,成立于2005年,商品品类以学生用品、各类饰品、休闲食品、简易家居用品、生活用品为主。

目前,国内大卖场、标超、便利店发展得如火如荼,均价折扣店却一直发展缓慢。“1-5-9启点超市”均价折扣店独创的经营管理方法值得借鉴,主要包括:(1)信息管理系统简单化:把信息分为“重要”“必要”和“一般”三类,对商品信息进行分类,运用于店铺商品的进销调存管理上,效率和效果十分突出。(2)高效精简的商品管理:商品结构中,时尚百货以95%的比例占绝对优势,食品仅占5%。启点超市三百平方米左右的单店面积,却涵盖了一万种以上形式各异的商品品类,显示出其不同于一般超市的商品管理运作模式。(3)零库存经营。启点超市对商品实行预先的库外分流,尽力实现厂门到店门的对接性物流,极少数商品在配送中心简单分装后迅速直送门店,实现了占品种数90%的商品零库存经营。(4)商品陈列的方式创新:启点超市引进全新的陈列器材和道具,采用吊杆、网栅、挂钩、异形架等全新器械,从天花板、墙面到周转箱、地板全方位铺陈,立体展示各种商品,使顾客置身在商品丛中产生新鲜体验。

目前,启点超市已发展至12家门店、1个配送中心,取得了在高速扩张下基本保本盈利的业绩。尽管启点超市仍然在摸索新的经营模式,但它的出现标志着在中国真正意义上颇具规模,又极富本土特色的均价折扣店实现了零的突破。

资料来源:广东商学院零售学精品课程网站 http://lsx.jpkc.gdufe.edu.cn/default.aspx

[问题] 启点超市在门店管理上特色是什么?它需要从哪些方面努力,以保持这种特色?

项目一 门店营运管理认知

一、营运管理认知

现代管理理论认为，企业管理按职能分工，其中最基本也是最主要的职能是生产营运、技术开发、财务会计、市场营销以及人力资源管理。这五项职能既是独立的又是相互依赖的，正是这种相互依赖和配合才能实现企业的经营目标。企业的经营活动是这五大职能有机联系的一个循环往复的过程，企业为了达到自身的经营目的，上述五大职能缺一不可。

营运管理就是对营运过程的计划、组织、实施和控制，是与产品生产和服务创造密切相关的各项管理工作的总称。从另一个角度来讲，营运管理也可以指对生产、提供公司主要产品和服务的系统进行设计、运行、评价、改进。在当今社会，不断发展的生产力使得大量生产要素转移到商业、交通运输、房地产、通信、公共事业、保险、金融和其他服务性行业及领域，传统的有形产品生产概念已经不能反映和概括服务业所表现出来的生产形式。

因此，随着服务业的兴起，生产的概念进一步扩展，逐步容纳了非制造的服务业领域，不仅包括了有形产品的制造，而且包括了无形服务的提供，实施有效的营运管理越来越重要。如今，营运管理方法与技术的应用范围正在向商业服务业延伸，尤其是在连锁与零售组织，营运管理水平已成为企业核心竞争力的重要组成部分。

营运管理的对象是营运过程和营运系统。营运过程是一个投入、转换、产出的过程，是一个劳动过程或价值增值的过程，它是营运的第一大对象，营运必须考虑如何对生产营运活动进行计划、组织和控制。营运系统是指上述变换过程得以实现的手段，它的构成与变换过程中的物质转换过程和管理过程相对应，包括一个物质系统和一个管理系统。

营运管理要控制的主要目标是质量、成本、时间和柔性（灵活性/弹性/敏捷性），它们是企业竞争力的根本源泉，因此，营运管理在企业经营中具有重要的作用。

特别是近三十年来，现代企业的生产经营规模不断扩大，产品本身的技术和知识密集程度不断提高，产品的生产和服务过程日趋复杂，市场需求日益多样化、多变化，世界范围内的竞争日益激烈，这些因素使营运管理本身也在不断发生变化。随着信息技术突飞猛进地发展，为营运增添了新的有力手段，使其内容更加丰富，范围更加扩大，体系更加完整。

现代营运管理涵盖的范围越来越大，已从传统的制造业扩大到非制造业。其研究内容也已不再局限于生产过程的计划、组织与控制，而是扩大到包括营运战略的制定、营运系统设计以及营运系统运行等多个层次，把营运战略、新产品开发、产品设计、采购供应、生产制造、产品配送直至售后服务看作一个完整的“价值链”，对其进行集成管理。

信息技术已成为营运管理的重要手段，由信息技术引起的一系列管理模式和管理方法上的变革，成为营运的重要研究内容。近三十年来出现的计算机辅助设计（CAD）、计算机辅助制造（CAM）、计算机集成制造系统（CIMS）、物料需求计划（MRP）、制造资源计划（MRPII）以及企业资源计划（ERP）等，在企业生产营运中得到广泛应用。

二、连锁门店营运管理认知

（一）连锁门店营运管理的含义

门店营运管理是指零售商通过一些硬指标及软指标对其门店的各项作业进行培训、督导、考核、奖惩等一系列经营管理活动。营运管理的范围涵盖整个门店的运营活动，包括会员招募与管理、收货、订货、补货、内部转货、内部调拨、防损、盘点、保鲜、陈列、标示、广告与促销、销售、货物整理、设备保养与维护、保安（防火、防盗、防投毒、防爆）、收银、存包、退换货、赠品、人员（含供应商促销员）管理、企划与美工、保洁、市调、售后服务、送货、团购、总务及行政等工作。

（二）连锁门店营运管理要求

为保证企业的有效运营，连锁经营要求门店管理方式规范化，具体体现在"三化"管理原则。

1. 统一化的管理

这是连锁经营最基本的特征，主要体现在以下几个方面：① 企业形象统一化。各分店在店铺内外建设和员工穿着上保持一致。② 商品、服务的统一化。各分店经营的商品种类、商品的定价、营业时间、售后服务、处理顾客抱怨等方面都基本保持一致，分店只有极少的灵活性。③ 管理的统一化。在采购、储运、配送、广告宣传、销售促进、人事财务等方面，都是由总部统一操作。如麦当劳可以保证在任何一家分店享受同样味道和分量的快餐，没有统一化的管理是做不到的。

2. 简单化的管理

是指门店作业简单化。由于已经实行了统一化管理和专业化分工，各种工作都有详尽而具体的规定，这就可以使连锁营销的管理活动最大限度地简单化，以减少经验对管理的影响。

3. 标准化管理

标准化管理是多店铺组织与网络化流通的必然条件，其目的是确保连锁门店的统一形象，稳定商品质量和服务质量，简化管理工作，提高管理效率，并控制人为因素对经营管理可能造成的不利影响。

（1）标准化管理。标准化管理方式有四层含义：一是建立标准；二是选择合适的人员；三是按标准对人员进行培训；四是把标准与掌握的人结合起来，创造出效益。

（2）推行标准化管理。推行标准化管理应把握以下原则：一是把个人经验上升为集体经验，即从实践中积累经验，并用科学的方法将经验上升为可形成文字并可传授的标准；二是坚持三结合，即凡要做到的都要写到、凡要写到的都要做到、凡要做到的都要有效；三是实施标准化管理应强调适用性、渐进性和实践性。

（3）标准化管理的内容。主要包括以下几点：一是企业形象标准化；二是营业状态标准化；三是作业活动标准化；四是管理活动标准化。

（4）标准化管理可参考的标准。首先可参照 ISO9002 或 ISO9004－2 国际标准建立质量保证体系或质量管理体系，并根据企业实际需要建立连锁经营管理体系。

小资料

标准化是工业生产不断发展的结果,而标准化的出现又促进了工业进步。使产品标准化的方法最早出现于18世纪末。1798年,美国人E. Whitney在制锁工业中最先采用零件标准化的方法以保证零件的互换性,后来被用于枪械生产。零件标准化采用专用设备生产,大大提高了生产效率,也便于产品使用过程中的维修与更换。这种生产方式是走向大量生产的第一步。这种生产方式在19世纪末以前仅用于枪械制造业。20世纪初,福特把它用于汽车零件的大量生产,"标准化"成为机械制造业的通用概念。1901年英国最早把工业标准化列为国家法令,接着美国在1917年、法国在1918年都把工业标准化用国家法律固定下来。采用标准化的流水线生产方式,本世纪初工业实现了大量生产。二战结束后,尤其是自20世纪60年代以来,随着世界工业的发展、自动化生产的推广,生产能力进一步增强,但如何才能将产品大量销售出去,实现大量消费呢?标准化促进了大量生产,它能促进大量消费吗?实践表明:连锁店通过实施标准化管理,确实可以实现营业的高效率。

资料来源:操阳,《连锁企业经营原理与实务》,高等教育出版社,2008年

(三)连锁门店营运管理的信息化

从20世纪70年代以来信息技术逐步渗透到商业组织经营管理的方方面面。随着信息技术的运用,商业自动化水平不断提高,运输、集中配送仓库的电算化管理和条形码的应用,使商业零售效率大为提高;顾客选购的商品由收银员用扫描仪读取商品上的条形码信息,电脑会自动统计商品种类和价格,分别将信息传递到配货中心,由中心配货并及时进行销售结算和营业统计。70年代以来的商业信息化和自动化技术的运用,大大提高了连锁店管理的效率,推动了连锁店的不断扩张。

下面我们来看看连锁店是如何运用商业信息技术的。

连锁店的决策主要由RDSS(Retail Decision Support System)支持。RDSS指收集、分析和传送用于决策的资料的人员、设备和程序结构,主要由内部资料、MIS(Management Information System)产生的资料、二手资料、一手资料和模型构建组成。建立模型是RDSS的最后一个组成部分,其最为核心的则是MIS(管理信息系统)部分。

作为RDSS主要部分的MIS通常由规划系统、业务流程系统、信息报告系统构成。规划系统要规定维持满足消费者需求的最优存货;以有效的财政资源保证采购;为每个分店提供满足公司目标的销售目标。流程系统包括了一系列与订货、收货、配送直到店内销售完成的相关活动。信息报告系统能使管理层了解多店铺销售情况。可以根据店铺、产品、分支、部门、类别提供信息,也可根据供应商、款式、规模、价格及其他产品特征提供信息。

MIS是一个旨在改善信息收集与分析的以计算机为基础的系统,MIS的产品是一系列计算机处理得出的报告,旨在使连锁店总部立刻找到问题的答案,包括确立季节销售计划、测量业绩、订货管理、供应商分析、促销评价等。MIS的核心是店内计算机和POS系统。

POS 系统的构成要件是商品条形码、电子收银机、扫描器、后台电脑和总部信息中心。

除 POS 外，EOS(Electronic Ordering System)订货系统也是 MIS 的一个重要组成部分。EOS 主要用于商店分店从总部的进货管理和分店盘点管理、总部商品部向供应商进货的管理。EOS 基本构件包括价格卡与商品条形码、掌上型终端机、数据机。

除上述介绍的信息技术外，目前连锁企业还采用一些新的信息技术。

第一是 EFTS(Electronic Funds Transfer System)，即电子转账系统。通过一个与银行连接的终端装置，可以验证顾客的支票或信用证，进行信用证交易，在交易的同时把资金从顾客账户转到连锁店账户上去，实现无纸交易。

第二是电子购物。

第三是店内销售辅助屏幕。专门为一些顾客回答问题，减少了营业员提供信息的必要。伍尔沃兹已在全英国分店中装了电子亭，以备顾客查询情况。

第四是电子邮件。使用这一技术的 Wal-Mart 分店在安装 POS 终端和电子邮件系统后，店铺接受指令的时间下降到了 7～10 天。

第五是电子货架标签。可由一个中央控制处对价格进行电子化改变，不必由人员单个改变标价，使消费者马上可以得知价格。

第六是采用卫星通信技术。卫星通信由小口径终端网络接口，包括共用网络与专用网络两种，以及一个网络管理中心和一个安装在每一分店的伞状接收终端。不论是资料、声音或图像均可从中心传递到距地面 2.25 万英里的卫星上，再发送到各分店。Wal-Mart早在 20 世纪 80 年代已采用了卫星通信技术。

卫星通信网络的使用给连锁店带来了下述好处：一是稳定营运成本，该网络 90% 的成本是固定不变的、可以预测的；二是可靠、连续、大容量的通信能力得以建立；三是网络构建和扩张容易，可克服连锁店多店铺营运租用远距离通信线路成本上升的困难。一个新店建立后，只要安装好终端装置即可入网，增加网点的沟通成本仅限于购买、安装终端装备。当试图重新划定区域配送路线时由中心构建配送网络较容易，减轻了店铺管理的负担。此外卫星通信系统的一个主要好处是加快了信用证的确认时间，只需 3～5 秒钟，而在电话线上确认则需 30 秒钟，因而加快了结算速度，减少了顾客等待时间。随着在供应商和连锁店之间加快存货转移和价格信息传递的需要，无纸交易在加快，因此，EDI(Electronic Data Interchange) 和 DSD(Direct Stores Delivery)，即送货到店系统，及其他计算机化业务越来越普及。卫星通信易于实行又可提供所需要的速度。随着卫星通信系统的运用，音频、视频广播也在连锁超市中日益常见。卫星通信将被越来越多的连锁店采用。

连锁企业通过运用 RDSS、MIS、POS、EOS 等信息软件，实现了高度的商业自动化，现代技术的使用使总部对各分店的管理大大便利了。

小资料

OTO 商业模式是一种新诞生的电子商务模式，这种模式在一定程度上缩短了消费者决策时间(参考:高燕飞先生的课程),是由TrialPay创始人兼CEO Alex Rampell提出的,“OTO”是“Online To Offline”的简写,即“线上到线下”,OTO商业模式的核心很简单,就是把线上的消费者带到现实的商店中去,在线支付购买线下的商品和服务,再到线下去享受服务。

小思考

1. 你是否有通过网店购物的经历?如有,谈谈你的网购感受。
2. 你认为网店对实体店有何影响?

项目二 连锁门店营运与管理目标与体系

一、门店营运与管理的目标

(一) 门店管理的职能

门店是总部政策的执行单位,是连锁公司直接向顾客提供商品及服务的单位。其基本职能是按照总部的指示和规范要求,承担日常的销售任务。

由于门店直接向顾客提供商品和服务,因此,除做好商品销售工作以外,还要承担其他相关的职能和管理任务,具体如下:

1. 主要的业务活动有,商品销售、进货及存货管理、绩效评估。

(1) 商品销售是向顾客展示、供应商品并提供服务的活动,是门店的核心职能。

(2) 进货是指向总部要货或自行向由总部统一规定的供货商要货的活动,门店的存货包括卖场的存货(即陈列在货架上的商品存量)和内仓的存货。

(3) 经营绩效评估包括,对影响经营业绩的各项因素的观察、调查与分析,也包括对各项经营指标完成情况的评估以及改善业绩的对策。

2. 主要的管理活动有环境管理、人员管理、商品管理、现金管理和信息资料管理等。

(1) 环境管理:主要包括店头的外观管理和卖场内部的环境管理。

(2) 人员管理:主要包括员工的管理、供应商的管理和顾客的管理等。

(3) 商品管理:主要包括商品质量管理、缺货管理、商品陈列管理、商品盘点管理、商品损耗管理及商品销售实施的管理等。

(4) 现金管理:主要包括收银管理和进货票据管理等。

(5) 信息资料管理:主要包括门店的经营信息管理、顾客投诉与建议信息管理、竞争者信息管理等。

根据门店的主要职能,总部对门店的运营效果会定期考评,其中关键业绩衡量指标主要有以下几点:

门店销售额——营运部有总体销售额指标,然后分解到各个门店。一般主要考虑竞争状况和成长要求。

商品加价率——门店对加价率的追求是永恒的，这是实现毛利的关键工作。

人员成本——可以用生产率来衡量，即每位员工实现的销售额（人均劳效），这也是使用得最多的评价方法，同时人员成本经常是门店营运成本的最主要部分。

货架效率——每平方米营业面积产出的销售额（即坪效）。

门店损耗——零售门店的损耗无法避免，正确的方法和有效管理可以使损耗减到最低。

顾客关系——每个门店都为一定半径内的顾客服务，留住顾客、提高顾客对门店的忠诚是盈利的重要保证，因此不仅要研究顾客在门店为什么购买这个产品而不是那个产品，还要研究为什么到这家门店而不是那家门店购买。

小资料

连锁企业门店经营管理的方式

——目前市场通行的做法

1. 直营连锁方式

连锁店由总部全资开设，总部直接委派店长，店长对各店的经营管理负责，总部对店长进行监督和考核，在总部统一的经营理念下，经营同类商品，提供同样服务，对进货渠道、价格标准、配送管理、形象设计等方面进行统一管理、统一经营、统一核算、统负盈亏。国内采用这种经营方式的企业较多。其优势是所有权、经营权、管理权高度统一，便于中心的一体化操作，能够建立良好的品牌效应。

2. 店长承包经营方式

连锁店由总部投资设立，各店由店长承包经营，店长和连锁中心每年签订承包经营合同，在合同中规定统一的品牌经营和形象设计，中心根据每年的经营情况核准下一年的经营指标，如果超额完成经营指标，就超额部分各店按一定比例提成，进行奖励；如果未完成经营指标，就差额部分按一定比例处罚。其优势是所有权和经营权分离，减少中心对各店的管理成本，同时又能充分调动各店长的经营管理积极性。

3. 控股连锁方式

连锁店由总部开设，总部处于绝对控股地位，店长可个人出资参股，以总部对店长所任职连锁店开业初期的一次性投入为基数，总部无偿赠送店长10%的股权（店长只有这部分股权的收益分配权，无所有权），另店长至少出资认购1%的股权。每年收益分配，50%以现金分红，另外的50%以股权的形式分红，红股按照当年会计年度每股实际价值折算。店长及其关联人累积持股不得超过49%，到达该上限以后，店长不得再认购股权，收益分配不再实行红股的形式，而给店长以现金分红。若店长出资认购股份超过39%（包括39%），总部将把店长的累积持股严格控制在49%以内，属于总部无偿赠送的股权无偿收回。其优势是能够充分调动店长经营管理的积极性；劣势是总部对店长的约束力度较弱。

4. 自愿连锁方式

各连锁店均为独立法人，各自的资产所有权关系不变，在总部的指导下共同经营，各店自主经营，自负盈亏，店长采用聘用制，总部对店长任期内经营目标的完成进行监督和考核。其优势是各店有充分的经营自主权，更能适应市场的竞争；劣势是各店的开设成本比较高，工商税务程序繁琐。

5. 特许连锁（或称加盟连锁）方式

连锁店同总部签订合同，取得使用总部商标、商号、经营技术及销售总部开发商品的特许权，经营权集中于总部。

（二）门店营运与管理的目标

门店运营管理的要求，用一句话来概括，就是不折不扣、完整地把企业总部的目标、计划和具体要求体现到日常的作业化管理中，实现经营的统一化。门店运营管理的目标主要有以下三个方面：

1. 销售的最大化

门店的运营必须按部就班，由各项基本的事务着手，从而使门店能够步入正轨。为了圆满实现运营目标，应重点抓销售，因为销售本身就是门店的主要业务，只有尽可能地扩大销售额，才能实现门店的利润目标，销售的最大化并不是盲目地或单纯地运用各种促销方式来达到的，而是必须通过正常的标准化运营作业来实现更高的销售。

2. 损耗的最小化

不管提高了多少销售额，如果不严格控制门店各个环节的损耗费用，那么门店可能只有很低的利润，甚至没有利润或亏损，这样所有的经营都是白费的。因此，损耗的最小化是提高经营绩效的一条重要途径，同样也是门店运营管理的重要目标。

3. 服务的满意化

在现代消费环境中，顾客面对琳琅满目的商品，可以选择的机会越来越多，因而对门店的待客服务，开始有了较高水准的期待。门店员工必须认识到服务的价值是共生互利的，才能在提供服务的同时，以建立长期关系的待客心境，提供最好的服务内容，不断提高顾客的满意度和忠诚度，从而在激烈的竞争中立于不败之地。

小资料

宜家家居提供不同于传统家具店的服务

宜家家居是瑞典的家具零售商，生意遍及全球，其服务理念不同于传统家具店。传统的家具店有一个展览间展示店内出售的家具，包括布料样品、薄木片及顾客能订购款式的册子，是对存货的补充。销售人员协助顾客浏览小册子，顾客做出选择后，就向工厂下订单，家具在6～8周内送到顾客家。这个方法使顾客定制化程度最大，但成本高。

相反，宜家家居采用一种基于大量店内陈设的自助形式。在商店服务台前，顾客能拿到商店陈设图、铅笔、订购单、写字板和卷尺。在看到目录和展品后，顾客进入自选仓库，用销售标签的代码进行选择。每样产品在15万平方英尺仓库里70多个类似房间的背景下展示，这样顾客不需要装饰专员向他们描述家具将展现成什么样。邻着展示间就是具有包装成箱的家具现货仓库，顾客在离开商店时就能取走家具。

虽然宜家家居用顾客自我服务的方法，但它提供了传统家具店不能提供的一些服务，如店内照顾小孩中心和家具质量方面的信息。小孩可待在有 50 000 个颜色鲜艳的塑料球的房间里。里面有瓶装取暖器和免洗尿布自动售货机。

另外，在每个店里有展示产品质量的房间，是用设计特征和材料来概括的，并附有检验程序的说明。

资料来源：迈克尔·利维、巴顿·韦茨，零售管理，人民邮电出版社，2004

小思考

你认为零售企业利润最大化和门店利润最大化总是一致的吗？
如果企业利润最大化和门店利润最大化出现冲突，应该怎么处理？

二、门店营运与管理标准化体系的制定

连锁门店的营运必须在规模化基础上，整体规划，进行专业化分工，在专业化分工的基础上实施集中管理。只有这样才能使连锁门店在激烈的竞争中快速反应，领先对手。

（一）总部制定门店营运与管理标准

在连锁公司内部通过总部与门店的分工，实现了决策与作业的分工。由连锁公司总部统一制定门店营运与管理标准，实质上连锁公司总部是决策中心，而门店则是作业现场。门店根据总部制定的营运与管理标准，实施具体的作业化程序，最终实现门店的正常运营。

门店日常营运管理工作包含两个方面，一是每日必须完成的一定类别和数量的工作，并保证工作质量；二是完成这些工作的一定数量、具有不同操作技能和经验的员工。门店管理要考虑的是每日工作如何圆满完成，以及如何合理安排员工，充分发挥和使用人力资源。因此，总部制定的营运与管理标准，实质上就是详细、周密的作业分工、作业程序、作业方法、作业标准和作业考核。

（二）门店管理标准制定的具体步骤

1. 确定作业的对象分工

能否确定作业的对象分工，通常是比较关键性的工作。具体作业分工包括把何种工作、多少工作量、在什么时间内安排给何人承担。因为门店作业繁多，通常超级市场门店作业管理的重点是店长作业管理、收银员作业管理、理货员作业管理、商品盘点作业管理和顾客投诉与意见处理等，这些作业过程与质量管理的好坏，将会直接影响每一家门店的经营状况。作业管理要比岗位管理更进一步，它既体现了岗位作业的技术性要求，也更具体、更细化地考核岗位工作的质量好坏。因此，只有通过合理的分工，才能把工作具体落实下来，保证正常的营运水平。

2. 确立标准化作用的程序

全面分析不同作业人员，如收银员、理货员、店长、盘点等工作情况，消除多余的、不必要的动作、环节、行动，合并有关环节，合理安排具体的作业顺序，使作业程序尽量简化，以提高效率、降低成本。

标准化作业程序在明确分工、出勤计划的基础上，通过具体操作表来明确这项工作的具体操作规则。例如：理货员进行货架商品的补货，就包含了定时补货与不定时补货的具体时间、操作程序，以及相应时间内应达到的工作量等。通过这些具体化作业的落实，来保证门店的正常营运和管理。

3. 记录作业情况

将确定的分工作业与标准化作业程序，运用适当的时间，全面准确地记录下不同岗位的工作运行情况，一定要确实根据每日的营运状况，一一加以记录。门店若欲维持正常的营运，对于各项外在与内在的因素均必须予以有效的掌握。因此，标准化作业程序试运行的数据或报表均为十分有价值的参考资料，如营业实绩的统计、不同作业分工的实施情况与效果等。建立了这些资料，便于总部进一步比较分析，进而灵活地加以运用，最终使营运管理标准健全化。

4. 作业标准的制定

标准化是连锁店成功经营的基础。通过数据采集与定性分析、现场作业研究，制定出既简便可行，又节省时间、金钱的标准化作业规范。

三、门店营运与管理标准化体系的实施

无严格的管理，再好的管理标准也只是一纸空文。严格而科学地展开与实施管理标准是连锁经营标准化管理的实质。可以说管理标准是企业内部的“法律”，执“法”要严，企业运转才会有序和高效。管理的标准化与标准化管理是营运活动得以开展的两个方面，具体包括以下内容：

（一）编写营业手册

通过作业研究和比较，发掘最有效的作业方法，以此作为标准，并编写具体的营业手册。营业手册的编写实际上是将连锁门店经营的经验、技巧上升为明确的理论和原则。任何一个连锁超市总部所制定的营业手册应全面地包括每一岗位、每一作业人员，应尽可能发现每一细节并加以规定，尽可能完整地包含所有细节，这是营业手册的精华所在。

小资料

某零售企业门店收银流程

营业前

1. 早班课长要求提前 15 分钟到岗，查看昨日勤务日志及工作留言，追踪未完成事项，并确认签字。

2. 督促中控人员至财务室领用当天的换零备用金。

3. 巡场检查各收银区域卫生(含中控、收银线、烟酒专柜、化妆品专柜、家电专柜、招商区等)。

4. 检查收银机台清洁卫生情况，隔离栏是否放好，暂停服务牌、孤儿篮、马夹袋、磁扣篮是否放置在指定位置，晚班孤儿是否收清，收银设备、POS 设备、打印机、机台灯是否正常开启。其他设备是否完好，如有损坏应立即电话通知公司资讯部维修。

5. 督促收银员快速上机,检查仪容仪表。扣上未开机台的隔离带、解码器加盖。

6. 确定当日值班经理,食品部、百货部、生鲜部值班课长。

7. 人力的确认和安排,填写区域岗位到岗人数,记录异常考勤。

营业中

1. 督促中控人员、收银员现场换零。

2. 安排人员打扫区域内卫生。

3. 抽查收银员收银准确性,每位收银员每月被抽查次数不得低于2次,统一使用《收银员收银抽查表》。

4. 现场随机抽查顾客对收银员服务的满意度,每位收银员每月被抽查次数不得少于5次,统一使用《收银员服务抽查表》。

5. 及时通知食品、百货、生鲜部门回收孤儿商品。

6. 现场调整最佳人力安排,确保结账顺畅(以不超过5人为原则)。

7. 及时督促保洁员回收手提篮、手推车,保持收银通道的畅通。

8. 及时登记并保管顾客遗忘商品(顾客已结账忘拿走的商品),统一使用《顾客遗忘商品登记表》。

9. 对收银员不符合服务规范部分予以纠正,包括三唱、礼貌用语、双手递发票、收银速度等方面。

10. 对工作状况不理想的收银员(工作技能不达标、服务意识不佳等)进行有针对性的专业培训、做好收银设备的日常维护保养工作,发现门店无法解决的问题及时向公司资讯部报修并登记,统一使用《设备异常登记表》。

11. 了解备品及马夹袋使用情况,及时补充(马夹袋低于一周用量需订购)。

12. 每周日进行中控台及收银员马夹袋的盘点。

13. 快速、合理解决顾客抱怨、投诉。

14. 安排收银员轮流用餐。

15. 召开收银员每日例会。

16. 讨论例会内容,了解当日出勤状况及未到班人员原因。

17. 早晚班收银课长填写勤务日志、交接记录。

营业后

1. 统计收银员漏打、多打、错打笔数及金额。

2. 统计员工与计时工的考勤,计算工时。

3. 审核收银员马夹袋用量。

4. 安排收银员下机,检查机台清洁卫生,隔离栏、暂停服务牌、孤儿篮、磁扣篮的摆放位置是否正确,解码器是否加盖,关闭所有收银设备及电源。

5. 将中控台所有备品摆放整齐。

6. 至财务室协助收银员轧账,清点轧账有出入的收银员备用金,并留至轧账结束方可离开。

(二)建立完整的培训系统

对连锁超市来讲,标准化要求高质量的培训。离开了培训,营业手册所规定的作业标准就难以被员工理解、接受和执行。因此，建立完整的培训系统，对超市各级员工的有效选拔、任用、教育、开发是连锁超市稳步发展、持续进步的关键所在。超市的专业人才，目前国内的教育系统还未直接培养出来，也无法从社会上直接聘得，这就更需要从本连锁体员工的实践和锻炼培训中培养人才。完整的培训系统按纵向层次开发包括三层：

1. 职前培训

职前培训是指新员工进店后的基础培训。其偏重于观念教育与专业知识。员工首先明确连锁门店的规章制度、职业道德规范，以及相应的专业知识。其基本内容如下：

一是服务规范。让每个员工树立依法经营、维护消费者合法利益的思想，同时，把服务仪表、服务态度、服务纪律、服务秩序等作为培训的基本内容，让员工树立“顾客是上帝”、“员工代表企业”的思想。

二是专业知识培训。在帮助员工树立正确工作观念的基础上，理解各自工作岗位的有关专业知识。一般可分为售前、售中、售后三个阶段的专业知识：

售前，即开店准备。具体包括店内的清扫、商品配置及补充准备品的确认等必须掌握的专业知识。

售中，即营业中与销售有关的事项。具体包括待客销售技巧、维护商品阵列状态、收银等事项。

售后，即门店营业结束后的工作事宜。建立良好的顾客利益保障制度、商品盘点制度等工作。

2. 在职培训

在职培训偏重于职前培训基础上的操作实务性培训。培训内容主要按各类人员的职位、工作时段、工作内容、发展规划进行培训。主要涉及人员为店长(值班长)、理货员、收银员等门店工作人员，按其职级展开和实施。

3. 一岗多能的培训

除了让员工明了各自岗位所需的知识和技能外，许多情况下还需要员工发挥其“多能”。事实上，超市门店内，尤其是便利店中有某些工作是需全体员工都能操作的，如商品的盘点作业、商品的损耗处理、收银操作等。店长如在这方面抓好了对职工的培训和管理，就可以减少用工人数，而减少用工人数，就可以相应减少费用支出，从而提高门店的盈利水平。

小资料

麦当劳汉堡大学是麦当劳的全球培训发展中心，旨在为员工提供系统的餐厅营运管理及领导力发展培训，确保麦当劳在运营管理、服务管理、产品质量及清洁度方面坚守统一标准。

麦当劳汉堡大学于1961年由麦当劳前高级董事长弗雷德·特纳(Fred Turner)创立，最初位于伊利诺伊州爱尔克·格拉乌村(Elk Grove Village)一家餐厅的地下室内，后迁至美国芝加哥橡溪镇(Oak Brook)麦当劳总部。

1961年2月24日，麦当劳汉堡大学的第一批14名学员毕业。如今，每年有超过

5 000名学员接受麦当劳汉堡大学的培训。自1961年起至今，全球有超过125 000名餐厅经理、中级经理和运营商毕业于麦当劳汉堡大学。

目前共有7所麦当劳汉堡大学遍布世界各地，包括美国、日本、澳大利亚、巴西、英国、德国和中国。

在培训方面，麦当劳致力于成为最佳的人才培养中心，为企业培训和发展一批具有极高忠诚度的优秀人才，以贯彻执行麦当劳的核心价值——质量、服务、清洁和物超所值(QSC&V)。由于在人才培训和发展方面始终不渝地投入和努力，麦当劳获得了广泛认可和数项殊荣，是世界上第一个拥有全球性训练发展中心的餐饮企业；也是唯一一家快餐企业所提供的课程得到美国教育理事会(ACE)的认可，并可获得大学学分转换，美国教育理事会(ACE)是全美历史最悠久、最受尊敬的高等教育联合体。

麦当劳创始人雷·克洛克曾说："若想走遍天下，必须人才为先。我要把钱花在人才上。"麦当劳汉堡大学每天仍在实践这个经营理念。

资料来源：http://baike.baidu.com/view/3425931.htm

小思考

对于跨国零售企业而言，企业的标准化管理与当地经营环境发生冲突时应该如何处理？

四、门店营运与管理标准化体系的改进

我们知道企业的经营环境总是不断变化，尤其对于跨国经营的零售企业，在同一时间更是要面临不同地区经营环境的考验，企业的标准适应过去，不表示能适应未来，适应某些国家和地区，不表示能适应其他国家和地区。比如沃尔玛在美国的选址标准其中一条就是要选择交通便利的郊区，因为郊区房租便宜，有利于降低营运成本，从而降低商品的零售价格，而且在郊区建店，有利于门店规划大型停车场。交通便利是因为美国是一个典型的汽车社会，消费者习惯于开车购物。而将这一条选址标准拿到中国来就不合适，绝大多数中国消费者购物还是喜欢去居所较近，并且公共交通便利的门店，所以我们看到沃尔玛在中国很多城市的门店不一定开在郊区，而是开在城区，甚至是一个城市的繁华商业区。

当然标准体系也不能说变就变，否则会让企业的员工无从适应。总之，对于连锁企业的营运与管理标准既不能故步自封，也不能朝令夕改，与时俱进才是最好的选择。

【模块小结】

1. 营运管理就是对营运过程的计划、组织、实施和控制，是与产品生产和服务创造密切相关的各项管理工作的总称。随着服务业的兴起，生产的概念进一步扩展，逐步容纳了非制造的服务业领域，不仅包括了有形产品的制造，而且包括了无形服务的提供，实施有效的营运管理越来越重要。如今，营运管理方法与技术的应用范围正在向商业服务业延

伸，尤其是在连锁与零售组织，营运管理水平已成为企业核心竞争力的重要组成部分。

2. 门店营运管理是指零售商通过一些硬指标及软指标对其门店的各项作业进行培训、督导、考核、奖惩等一系列经营管理活动。营运管理的范围涵盖整个门店的运营活动，包括会员招募与管理、收货、订货、补货、内部转货、内部调拨、防损、盘点、保鲜、陈列、标示、广告与促销、销售、货物整理、设备保养与维护、保安(防火、防盗、防投毒、防爆)、收银、存包、退换货、赠品、人员(含供应商促销员)管理、企划与美工、保洁、市调、售后服务、送货、团购、总务及行政等工作。

3. 门店是总部政策的执行单位，是连锁公司直接向顾客提供商品及服务的单位。其基本职能是按照总部的指示和规范要求，承担日常的销售任务。

4. 门店运营管理的目标主要有以下两个方面：销售的最大化、损耗的最小化。

5. 对连锁企业而言，门店运营管理的标准由总部制定，门店执行。门店管理标准制定的具体步骤包括，确定作业的对象分工；确立标准化作用的程序；记录作业情况；制定作业标准。门店营运与管理标准化体系的实施步骤包括编写营业手册、建立完整的培训系统

【关键术语/关键词】

营运　标准　标准化　体系　目标　培训

【知识链接/拓展阅读】

走进“麦当劳”的标准化管理

麦当劳的标准化管理在世界上可谓首屈一指，值得中国连锁企业学习和借鉴。

1. 建筑装潢和设计布局方面。世界各地的麦当劳餐厅都有一个金黄色“M”形的双拱门，以红色和黄色为主；柜台设计以92厘米为标准；店铺内的布局也基本一致：壁柜全部离地，装有屋顶空调系统。这是麦当劳不断进行标准化工作努力的结果。麦当劳以红色和黄色作为店铺的主色调，是运用色彩心理学的结果，就拿交通信号来说，红色表示“停”，黄色则表示“注意”，麦当劳把招牌的底色做成红色的，而上面代表麦当劳商标的“M”则是黄色的。红色令人驻足，黄色则提醒你注意，于是人们便会不由自主地走进餐厅。麦当劳规定柜台的高度为92厘米，道理在于，最适合人们从口袋里掏出钱来的高度就是92厘米，不论高矮，人们在92厘米的柜台前，总是最方便掏钱出来。

2. 机械、工具、设施方面。麦当劳餐厅厨房的用具全部是标准化的，如用来装袋用的薯条铲，可以大大加快薯条的装袋速度；用来煎肉的贝壳式双面煎炉可以将煎肉时间减少一半；还有每天生产能力达250加仑的饮料机。

3. 产品和服务方面。麦当劳在食品加工方面规定，所有的薯条采用“芝加哥式”炸法，预先炸3分钟，临时再炸2分钟，从而令薯条更香更脆；在麦当劳，与汉堡包一起卖出的可口可乐，据测在4℃时味道最为甜美，于是全世界麦当劳的可口可乐温度，统一规定保持在4℃；面包厚度在17厘米时，入口味道最美，于是所有的面包均是17厘米厚；面包中的气孔在5厘米时味道最佳，于是所有面包中的气泡都为5厘米；顾客在柜台前等待时间若超过30秒钟，顾客会产生不耐烦感，因此必须在30秒钟内结束服务。麦当劳还有下

列规定：玻璃每天要擦、停车场每天冲水、垃圾桶每天刷洗、每隔一天必须擦一遍所有的不锈钢器材、每星期天花板必须打扫一次、每3分钟店内的空气必须换一次；对公司的最主要产品汉堡包也制定了明确标准，所用的肉都是新鲜的，而且是非冷冻的。

4. 加盟方面。麦当劳对加盟者进行公式化作业训练：如何追踪存货、如何准备现金报表、如何准备其他财务报告、如何预测营业额以及如何制定工作进度表等，甚至可以在手册中查到如何判断盈亏情况、了解营业额中有多少百分比用于雇佣人员，有多少百分比用于进货，又有多少是办公费用。每个加盟者在根据手册计算出自己的结果后，可以与其他加盟店的结果相比较，这样就可以立即发现问题。

5. 培训系统建立方面。早在1957年麦当劳就制作了第一部训练影片，1962年2月开办了汉堡包大学，详细教导学员如何选择马铃薯，如何配置汉堡肉饼的成分，如何拆掉、重装由麦当劳自己创造发明的机器。到1983年，价值7 000万美元的校园建成，7间教室可以容纳750名学员同时到校训练，每一间教室都有电脑控制的自动录音、记分系统，而且有翻译设备供外国学员使用。凡是餐厅里有的工具，学校中全有。由专职教授开设课程，课程包含麦当劳经营的全部知识。正是严格的训练使麦当劳把标准落到了实处。离开了培训，营运手册所规定的作业标准就难以理解，对连锁店而言，标准化要求高度的培训。在麦当劳甚至连培训也是标准化的，由于人们注意力保持集中的时间只有20分钟，所以培训用的录像带只有20分钟。麦当劳有30卷不同内容的录像带，以便教育新员工，让他们迅速掌握作业标准。

6. 严格的管理方面。在麦当劳系统中，有专职的每日忙于参观、评价各地麦当劳加盟店作业情况的营运顾问。这些人每人每年拜访18家连锁店4次，每一次都要完成一项27页，多达500个项目的考察报告，只有考核合格的加盟者才可以开办新的分店。几十年一贯的坚持标准化是麦当劳成功的根本原因。

7. 探索改善连锁店营运的方法方面。麦当劳曾有一条规定，不能在餐厅里雇用女性员工，到了20世纪60年代尽管可以雇佣女性员工，但规定女性员工不能留长发、不准涂指甲油、不可化妆过度、有严重青春痘的女性员工不得在窗口服务。但现在麦当劳的女服务员占了57%，由女经理管理的餐厅占40%。不合理的规定被废除，先进的标准得以实施。

资料来源：苏同华，《连锁店经营管理》，立信会计出版社，1996

自测评估

1. 选择题

(1) 下列哪一项作业不属于门店营运的内容

A. 盘点　　B. 防损　　C. 采购　　D. 订货

(2) 下列哪一项不属于门店营运的要求

A. 统一化　　B. 简单化　　C. 标准化　　D. 规模化

(3) 门店营运与管理的标准体系是由______建立的

A. 总部　　B. 门店　　C. 管理咨询公司　　D. CEO

(4) 完整的培训系统按纵向层次开发有三层，下面哪一项不属于这三层

A. 职前培训　　B. 在职培训　　C. 一岗多能的培训　D. 学校进修

(5) 连锁企业统一化的管理主要指________

A. 企业形象统一化　　B. 价格统一化

C. 管理统一化　　D. 商品和服务统一化

2. 简答题

(1) 什么是营运管理？谈谈营运与营销的区别。

(2) 连锁门店营运与管理标准化的主要内容有哪些？

(3) 门店营运与管理的目标是什么？简述门店管理标准制定的具体步骤。

(4) 门店营运与管理标准化体系如何实施，才能取得比较好的效果？

(5) 在职培训与在校培训有什么区别？两种方法各自的好处和局限是什么？

3. 案例分析

（一）雪姿提高经营效率

便利连锁店雪姿(Shetz)总部设在美国宾夕法尼亚州阿尔图诺市，拥有192家商店，其通过开展一系列的详细研究来确定如何更高效地完成商店的销售任务。曾经是商店经理而现在已成为组织效率总经理的查理·坎贝尔(Charlie Campbell)说，“我们观察每一个细节，从商店经理每天如何结算到店员怎样清理垃圾箱等等。这一观察研究的成果于1997年付诸实践。在此后的两年中，公司光在工资成本这项中就节省了510万美元。”

雪姿发现商店经理每个营业日都要花三四个小时做结算。他们不得不在40台电脑的屏幕上填写资料，还会为查找5美元的错误花上1个小时。在结算上花费如此多的时间影响了为顾客服务。经理们可以在第二天早上结算，这时候交通最拥挤，所以就不会有什么顾客。再次检查商店经理的工作时，雪姿估计现在经理们每年要花160 000多小时在非生产性的行政工作上。

雪姿还发现，商店经理得到的许多信息都没有什么价值。坎贝尔指出，“没用的报表太多了，商店经理的电脑里有204个报表。我们已经把这个数字降到了23个。”

通过重新检查工作日程，雪姿为每个连锁店每个星期节省了55小时工时。在做这项研究之前，商店的人员配备主要以销售额作为标准。这种方法的缺陷是，有些商店的大量销售额来自于劳动密集型活动，例如食品服务；而有些商店的销售额却来自不需费力的服务，例如刷卡结付(pay at the pump transaction，便利连锁店经营者称之为户外销售——outside sales)。商店取消了一些工作任务，公司还取消了分拣库存单位报纸的工作，因为有些报纸雪姿的利润只有2%，如果店员花时间按库存单位来接收和分拣这些报纸，那么公司就会卖一份亏一份。

（资料来源：迈克尔·利维，巴顿·韦茨，《零售管理》，人民邮电出版社，2004年）

根据以上资料，分析雪姿如何做到经营效率的不断改进。

（二）星巴克卖中国茶，肯德基卖米饭，洋快餐谋转型上演中式“变脸”

曾几何时，洋快餐进攻中国市场的凌厉步伐一直伴随着“走本土化还是坚持西式化”的争论。近日，随着星巴克大张旗鼓地卖茶和肯德基的低调卖米饭，洋快餐中式化的步伐

开始跨进一大步，而曾经标榜的西式快餐文化也开始模糊了面孔，令人有“中西难辨”之感。

本土化步伐走得最快的当数肯德基的东家百胜集团，继之前连续收购小肥羊股份外，还开出首个中式快餐连锁“东方既白”，而旗下肯德基开始卖米饭之举，会否与东方既白形成竞争？洋快餐中式化会否模糊了本身的洋味，导致不洋不土的尴尬呢？

与肯德基卖米饭思路类似的是，曾经倡导休闲餐饮文化的星巴克，在2008年遭遇金融危机的打击后，唯一不减反增的亚太市场成为其复苏的重要引擎。早在几年前，星巴克已尝试向中式餐饮转型，先后短期卖过粽子、月饼等中式餐点，但在主流饮品中正式推出中国茶品，尚是首次。

关于洋快餐是该本土化些还是该坚持自己的本色，一向存在两种观点：坚持走专业西式快餐路线最具代表性的应是麦当劳，从麦当劳的角度来讲，因为西式快餐的高度标准化，所以才能使成本很好地得到控制，反而像肯德基这样的，花样很多但是成本居高不下，导致近年来盈利大受挑战，肯德基没意识到这点，反而向另一条路上越走越远。麦当劳算是比较成功的例子，不大成功的例子有坚持西式风格的赛百威，虽然在美国风靡一时，但在中国始终水土不服，多数为外籍人士提供餐饮，进入不了主流餐饮。

从肯德基与星巴克的不约而同走本土化路线的举动中，我们可以看到，近年来由真功夫等一批中式快餐崛起引领的健康餐饮，本土化餐饮日渐深入民心，使得曾经高高在上的洋快餐也不得不转而学师，洋快餐的中式变脸，是可行还是不可行，现在盖棺论定仍为时尚早。

……

“上午喝咖啡，下午喝茶！”刚刚过完传统春节，中国消费者在星巴克看到悄然更新的广告。殷勤的星巴克店员也会重点向顾客介绍刚刚上线的白牡丹、碧螺春、东方美人乌龙茶等9款新品茶。“这只是星巴克在中国茶领域发展的第一步，今后仍将在这个方向上有大作为。”星巴克咖啡公司大中华区市场、产品及传播副总裁黄丽敏向记者如此表示。2008年受全球金融危机影响明显，但中国市场表现名列前茅，此番星巴克似乎要借中国人最熟悉的“茶”，给中国消费者再添一份新鲜感。

……

在全球金融危机的影响下，星巴克美国大本营遭受重创，星巴克这头“现金奶牛”遭遇了长达两年的利润下滑，但是星巴克方面确认中国市场的发展持续走高，业绩“名列前茅”。虽然星巴克从未透露过单个市场的开店数，但据记者从星巴克内部获得的数据，目前中国华南区的门店数约70家，2009年新店的增长率约为20%。相比之下，星巴克为节省开支，近两年一直努力地关闭欧美等地不景气市场的900家门店。

中国市场一直被星巴克视为继美国本土外最有潜力的新市场，此次星巴克选择在中国市场大力推广中国人最熟悉的茶品，可以视为最大动作的一次本土化。

“虽然星巴克给人的感觉是专业做咖啡，但是星巴克其实在40年前就开始在全球所有门店中有茶产品配售，其中包括英式红茶和伯爵红茶两个主要产品。但是白牡丹、碧螺春、东方美人乌龙茶等中国特有的茶品，是我们头一次在中国进行尝试。在这个基础上加上四款浓郁香醇的原叶异域茶：甘菊花草茶、印度红茶以及两款手工特制茶饮，中国市场已经有9款新的茶品在门店内销售。”黄丽敏称，运作茶的新业务，星巴克已经做了较长时间的准备，此举是基于了解到口感细致醇厚的原叶茶广受消费者青睐。为表示与此前产品的不同，星巴克为最新的茶系列新品独设了“星巴克茶”的商标。“目前中国茶系列，只在中国地区销售，假如其他市场的消费者也喜欢，我们将会对茶系列做更大的市场推广。”

（资料来源：南方都市报，2010年3月9日）

根据以上案例，分组就肯德基、星巴克针对中国市场的转型之举进行讨论，分析其存在哪些利弊？并预测这种转型是否可能取得成功，并说明原因。

【实际操作训练/技能实训】

1. 实训目的：让学生了解连锁企业总部和门店的关系；连锁企业总部的标准体系大致如何建立和实施；门店通过哪些具体的作业活动完成销售工作。

2. 实训环境：电脑上网；有条件的学校邀请和学校有合作关系的零售企业相关部门管理人员介绍企业经营情况，和任课教师、学生共同交流。

3. 实训步骤：第一步，学生上网查阅零售企业的资料；第二步，零售企业的相关部门管理人员介绍企业经营情况，尤其是门店营运与管理的一些知识；第三步，零售企业的相关部门管理人员回答学生的问题，共同交流；第四步，利用所学知识，对零售企业门店营运与管理方面的情况写一份调研报告。

模块二　人员管理

【学习任务】

1. 了解连锁企业门店主要有哪些岗位。
2. 了解每个岗位的主要工作职责有哪些。
3. 了解连锁企业如何对员工进行管理和考核。
4. 掌握门店店长及其他岗位的工作流程。

导入案例

眼看着自己工作了十多年的工厂越来越不行了，小王在《新民晚报》上看到了一则连锁企业的招聘广告。经过初试、复试、面试与笔试，他进入公司举办的培训班学习。学习两个月以后到门店见习，从最基本的清洁、理货、收银等工作做起，到领班、主管、副店长、店长，掌握了店铺营运中前场、现场、后场等各个环节的工作流程与管理技能，不到4年时间就晋升为大卖场经理和管理近30家门店的区域经理。小王在接受晋升考核时回答的其中一个问题是，如果让你去管理一个有问题的店铺，你首先考虑什么？小王说：我先要观察人员状况，如果人没问题，那问题多半出在商品上。

资料来源：周勇、池丽华，《连锁店营运管理》，立信会计出版社，2012

［问题］

1. 你是否认同小王的观点？为什么？
2. 做店长是否一定要从最基本的清洁、理货、收银做起？为什么？

项目一　门店的组织结构设计

一、组织结构设计概述

组织结构设计，是通过对组织资源（如人力资源）的整合和优化，确立企业某一阶段最合理的管控模式，实现组织资源价值最大化和组织绩效最大化。狭义地、通俗地说，也就是在人员有限的状况下通过组织结构设计提高组织的执行力和战斗力。

企业的组织结构设计是这样的一项工作：在企业的组织中，对构成企业组织的各要素进行排列、组合，明确管理层次，分清各部门、各岗位之间的职责和相互协作关系，并使其在企业的战略目标过程中，获得最佳的工作业绩。

组织结构设计的内容主要包括:① 职能设计,是指企业的经营职能和管理职能的设计。企业作为一个经营单位,要根据其战略任务设计经营、管理职能。如果企业的有些职能不合理,那就需要进行调整,对其弱化或取消。② 框架设计,是企业组织设计的主要部分,运用较多。其内容简单来说就是纵向的分层次、横向的分部门。③ 协调设计,是指协调方式的设计。框架设计主要研究分工,有分工就必须要有协作。协调方式的设计就是研究分工的各个层次、各个部门之间如何进行合理协调、联系、配合,以保证其高效率的配合,发挥管理系统的整体效应。④ 规范设计,就是管理规范的设计。管理规范就是企业的规章制度,它是管理的规范和准则。结构本身设计最后要落实并体现为规章制度。管理规范保证了各个层次、部门和岗位,按照统一的要求和标准进行配合和行动。⑤ 人员设计,就是管理人员的设计。企业结构本身设计和规范设计,都要以管理者为依托,并由管理者来执行。因此,按照组织设计的要求,必须进行人员设计,配备相应数量和质量的人员。⑥ 激励设计,就是设计激励制度,对管理人员进行激励,其中包括正激励和负激励。正激励包括工资、福利等;负激励包括各种约束机制,也就是所谓的奖惩制度。激励制度既有利于调动管理人员的积极性,也有利于防止一些不正当和不规范的行为。

二、连锁企业门店的岗位设计

连锁企业门店实行店长负责制,由于功能比较单一,主要以销售服务为中心,所以在组织管理上是以岗位划分的。门店的主要岗位大致可以划分为两大类。

一是管理人员岗位,包括店长、副店长(或店长助理)、值班经理、各个岗位的主管(如生鲜部主管、百货部主管、财务部主管等)。

二是一般员工岗位,主要岗位包括 收银员、理货员、财务人员、服务人员、仓储人员等。

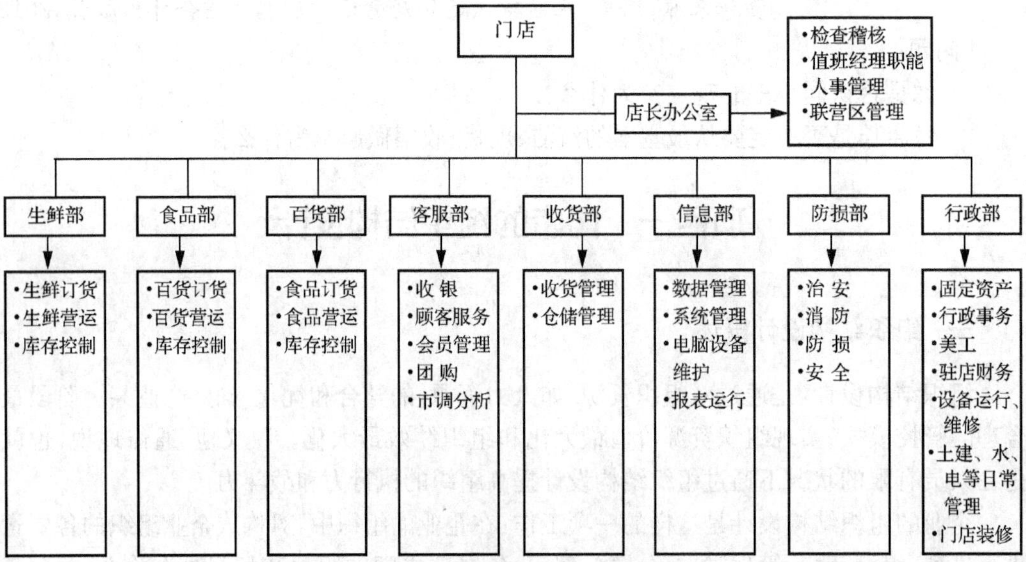

图 2-1 为某大型超市门店的组织结构图

项目二　岗位职责

一、管理人员岗位职责

（一）店长的工作职责

“店长乃一店之中的中流砥柱”，这句话深刻道出了店长的重要性。在规模与效益竞争日益加剧的今天，门店店长成了连锁经营发展的关键。店长是一个门店的核心人物，是门店的代表人、门店经营活动的指挥官、公司政策的执行者、培训部下的教导员、上下沟通和内部冲突的协调者、激发员工斗志的鼓动者，要对商店的运作进行统筹安排，对商店的整体经营效益负责。

一个合格的店长必须完成以下工作：① 做好商店最高管理者工作——管理商店的日常经营活动的运作，并订立商店的各项经济指标。② 做好企业代理人工作——作为商店代理人的身份，需和当地各个关系者、顾客、商业伙伴培养良好的关系。③ 做好协调工作——当商店有问题发生时，应在第一时间，以店长的身份尽快加以协调，使其恢复顺畅。④ 做好传达者工作——将连锁企业总部的各项方针、计划等正确和快速地传达给商店的员工。⑤ 做好导师工作——指导和教育商店的员工是店长的一项重要职责。⑥ 做好安全工作——店长须保证商店一切资产的安全。⑦ 做好经营工作——店长也是商店的一名销售人员，他应当了解顾客购物心理和需求，这样才能保证门店商品的适销对路，从而使之长盛不衰。⑧ 做好信息反馈工作——店长应当及时将所在地域的情况和消费动态向总部反馈，以便总部对于市场变化及时作出反应。

具体来说，店长的工作职责如下：

1. 对总公司负责，严格执行总部制定的各项规章制度，围绕总部下达的各项任务和指标，提出目标，制订计划，并适时地将门店经营状况向总部汇报。

2. 建立例会制度，传达总部精神，协调好各部门之间的关系，布置各部门的工作任务，检查并督促各部门的工作完成情况。

3. 加强员工管理，在总部相关原则下，制定符合门店的激励、考核机制并督促执行；密切关注员工的思想动态，在保持稳定的前提下，创造一个充满活力、勇于竞争、积极向上的工作氛围。

4. 加强营运管理，传达并执行营运管理中心的工作计划，充分挖掘现有技术平台的潜力，制定科学、高效的业务流程和会计监控机制，在落实劳动纪律和基础管理的前提下，指导并培训员工进行不断的创新和提高。

5. 完善现场管理考核体制，建立突发事件汇报处理程序，及时处理或指导员工对现场突发事件的处理，保证门店的经营秩序正常有序。

6. 密切关注市场动态，主动进行市场调研，落实市场分析及评估工作，主动向总部报告相关信息，努力提高区域市场占有率。

7. 协调外部关系，立足于维护企业的形象和信誉，制定相关规范，主动寻求对企业形象和信誉进行创新和提升。

8. 建立门店的培训和晋升制度，完善人力资源的跟踪和考核体制，主动发掘、培养优秀员工，向公司推荐专业技术和管理人才。

9. 每月须系统地总结门店各项工作，并以书面形式报送营运管理中心。

10. 进行库存管理，保证充足的货品、准确的存货及订单的及时发送。

11. 督促门店的促销活动。

12. 保障营运安全，严格清洁、防火、防盗的日常管理和设备的日常维修、保养。

13. 负责全店人员的培训。

14. 授权值班经理/店长处理店内事务。

15. 负责店内其他日常事务。

（二）副店长（店长助理）职责

1. 服从上级的领导，认真贯彻、完成上级布置的各项任务，并督促下属员工认真执行各项工作。

2. 与供应商（合作单位）建立良好的合作关系，认真执行公司下达的厂方促销计划及各项任务。

3. 全面熟悉各部门的日常工作，较好地处理各部门之间的协调关系。

4. 配合店长做好门店员工（含促销人员）的管理，实时了解员工思想动态，努力提升门店凝聚力，适时地将员工的一些建议向上级反映。

5. 配合店长做好门店商品陈列、质量、卫生的检查工作，落实基础管理，不断改进现场管理及运作水平。

6. 配合店长做好门店商品的进销存（含固定资产、设备用具）管理，逐项落实公司、门店的各项考核指标。

7. 配合店长全面执行门店基础操作流程，科学安排、调配人力资源、设备、设施及其他资源，提高工作效率。

8. 完成上级交办的其他事务。

（三）值班经理工作职责

值班经理一般由一名店长或副店长和一名主管共同组成，时间一般为开门营业至现场工作结束。其主要工作职责如下：

1. 负责接待职能部门检查工作，并在检查结束后及时向店长汇报检查结果。

2. 负责督核卖场员工纪律，全权纠正、处理员工违纪、违章现象。

3. 负责督核各部门商品保质期检查及改进作业，并对发生过期现象的柜组个人、商品进行处理。

4. 检查各区域柜组标价签、POP海报是否存在脱落、破损现象，并通知各部门各区域柜组解决。

5. 督检服务中心音乐，促销信息广播是否一直持续而无间断。

6. 有权根据卖场实际以及工作需要抽调各部门、柜组的人力进行卖场整体工作协调或突击作业需要。

7. 协调各部门之间的工作。

8. 店内巡查，处理各种突发纠纷、事件。

9. 做好清场打烊，填写安全及相关记录，做好夜间安全巡查工作。

10. 完成上级交办的其他事务。

（四）部门主管工作职责

门店各个部门主要包括各个品类部门（如食品部、生鲜部、洗化部等），以及财务、服务、安保、仓储、企划等行政管理部门。

以生鲜部门主管为例，其工作职责主要包括以下内容：

1. 对店长负责，围绕店长布置的各项任务，制订本部门的工作计划和目标、实施办法，并督促所属员工认真贯彻执行。

2. 全面负责本部门的人员管理和商品管理，负责本部门的经营与其他部门工作的协调。

3. 负责制定各柜组的销售指标，督促各柜组努力完成销售指标。

4. 负责各柜组员工的奖金分配，奖勤罚懒。

5. 做好对本部门员工各项工作的考核、培训，规范本部门员工的行为，做好商品陈列、商品价格、商品卫生等方面的检查工作，控制好本部门商品及原料的采购、储存、加工、销售过程损耗及卫生。

6. 负责对生鲜进场单位的监督、考核。

7. 负责对生鲜原料的采购、验收以及自营生鲜品种的定价，对每期盘点结果负责。

8. 定期做好生鲜部各单位的卫生检查工作，保证生鲜部操作间和生鲜制成品的卫生。

9. 加强对各自门店自营类生鲜商品的监控，及相关单据的传递。

行政管理部门以安保部门为例，其主管职责主要包括以下内容：

1. 督促所有保安遵规守纪，提高服务水平。

2. 负责定期做好全店安全检查，店内各类机器、设备的检查和联系维修工作。

3. 定期参加总部的安全培训，并开展门店所有员工的安全知识学习。

4. 配合好其他部门的工作，为其他部门工作的开展解决后顾之忧。

5. 做好与政府、公司相关职能部门的协调工作，保障店内人、财、物的安全及门店营运工作的正常运转。

6. 定期做好店内的各种基础设施和消防安全设施的安全检查。

7. 合理控制门店水、电、气消耗，杜绝浪费。

8. 负责员工食堂的管理工作，严格把关，确保员工的身体健康。

其他行政管理部门主管职责也可参照制定。

二、一般员工岗位职责

（一）理货员工作职责

1. 掌握与本岗位相关的流程和公司的规章制度。

2. 熟悉本柜台商品的分类、主要品种及品牌。

3. 熟悉本柜台的商品知识及商品陈列、展示要求。

4. 负责做好排面维护，保证排面整齐丰满。

5. 负责为顾客提供优质服务。

6. 负责做好现场促销，提高销售；随手还原孤儿商品。

7. 负责将本柜台缺货商品反馈给上级，协助上级做好订货工作。

8. 负责本柜台商品调价，保证调价的及时性与准确性。

9. 负责商品品质管理，商品先进先出，定期检查商品质量和保质期，问题商品及时上报，填写商品质量登记卡，保证商品质量符合销售要求。

10. 掌握标识使用要求，标识使用正确且齐全。

11. 负责做好所负责包干区的卫生，随手清洁货架和商品，随时清理地面杂物，保持通道畅通和清洁，定期做好冷柜的清洁卫生。

12. 关注商品销售过程中商品的安全，注意防盗；协助防损做好所负责范围的商品安全。

13. 参加盘点，保证盘点的准确性。

14. 完成上级交办的其他事务。

（二）收银员工作职责

1. 严格遵守企业的各项规章制度，服从上级的工作安排。

2. 为顾客提供热情友好的咨询礼仪服务和快捷、准确的结账服务。

3. 严格按收银工作程序进行收款操作，正确受理现金、信用卡、福利卡、会员卡等业务。

4. 认真遵守企业的各项规章制度和纪律，不带现金及私人物品上收银台。

5. 顾客扫入收银机内的商品提出不要时，严格按照冲红流程进行冲红。

6. 收银时必须使用文明礼貌用语，三唱齐全。

7. 安排离机时，应将暂停牌放在收银台，继续为暂停前顾客结账。

8. 找零及收银单双手递至顾客手上。

9. 帮顾客装袋时应按食品与非食品，以及热食、冷食、熟食、生食划分原则装袋。

10. 保持收银机、收银台、卫生包干区清洁。

11. 做好商品消磁工作，查看顾客手推车内商品是否全部拿出，配合防损进行抽查。

12. 正确填写收银单据，按时上缴销售款项、收银备用金。

13. 正确使用收银设备、设施，并做好维护保养，解决简单的收银设备故障。

（三）收货员工作职责

1. 严格遵守企业的各项规章制度，服从上级的工作安排。

2. 严格审核直配订单，根据直配订单认真核对商品品名、规格、包装率、数量、外包装是否存在破损状况等，完成商品的验收、登记、入账工作。

3. 做好库配商品验收交接工作。

4. 完成商品、赠品的验收和入库与出库登记，并定期盘点，确保商品安全。

5. 依据公司流程组织门店退货工作，核对退货单据，跟踪退单处理。

6. 做好调拨商品的核对验收签字确认,调拨单相应联交财务留存。

7. 熟悉和掌握所保管商品的规格、性能、用途、产地、生产日期、保质期。

8. 严格控制非仓库人员进出仓库,认真做好贵重商品的入库与出库登记交接工作。

9. 对仓库内的商品(包括赠品)安全负责,定期检查仓库设施、收货区各类设备维护保养工作,排除安全隐患。

10. 巡查仓库,做好防盗、防火工作。

11. 做好仓库的盘点工作。

(四) 防损员工作职责

1. 严格遵守企业的各项规章制度,服从上级的工作安排。

2. 执行公司各项安保防损管理规定,落实各项安全防范制度与措施。

3. 维护责任区域内安全情况,落实各稽核口的安全防损工作。

4. 熟悉使用消防设施、重点设备操作,迅速正确处理突发事件。

5. 维护公司利益,保障公司人身、财物安全,积极配合制止、处理盗窃犯罪行为。

6. 维护重大节日、促销活动期间场内外现场秩序。

7. 营业结束后协同值班店长进行超市清场工作,并仔细检查门店的各个死角确定无异常情况。

(五) 客服员工作职责

1. 严格遵守企业的各项规章制度,服从上级的工作安排。

2. 掌握商品的基本功能和使用技巧。

3. 为顾客办理退换货。

4. 发放赠品,建立赠品登记台账,管理赠品仓库。

5. 办理顾客遗留物品的登记和处理,为顾客提供存包服务、商品包扎服务。

6. 进行促销广播、公益广播、安全广播、顾客寻人广播等。

7. 为顾客办理会员卡并维护会员资料。

8. 保持服务台、退换货中心、赠品区、卫生包干区整洁。

9. 卖场有员工或顾客受轻伤,服务人员要立即使用应急药箱给予处理。

10. 为顾客做好便民服务工作。

11. 接待处理顾客投诉、咨询,及时受理顾客的建议。

12. 做好失物招领工作。

项目三　人员考核管理

一、人员考核概述

(一) 人员考核的定义和目的

所谓人员考核是指按照一定的标准,采用科学的方法,衡量与评定人员完成岗位职责任务的能力与效果的管理方法。对员工进行考核,从管理者的角度看,主要有两大基本目的:一是发掘与有效利用员工的能力;二是通过考核,给予员工公正的评价与待遇,包括奖惩与升迁等。

(二)人员考核的内容、要求和程序

对员工考核的内容主要包括五点:① 德,即考核人员的思想政治表现与职业道德。② 能,是指人员的工作能力。主要包括人员的基本业务能力、技术能力、管理能力与创新能力等。③ 勤,是指人员的工作积极性和工作态度。④ 绩,主要指工作业绩。包括可以量化的刚性成果和不易量化的可评估成果。⑤ 个性,主要了解人员的性格、偏好、思维特点等。

对人员在考核时要求做到:① 考核最基本的要求是必须坚持客观公正的原则。② 要建立由正确的考核标准、科学的考核方法和公正的考核主体组成的考核体系;③ 要实行多层次、多渠道、全方位、制度化的考核。④ 要注意考核结果的正确运用。

人员考核要遵循一定的程序,一般的考核程序主要由以下五个步骤组成:① 制订考核计划。② 制定考核标准、设计考核方法、培训考核人员。③ 衡量工作、收集信息。④ 分析考核信息、作出综合评价。⑤ 考核结果的运用。

对于连锁企业来讲,前两步的工作主要在总部,门店主要是按照总部的考核要求和规范,从事后面三步的工作。

(三)人员考核的方法

(1) 实测法,是指通过对各种项目实际测量进行考评的方法。例如,对员工进行生产技术技能的考评,通常采用现场作业,通过对其实际测量,进行技术测定、能力考核。

(2) 成绩记录法,是指将取得的各项成绩记录下来,以最后累积的结果进行评价的方法。

(3) 书面考试法,是指通过各种书面考试的形式进行考评的方法,这种方法适用于对员工所掌握的理论知识进行测定。

(4) 直观评估法,是指依据平日对被考评者的接触与观察,由考评者凭主观判断进行评价的方法。这种方法简便易行,但易受考评者的主观好恶影响,科学性差;

(5) 情景模拟法,是指设计特定情境,考察被考评者现场随机处置能力的一种方法;

(6) 民主测评法,即由组织的人员集体打分评估的考核方法。

(7) 因素评分法,即分别评估各项考核因素,为各因素评分,然后汇总,确定考核结果的一种考核方法。

二、门店人员考核的标准

连锁门店的营运应在整体规划下明确进行专业化分工,在分工基础上实施集中管理,由于门店各个岗位分工明确,为确保人员考核的准确、严谨、公平,总部负责制定员工的考核标准,门店负责按照标准进行具体执行,只有这样,才能实行整个连锁企业各个门店人员考核的标准化管理。而所谓标准化管理方式有四层含义:一是建立标准(总部);二是选择合适的人员(总部);三是按标准对人员进行培训(总部);四是把标准与掌握的人结合起来,创造出效益(门店)。由此可见,人员考核标准的建立是整个人员考核顺利完成的保证。而制定的人员考核标准应该包括门店所有岗位的管理人员和普通员工。考核的标准必须具体,能量化的尽量量化。

[实例应用]

表 2-1　某零售企业员工考核标准

序号	岗位	考核内容	奖惩标准
1	店长、副店长、助理店长考核标准	执行总部对干部的统一考核办法。	略
2	部门主管考核标准的内容	① 服从店长安排，按时完成经理/店长交代的任务。 ② 对员工一视同仁，不厚此薄彼，造成内部矛盾。 ③ 与其他部门有效协调、配合，避免与其他部门造成矛盾，给工作开展带来困难。 ④ 对本部门商品、人员管理积极、主动，避免工作造成被动。 ⑤ 不得有包庇员工的违规违纪行为。 ⑥ 主动关心、帮助员工，在员工心目中树立威信。 ⑦ 领导有方，工作有章法。	略
3	理货员考核标准	① 保持商品、货架及地面的清洁卫生，商品陈列整齐、丰满，商品标签正面朝外。 ② 营业用具(如打码机、要货单、标价签等)及扫帚、拖把、抹布等不乱摆乱放。 ③ 标价签规范、标价正确清晰，杜绝有货无签、有签无货。 ④ 自己看管的货架出现其他商品，应及时还原。 ⑤ 及时准确验收公司配送及外采商品。 ⑥ 认真检查本柜组商品，保证商品质量，不得有过期、鼠咬、严重破损等商品上架销售。 ⑦ 巡视货架，掌握销售动态，及时补充商品，商品要遵守先进先出的原则上架。 ⑧ 保护商品，防止商品被盗和被损坏。 ⑨ 来货时商品避免通道堵塞，整理及时。 ⑩ 认真做好交接班工作，并做好认真记录。 ⑪ 热情接待顾客，耐心回答顾客咨询，正确引导顾客购物。 ⑫ 正确处理与供应商的关系，不刁难业务员和送货员。 ⑬ 服从班长的工作安排。 ⑭ 商品调价时，及时做好商品标价签更换工作。 ⑮ 按公司要求做好商品的退货工作。	略
4	收银员考核标准	① 保证收银机及收银区的清洁，做好收银机的维护工作。 ② 不得违反公司规定，带现金上机。 ③ 不得给上班期间购物的员工结账。 ④ 不得违反规定给自己的亲友、熟人进行结算。 ⑤ 收银时认真，避免收到假币。 ⑥ 不得无理拒收或以无零钱为由拒收整钱。 ⑦ 热情待客，耐心回答顾客的咨询，正确引导顾客购物。 ⑧ 规范服务，正确使用文明礼貌用语，做到收款“三唱”。 ⑨ 商品逐笔登打，唱收唱付，购物单据和零钱同时交给顾客。 ⑩ 无特殊情况，营业中不得随意打开钱箱。	

续表

序号	岗位	考核内容	奖惩标准
4	收银员考核标准	⑪ 工作仔细，商品逐件消磁。 ⑫ 不得私自离开收银台，调换零钱必须由班长或指定人员办理。 ⑬ 店堂内不得大声喧哗，不得相互聊天。 ⑭ 未经主管同意不得随意拔电源插头，重新开机。 ⑮ 工作结束时，应在班长或保安陪同下将钱箱打开，取出收银款，然后交到财务室。 ⑯ 认真轧账，正确填写《收银日报表》和《门店收银元收款记录簿》。 ⑰ 营业结束后应关闭收银机，切断电源，盖好防尘罩，清理收银区卫生。	略
5	核算员考核标准	① 保持办公室整洁，做好后台电脑设备维护工作。 ② 直配单打印必须以收货班长提供的送货单为准。 ③ 认真核对，及时打印、登记直配单，保证准确无误。 ④ 根据电脑信息及时调整商品价格，并配合理货员做好商品调价工作。 ⑤ 严格执行支票及发票使用制度，及时正确填写登记簿。（负全责） ⑥ 充分做好盘点前的准备工作，认真复核并输入电脑，保证账实相符。 ⑦ 单据、凭证按规定装订成册，及时送公司财务中心，留存联装订成册，严格保管。 ⑧ 督促和检查鲜鸡蛋、茶叶蛋的销售工作，做到账目清楚，手续齐全准确无误。 ⑨ 办事公正，认真轧账，不包庇收银员。 ⑩ 及时做好每日销售统计工作。 ⑪ 认真做好门店会计档案的安全保密工作。 ⑫ 值班核算员下班后必须认真检查，关闭办公室一切电源，确保安全。	略
6	生鲜加工人员考核标准	① 上班不得带包进入工作区，下班主动开包给门口值勤人员检查。 ② 生鲜加工产品须当天生产，当天销售，以销定产。 ③ 散装易霉食品做到勤翻勤晒，储存容器加盖密封。 ④ 食品存放做到生熟分开，成品与半成品分开，食品与杂物分开。 ⑤ 销售储存用冰箱、冰柜应经常检查，定期除霜，保持正常运行。 ⑥ 生鲜操作区要勤打扫，保持室内清洁，做好防鼠、虫、蝇及蟑螂工作。 ⑦ 严禁销售过期、变质、感官异常的食品。 ⑧ 工作期间，禁止佩戴任何首饰，不得留长指甲和涂指甲油，不得吸烟，更不得面对食品打喷嚏和咳嗽。 ⑨ 必须穿戴整洁的工作服（帽），卤菜和面点销售人员还要戴口罩。	

续表

序号	岗位	考核内容	奖惩标准
6	生鲜加工人员考核标准	⑩ 工作上衣禁止放物品，以防口袋中的物品滑入食品容器或食品中。 ⑪ 加工结束及时将地面、水池、加工台、工具、容器清扫洗刷干净。 ⑫ 节约水、电、气等各类资源，不使用时及时将各类开关、阀门关好。 ⑬ 订货人员及时订货，保证第二天的工作正常开展。 ⑭ 收货人员认真收货、如实填写进货登记表，确保数量真实。 ⑮ 员工不得偷吃生鲜制品及成品。	略
7	保安考核标准	① 积极配合领导及其他员工的工作，服从工作安排。 ② 维护超市的正常经营秩序，为消费者提供必要的服务，警惕不良分子偷窃商品，保障收银台的现金安全。 ③ 认真做好消防安全宣传与检查工作，消除一切安全隐患。 ④ 当超市员工生命与财产受到不法侵害时，应主动挺身而出，不畏缩、不躲避。 ⑤ 保持门店清洁，做好灭鼠、灭蝇、灭蚊和灭蟑螂工作。 ⑥ 加强巡视，及时发现并主动处理一些违法犯罪活动，处理时以教育为主，适当给予经济处罚，对情节严重者，扭送公安机关处理。 ⑦ 门口值勤保安发现顾客所购商品未消磁，应查明原因再让其出门。 ⑧ 每日营业结束后，做好各项安全检查工作，切断一切不必要的电源。	略
8	夜间值班人员	① 按时到岗，中途不许外出，有特殊情况，经领导批准方可离岗。 ② 夜间加强巡视，发现安全隐患，及时采取防范措施，必要时立即通知分管领导。 ③ 做好员工宿舍的夜间管理工作，对于23:00未回宿舍的住宿员工须做好记录，上报分管领导。 ④ 做好第二天开门营业前的准备工作，监督早班生鲜原料及生鲜员工的进场。 ⑤ 做好对第二天总值班人员上班时间的监督工作并汇报。	略
9	保洁员考核标准	① 保持厨房环境卫生，墙顶无蛛网、吊灰，地面无积水。 ② 根据员工人数定量供应中、晚餐，做到供应足、不浪费。 ③ 就餐时，督促员工持饭卡吃饭。 ④ 餐后清洗餐具，保持餐具干净卫生，同时做好厨房卫生打扫工作。 ⑤ 餐后应切断电源，做好设备的维护工作，确保安全无事故。 ⑥ 做好店堂通道打扫工作，保持店堂地面整洁、卫生，无污渍，无积水。 ⑦ 做好卫生间的卫生打扫工作。 ⑧ 服从上级主管的临时调度。	略

续表

序号	岗位	考核内容	奖惩标准
10	服务台人员考核标准	① 服务台内物品摆放整齐,工作区域干净。 ② 在接待顾客投诉时,妥善解决,防止使事态扩大,避免顾客不满。 ③ 遵守赠品发放规定,杜绝不发、多发或少发赠品。 ④ 不得无理拒绝顾客大件物品的寄存。 ⑤ 按"公司退换货原则"正确处理退换货问题,避免顾客不满。 ⑥ 严肃认真地做好有关播音以及音乐的播放工作。 ⑦ 对服务台的各项工作做好认真记录。 ⑧ 按规定使用文明礼貌用语。	略
11	仓库保管员考核标准	① 货物堆放整齐有序,地面保持干净。 ② 账目清晰,登记及时、完整。 ③ 妥善保管,不得造成商品过期、变质、损坏。 ④ 及时将公司传真退货以及其他有关退货及时清退。 ⑤ 滞销、到期商品和有问题商品应及时上报,不得漏报和不报给公司造成损失。 ⑥ 工作负责,对进、出库商品认真核对,不得给公司造成损失。 ⑦ 按规定,不允许非本超市人员进入仓库。	略

项目四 流程管理

连锁门店的命运如果掌握在一个店长手中,那这个企业总部管理不会很强,企业管理不会很规范,同时企业竞争力也不会很强。优秀的企业必须有完善的规章制度和标准流程,指导连锁门店开展经营和管理,确保企业的连锁门店无论由哪个店长来管,都不会对业绩产生很大的影响。这就是企业的核心竞争力。可口可乐总裁聂奕德说过,"可口可乐全世界的工厂即使一夜之间化为乌有、只要这个品牌还在,那我们就可在一夜之间建立起新的工厂。"因为他们有完善的各项制度、标准和流程。连锁企业门店管理也是如此,要有完善的制度、标准和流程,告诉连锁门店怎么做、如何做。

一、店长工作流程和工作重点

(一) 店长工作流程

由于店长在门店管理中处于领导者角色,对门店经营成功与否起着至关重要的作用,所以我们重点分析店长的工作流程。

上级对店长的作业流程进行控制,首先要明确店长的工作时间,如果商店的营业时间为早上 8:00 至晚上 10:00,则店长的工作时间可安排为早上 8:00 至晚上 6:30 之间,这样可以使店长了解中午和下午两个营业高峰,对于掌握每日的营业状况极有好处。其次规定店长每个时间段的工作内容。表 2-2 是店长作业流程的时段控制和工作内容规定,该表反映了店长的时段作业流程内容,在管理上的要求是很高很严的,它实际上是岗位职责在工作上的细化，非常值得我们借鉴。值得指出的是，要想提高我国商店管理的现代化水平，必须从岗位职责管理上升到岗位作业管理，也就是说从粗放式的岗位要求向细化的作业管理发展。

表 2－2　店长作业流程时段表

时间	工作项目	工作重点
8:00—9:00	晨会	作业主要事项布置。
	员工出勤状况确认	1. 出勤、休假、病事假、人员分配、仪容仪表及工作挂牌检查。
	卖场、后场状况确认	1. 商品陈列、补货、促销及清洁卫生状况检查。 2. 后场仓库检查(包括选货验收)。 3. 收银员、找零钱备用及收银台和服务台的检查。
	昨日营业状况确认	1. 营业额。 2. 来客数。 3. 每客购物平均额。 4. 每客购物平均品项数。 5. 售出品种的商品平均单价。 6. 未完成销售预算的商品部门。
9:00—10:00	开门营业状况检查	1. 各部门人员、商品、促销等就绪。 店门开启，地面清洁，灯光照明等准备就绪。
	各部门作业计划重点确认	1. 促销计划。 2. 商品计划。 3. 出勤计划。 4. 其他。
10:00—11:00	营业问题点追踪	1. 营业未达预算的原因分析与改善。 2. 电脑报表时段别商品销售状况分析，并指示有关商品部门限期改善所发现的问题。
	营业场所态势追踪	1. 缺品、欠品确认追踪。 2. 重点商品、季节商品、商品展示与陈列确认。 3. 时段别营业额确认。
11:00—12:30	后场库存状况确认	仓库、冷库库存品种、数量及管理状况了解及指示。
	营业高峰态势掌握	1. 各部门商品表现及促销活动效果。 2. 后场人员调度支援收银。 3. 服务台加强促销活动广播。
12:30—13:30	午餐	交代指定代管负责营业场所管理工作。
13:30—15:30	竞争店调查	同时段竞争店与本店营业状态的比较。
	部分会议	1. 各部门协调事项。 2. 如何达到今日营业目标。
	教育训练	1. 新进人员的在职训练。 2. 定期在职训练。 3. 配合节假日之训练(如礼品包装)。
	文书作业及各种计划、报告撰写与准备	1. 企业文化、请假、训练、顾客意见等。 2. 月周计划、营业会议、竞争对策等。

续表

时间	工作项目	工作重点
15:30—16:30	时段别,部门别营业额确认	各部门人员、商品、促销等确认。
	全场态势巡视,检查与指示。	营业场所、后场人员、商品清洁卫生、促销环境准备及改善指示。
16:30—18:30	营业问题追踪	1. 后勤人员调度职员营业场所工作。 2. 收银台开台数,找零钱确保正常状况。 3. 商品齐全。 4. 服务台配合促销广播。 5. 人员交接班迅速且不影响对顾客的服务。
18:30	指示代理负责人	交代晚间营业注意事项及关店事宜。

摘自:台湾《超级市场经营管理实务手册》

(二) 店长工作重点

店长执行连锁企业的门店管理规程必须做到以下三项:第一,了解总部的方针与计划。所谓了解就是将方针转化为实际的作业或行动。第二,指挥部下根据计划而工作。第三,确认。确认就是检查部下是否根据计划而执行。

小思考

你认为店长每天处理的例行性事务多?还是非例行性事务多?举例说明。

门店店长应把握门店作业环节的重点,才能基本保证门店作业的正常进行。店长作业管理的主要是人、财、物和现代商业企业所需要的信息。他必须有效利用和管理门店的人、财、物、信息资源,做好日常销售服务工作,最大限度地使顾客满意,最终实现预定销售计划和利润目标。主要体现在以下方面:

1. 商品管理

(1) 商品例行进货管理;

(2) 商品陈列和卖场气氛营造;

(3) 商品损耗管理;

(4) 促销工作的顺利开展。

2. 顾客管理

(1) 客流量的正常与否;

(2) 顾客需求和竞争对手的调查;

(3) 客单价的变化;

(4) 顾客投诉的处理。

3. 员工管理

(1) 员工出勤状况;

(2) 员工的工作状态和工作效率;员工的服务态度和服务技巧;

(3) 培训和激励员工。

4. 供应商管理

(1) 供应商是否准时配送;

(2) 供应商商品品质是否保证;

(3) 与供应商关系的改进。

5. 财务管理

(1) 现金管理;

(2) 成本控制;

(3) 经营效益的提升。

6. 信息管理

运用POS系统来管理的连锁企业门店,店长会很快得到有关经营状况的准确信息资料,店长要对这些资料进行分析研究,作出改进经营的对策。通常电脑POS系统能提供给店长的信息资料如下:

(1) 营业日报表;

(2) 商品排行榜;

(3) 促销效果表;

(4) 费用明细表;

(5) 盘点记录表。

表2-3是台湾的一所超级市场店长业务检核表。

表2-3　店长业务检核表

<table>
<tr><th rowspan="2">时段</th><th rowspan="2">类别</th><th rowspan="2">项　目</th><th colspan="2">检 查</th></tr>
<tr><th>是</th><th>否</th></tr>
<tr><td rowspan="4">开店前</td><td>人员</td><td>1. 各部门人员是否正常出勤?
2. 各部门人员是否依照既定计划工作?
3. 是否有人员不足、准备不及之部门?
4. 专柜人员是否准时出勤?准备就绪?
5. 工作人员仪容服装是否依照规定?</td><td></td><td></td></tr>
<tr><td>商品</td><td>6. 早班生鲜食品是否准时到达、无缺?
7. 鲜度差之商品是否已处理?
8. 各部门特价商品是否已陈列齐全?
9. 特买商品POP是否已悬挂?
10. 商品是不是及时做好100%陈列?
11. 前进陈列是否已做好?</td><td></td><td></td></tr>
<tr><td>清洁</td><td>12. 入口处是否清洁?
13. 地面、玻璃、收银台清洁是否已做好?
14. 厕所是否清理干净?</td><td></td><td></td></tr>
<tr><td>其他</td><td>15. 音乐是否控制适当?
16. 营业场所灯光是否控制适当?
17. 收银员找零钱是否已准备?
18. 开店前5分钟广播稿及音乐是否准时播放?
19. 购物袋是否已置就位?</td><td></td><td></td></tr>
</table>

续表

时段		类别	项目	检查	
				是	否
营业中	营业高峰前	商品	1. 是否有次品？ 2. 商品鲜度是否变差？ 3. 端架陈列量感是否足够？ 4. POP 商品标价是否一致？ 5. 商品陈列是否足够？		
		卖场整理	6. 投射灯是否打开？ 7. 通道是否通畅？ 8. 是否有通道堵塞或妨碍商品销售的情形？ 9. 是否有突出陈列过多之情形？ 10. 营业场所地面是否维持清洁？		
	营业高峰中	贩卖态势	11. 是否定时播放店内特卖消息？ 12. 各部门是否派人到营业场所招呼客人？ 13. 顾客是否排队太长，是否要增加开机？ 14. 是否要后场人员支援收银台？ 15. 是否需要紧急补货？ 16. 是否有工作人员聊天或无所事事？ 17. POP 是否脱落？		
	营业高峰后	卖场整理	18. 营业场所是否有污染品或破损品？ 19. 是否进行中途解款？ 20. 是否有欠缺品需要补货？ 21. 是否确认时段别营业额未达成原因？ 22. 陈列架、冷冻(藏)柜是否清洁？		
		POP	23. POP 是否陈列？ 24. POP 张贴位置适当吗？ 25. POP 书写是否正确？大小尺寸是否合适？ 26. POP 诉求是否有力？		
	时常性	商品	27. 价格卡与商品陈列一致吗？ 28. 是否仍有厂商在店内陈列商品或移动商品？ 29. 是否有滞销品陈列过多，畅销品陈列面太小之情况？ 30. 是否定期检查商品有效期？		
		服务	31. 是否以文明用语招呼顾客？ 32. 是否协助购物多的顾客提货出去？		
		清洁	33. 厕所是否维持清洁畅通？ 34. 厕所卫生纸是否足够？ 35. 入口处是否维持清洁？ 36. 地面是否维持清洁？		
		设备	37. 冷冻冰柜温度是否确认？ 38. 傍晚时分招牌灯是否开放？		
		后场	39. 进货验收是否按照规定进行？ 40. 空纸箱是否拆开并整齐堆放在指定区域？ 41. 标签纸是否随地丢弃？ 42. 返品是否按规定位置整理整齐？		

续表

<table>
<tr><th rowspan="2">时段</th><th rowspan="2">类别</th><th rowspan="2">项目</th><th colspan="2">检查</th></tr>
<tr><th>是</th><th>否</th></tr>
<tr><td>营业中</td><td>其他</td><td>43. 畅销品或特卖品存货量是否足够?
44. 营业场所标识牌是否正确?
45. 交接班人员是否正常运作?
46. 前一日营业额是否解缴银行?
47. 有否派部门人员对竞争店进行调查?
48. 关店前营业场所的音乐是否播放?</td><td></td><td></td></tr>
<tr><td rowspan="3">开店后</td><td>卖场</td><td>1. 是否仍有顾客滞留?
2. 营业场所音乐是否关闭?
3. 招牌灯是否关闭?
4. 店门是否关闭?
5. 卷帘是否放下?
6. 冷气空调是否关闭?
7. 收银机是否清档关闭?</td><td></td><td></td></tr>
<tr><td>作业场</td><td>8. 生鲜处理设备是否已关闭并清洁完毕?
9. 作业场是否清洁完毕?
10. 工作人员由后门离开?
11. 是否仍有员工滞留?</td><td></td><td></td></tr>
<tr><td>现金</td><td>12. 开机台数与解缴份数是否一致?
13. 专柜营业现金是否缴回?
14. 作废发票是否确认签字?
15. 当日营业现金是否完全锁人金库?
16. 保安是否正常确定?</td><td></td><td></td></tr>
</table>

摘自台湾《超级市场经营管理实务手册》

二、门店各岗位工作流程

除了店长需要制定工作流程,门店各岗位也需要制定本岗位工作流程,既包括本岗位业务流程,也包括管理人员和普通员工每日工作流程,本章主要介绍后者,业务流程在相关业务章节再介绍。表 2－4 是国内某零售超市的门店生鲜部门主管每日工作流程。

表 2－4　某零售超市生鲜部门主管每日工作流程(上班时间:9:00—18:00,值班另计)

<table>
<tr><th>职务</th><th>时间</th><th>工作内容</th><th>周一</th><th>周二</th><th>周三</th><th>周四</th><th>周五</th><th>周六</th><th>周日</th></tr>
<tr><td rowspan="3">生鲜部门主管</td><td rowspan="3">开店前</td><td>生鲜各部门销售数据查看,察看工作交接班本</td><td></td><td></td><td></td><td></td><td></td><td></td><td></td></tr>
<tr><td>检查后仓整理情况和库存周转是否正常</td><td></td><td></td><td></td><td></td><td></td><td></td><td></td></tr>
<tr><td>检查台面前日清场、报损工作是否合理</td><td></td><td></td><td></td><td></td><td></td><td></td><td></td></tr>
</table>

续表

职务	时间	工作内容	周一	周二	周三	周四	周五	周六	周日
生鲜部门主管	开店前	检查收货部运作是否流畅及生鲜到货情况							
		各课班前会是否按时召开,员工的服装是否整洁、规范							
		检查值班课长价格卡变动执行落实情况							
		检查各课排面陈列是否饱满美观、排面整齐、清洁、品质良好							
	营运中	检查后仓、操作间卫生及商品摆放是否归类整齐							
		检查整个部门的补货、价格标识、陈列、安全生产情况							
		检查商品销售情况,现场面销,卖场上货秩序畅顺、规范							
		现场了解 DM 商品的销售和陈列量							
		竞争对手市调跟进(主要竞争对手),市调后的价格、陈列调整							
		中午销售高峰前的货源组织,跟进中午销售高峰前的人手安排							
		检查商品销售情况,现场面销卖场上货秩序畅顺、规范							
		业务处理(邮件、其他部门对接)协助客服做好客诉处理							
		组织人员对食品安全进行检查							
		后仓检查(商品、物料是否归类摆放,报损商品有无及时清理)							
		检查冷冻、冷藏库是否运行正常							
		检查各部门的交接班的工作(二次开业标准)							
		生鲜各部门的订货跟进,审核各部门的订单							
		下午销售高峰前的货源组织,商品展示和试吃品是否到位,检查各现场服务点的人手安排是否合理							

续表

职务	时间	工作内容	周一	周二	周三	周四	周五	周六	周日
生鲜部门主管	营运中	对缺货商品补货(供应商)、损耗情况核查							
		晚间销售高峰货源组织,人员安排							
		跟进晚上销售高峰重点商品的销售(水果)							
		跟进各部门(熟食、面包、肉品、水产)台面陈列及清货工作							
	打烊后	跟进后仓整理、报损工作							
		跟进操作间的整理及卫生清理							
		跟进清场前的卖场商品整理工作							
		跟进各部门陈列道具的清理							
		跟进道具及操作间的卫生消毒							
		检查各冷库的运作情况							
		检查设备是否开关、安全(开紫外线杀菌灯、关闭煤气及电源)							
		生鲜各部门清场前组织员工例会							

执行人:

其他商品部门负责人的每日工作流程可参照上表执行。表2-5、2-6、2-7、2-8、2-9是其他业务部门负责人的每日工作流程。

表2-5　某零售超市财务部门主管每日工作流程(上班时间:9:00—18:00,值班另计)

职务	时间	工作内容	周一	周二	周三	周四	周五	周六	周日
财务主管	开店前	检查服务器及后台工作系统是否正常运作							
		察看前一天总值班工作交接记录							
		检查部门员工的着装是否规范,财务室是否干净、整洁							
		检查员工是否及时上传下载门店数据							
		检查员工是否及时将以销计进的直配单发给各部门							

续表

职务	时间	工作内容	周一	周二	周三	周四	周五	周六	周日
财务主管	营运中	每日按售卖的需要将各种面值的福利卡交接给当日售卡人员							
		门店各部门销售数据查看，关注异常库存商品及销售							
		阅览内网政策文件，做好上传下达工作							
		阅览内网采购下发的各种活动，关注账务处理并及时传达给相关人员							
		财务邮箱邮件的收发处理							
		给中控调换备用零钱							
		监督当日资金交接人和银行之间的钱款交接							
		检查现金解款单、银行回单是否有银行盖章，门店会计是否按要求登记							
		审核资金入账单							
		检查会计之间及会计和收银员之间的各项交接是否规范							
		检查轧账是否按流程操作							
		检查信用卡签购单是否按要求核对、整理、保管							
		抽查门店的冲红、违规、退货手续是否齐全							
		检查售卡登记单是否按要求逐项登记							
		每日售卡、团购折扣的审核，单笔金额较大的业务需当场审批							
		审核支票签收单							
		审核当日售卡开通申请表所列数据是否真实，售卡业务的流程是否符合公司的规定							
		盘点门店留存的福利卡，确保账实相符							
		稽核已开具发票的规范性							

续表

职务	时间	工作内容	周一	周二	周三	周四	周五	周六	周日
财务主管	营运中	检查门店客户往来业务是否按公司规定在开展							
		检查代垫财政补贴款是否账实相符							
		将当日所收支票统一背书盖章							
	打烊后	检查当日轧账,账实是否相符							
		检查金库的保险柜是否已锁好、乱码							
		检查财务室所有电器是否已关闭							
		检查财务室的门是否已锁好							
		检查门店服务器、宽带是否已关闭							

执行人:

表 2-6　某零售超市人事经理每日工作流程(上班时间:9:00—18:00,值班另计)

职务	时间	工作内容	周一	周二	周三	周四	周五	周六	周日
人事经理	开店前	查看本部门前一天工作情况及当天工作计划,特殊情况指导处理							
		查看前一天总值班工作交接记录							
		检查直接下级出勤是否正常,工作效率是否良好							
		检查办公室工作环境、文件物品摆放是否整洁							
		检查员工的服装是否整洁、规范							
	营运中	检查考勤数据维护的情况							
		检查相关文件是否安排签阅							
		检查宣传栏的张贴情况							
		协调沟通与人事行政相关的工作							
		向门店负责人汇报工作,接受新工作任务							
		向各部门负责人了解需要人事行政协助解决的工作							

续表

职务	时间	工作内容	周一	周二	周三	周四	周五	周六	周日
人事经理	营运中	向各部门负责人了解员工的情况							
		收集及存档相应的劳动、人事法规及总部下发文件，向店内管理人员提供人事规范咨询							
		审核、修改人事业务文稿							
		了解各部门的日常考核情况							
		接待应聘者							
		每期培训结束后，通过交流与观察重点了解培训效果如何							
	打烊后	检查直接上级当天工作任务的完成情况							
		对工作中的问题进行分析							
		布置明天的工作任务							
		多方面了解门店人员安排及员工工作状态							
		当天工作的总结，未完事项的记录，次日工作计划							

表 2-7 某零售超市仓管部门主管每日工作流程（上班时间：9:00—18:00，值班另计）

职务	时间	工作内容	周一	周二	周三	周四	周五	周六	周日
仓管部门主管	开店前	督促与检查部门人员做好收货前营运设备的检查、开启							
		察看前一天总值班工作交接记录							
		检查并沟通后仓整理情况，加强安全、消防管理，做好防火、防盗、防潮等工作							
		检查收货处卫生情况							
		督促与检查生鲜到货情况，是否做好生鲜来货所有单据的登记							
		检查员工的服装是否整洁、规范							
		检查收货部运作是否流畅							
		检查验收冷藏、冷冻商品是否做好测温登记情况							

续表

职务	时间	工作内容	周一	周二	周三	周四	周五	周六	周日
仓管部门主管	开店前	督促员工严格执行商品收退货流程							
		供应商送货高峰，跟进中午验收高峰期的人手安排							
		督促检查各种物料的备货情况							
		检查可销售赠品和不可销售赠品，严格按流程收货							
		督促做好商品搬运过程中的安全，降低损耗							
		督促做好库配商品核对差异，及时反馈至配送中心							
		督促做好次日商品的备货							
		检查后仓整理情况和收货处卫生情况							
		督促做好直（代）配单、库配单的整理、审核，并送至财务室							
		将当天商品、赠品验收单交门店负责人审核签名							
		督促做好商品的盘点							
	打烊后	督促做好液压车、POS机的清点及保管							
		督促检查收货区水电设备是否全部关闭							
		参与门店的全面盘点							

表2-8　某零售超市防损部门主管每日工作流程（上班时间：9:00—18:00，值班另计）

职务	时间	工作内容	周一	周二	周三	周四	周五	周六	周日
防损部门主管	开店前	督促与检查部门人员做好开店前营运设备的检查、开启							
		察看前一天总值班工作交接记录							
		检查夜间保安巡查记录以及夜值录像回放							

续表

职务	时间	工作内容	周一	周二	周三	周四	周五	周六	周日
防损部门主管	开店前	一般巡店：出口处的秩序，入口的人流秩序、店外交通正常，检查员工有无违规、卖场通道是否畅通无阻，用电设备使用是否处在节能状态							
		与有关部门主管巡店：卖场内外有无安全隐患，有无急需维修项目，有无消防违法现象，员工在岗情况，跟踪卖场每日保洁计划完成情况							
		检查员工的服装是否整洁、规范							
	营运中	检查收货区域及仓库区域							
		检查前区入口，收银区域							
		阅读整理昨日物品携入/携出单，整理每日盗窃记录，检查每日赠品使用记录							
		督促员工严格执行各岗位流程							
		照管防损固定岗位中一个区域的工作情况							
		主持或关注交接班工作会议							
		核查：每日高单价商品抽盘，店内使用品管理							
		督促清洁，保安设备，冷链设备，营运设备，检查员工食堂，退货情况							
		检查防损部顾客服务情况							
		与部门主管巡店：卖场内外有无安全隐患，有无急需维修项目，有无消防违法现象，员工在岗情况，跟踪卖场每日保洁计划完成情况							
		检查库存商品和货物堆放是否安全							
		对服务台的退换货程序进行监控、抽查							
		认真检查卖场各处，消除安全隐患，确保企业财产安全							

续表

职务	时间	工作内容	周一	周二	周三	周四	周五	周六	周日
防损部门主管	打烊后	做好与夜间值班人员的交接工作,并组织中班人员进行工作总结							
		督促检查门店水电设备是否全部关闭							
		保洁人员在场内打扫卫生,夜间值班人员应对保洁人员进行监督,在保洁人员离开卖场时严格检查							

表 2-9　某零售超市客服经理每日工作流程(上班时间:9:00—18:00,值班另计)

职务	时间	工作内容	周一	周二	周三	周四	周五	周六	周日
客服经理	开店前	检查各课勤务日志							
		检查发票、购物袋等物料是否有安全存量							
		检查客服各区域卫生状况							
		检查各岗位人员是否准时出勤							
		检查各岗位人员仪容仪表制服是否符合规范							
		检查电脑、收银设备、灯具、POS机、验钞机等是否运行正常							
	营运中	检查广播系统是否运作正常							
		参与早例会							
		相关单据签字审核,各项耗材的订购							
		检查各类报表(例如顾客投诉、退换货、收银差异、异常设备/资讯系统、会员数据等),对异常问题及情况跟踪解决							
		检查收银员服务是否符合规范							
		检查收银系统有无异常(例如死机、冲红、挂单等)							
		检查员工服务态度、礼貌用语是否符合规范							
		了解部门员工用餐安排是否完成							

续表

职务	时间	工作内容	周一	周二	周三	周四	周五	周六	周日
客服经理	营运中	员工激励及考核(例如现金差异、多打、漏打、错打追踪)							
		与相关部门主管、员工沟通、面谈							
		检查班车接送是否正常运行,查看来客统计							
		检查赠品是否发放正常							
		检查收银通道是否通畅,结账是否排队(以不超过5人为原则)							
		检查孤儿商品是否及时回收							
		处理现场客诉							
		检查会员积分是否异常							
		检查退换货工作是否正常							
		检查发票开具情况							
	打烊后	检查所有人员轧账情况							
		检查所有设备的关闭情况							
		参与门店其他事务							
		将需追踪事宜做好工作记录							

【模块小结】

1. 组织结构设计,是通过对组织资源(如人力资源)的整合和优化,确立企业某一阶段最合理的管控模式,实现组织资源价值最大化和组织绩效最大化。在企业的组织中,需要对构成企业组织的各要素进行排列、组合,明确管理层次,分清各部门、各岗位之间的职责和相互协作关系,并使其在企业的战略目标过程中,获得最佳的工作业绩。

2. 组织结构设计的内容主要包括:职能设计、框架设计、协调设计、规范设计、人员设计、激励设计。

3. 连锁企业门店实行店长负责制,由于功能比较单一,主要以销售服务为中心,所以在组织管理上是以岗位划分。门店的主要岗位大致可以划分为两大类。一是管理人员岗位(如店长),二是一般员工岗位(如收银员)。

4. 连锁企业门店营运与管理是一个作业化管理过程。连锁企业门店营运与管理的要求,用一句话来概括就是要不折不扣地、完整地把连锁企业总部的目标、计划和具体要求体现在日常的作业化管理中,实现连锁经营的统一化。因此,具体到人员管理,需要确立明确的工作职责、考核制度和工作流程。

5. 在规模与效益竞争日益加剧的今天,门店店长成了连锁经营发展的关键。店长是一个门店的核心人物，店长工作质量的好坏将直接影响到整个门店的营运效率。店长作业管理的重点是人、财、物和现代商业企业所需要的信息。

【关键术语/关键词】

组织结构 岗位 职责 店长 考核 流程 标准 标准化管理

【知识链接/拓展阅读】

店长的资质要求

连锁企业门店店长是一个具有特殊性质的管理者，拥有范围宽广的职务，他既是门店的全面负责者，但又不是一个具有各方面决定权的决策者，因此，店长这一特殊职务必须具备的资质条件如下：

（一）身体素质方面

门店店长最好是35岁左右的年轻力壮者，他能承受得住长期辛劳的考验，能够承受满负荷的紧张工作所带来的压力。当然太年轻，虽然身体素质方面可以，但处理问题的经验不足。

（二）品格方面

一个有效的管理者一定是一个好的领导者。领导者的品格主要包括道德、品行、人格、作风等，优秀的品格会给领导者带来巨大的影响力。俗话说："榜样的力量是无穷的。"好的品格可成为模范，能使下属对领导者产生敬重感，从而吸引下属模仿。因此，诚实的品格是门店店长最基本的素质要求，是一切能力的基础，店长必须注意品格与修养。

（三）性格方面

1. 拥有积极的性格——无论什么事情都能积极地去处理，无论什么时候都可以面临任何挑战，从不会想到要躲避困难。

2. 拥有忍耐力——在门店的作业化管理过程中，能顺利进行的时候很短，而辛苦的时候和枯燥的时候却很长。所以，对于店长来说，有活力地进行正常的活动是极其重要的。

3. 拥有明朗的性格——用明朗的笑容工作是一天，用毫无表情或阴沉的脸色工作也是一天。店内全体员工的工作气氛是明朗或是阴沉，有时要看店长的心情。

4. 拥有包容力——虽然对同事、部下的失误要教育和批评，但是店长不可将失误常常挂在嘴边。店长可以给部下时间改正或劝告，但是不可骄纵。而关怀员工则是激发员工的工作热情、维护店长权威的最有效手段。

（四）技能方面

1. 拥有优良的商品销售技能

店长对于门店所销售的商品应具有很深的理解力，这对门店营业业绩的不断提高起着至关重要的作用。这要求店长具有对门店销售商品的客观理解和正确判断，尤其是对销售过程中所遇到的新的问题或例外事项，必须有判断力，且能迅速地处理问题。

2. 拥有实干的技能

店长身为管理者要指挥全体店员，让全店员工心服口服地接受指挥，必须样样都能干、样样都会干、样样都比人家干得好，具有实干的技能。

3. 拥有能良好地处理人际关系的能力

店长要十分注意与下属之间的情感关系。因为，人与人相处在一起，就会产生一定的情感关系，或者亲密，或者疏远；或者好，或者恶。情感是人的一种心理现象，是人对客观事物（包括人）好恶倾向的内在反映。人与人之间建立了良好的情感关系，便能产生亲切感。在有了亲切感的人际关系中，相互的吸引力就大，彼此的影响力也就大。因此，店长拥有能良好地处理人际关系的能力，对于门店营运与管理的顺利进行有着举足轻重的作用。

4. 具有自我成长的能力

店长应以自我管理能力为前提，随着企业的成长，培养自我成长的能力。因而店长应该具有较强的自学能力，能从门店的管理实践中不断总结经验，充实自己。这一点对我国目前的门店店长来说是十分重要的。一是因为国内教学机构尚无能力系统地培养连锁企业的专业管理人才；二是国内的连锁企业建立时间不长，连锁企业的标准化、规范化管理以及经营技术尚处于不断健全和发展过程中。根据这些情况，选择具有大学本科学历或连锁专业高职学历，并由具有一定商业经验或实践经验的人来担任店长是比较合适的。

5. 拥有教导下属的领导力

店长应具有教育教导下属的能力。这是因为目前连锁企业的从业人员大多数是没有经验的非专业人员，店长身为教导者，应是下属的“师父”和“老师”，并能发现下属是否能力不足以及帮助其成长与努力向上，指挥下属达到既定目标，从而促使下属提升业绩，让下属的能力发挥到极限。

6. 具备连锁企业卖场管理的四种基本能力

(1) 人事组织能力。通常，连锁企业门店（如超市、便利店等）的营业时间长、人员流动率高，人事组织是一个大问题，如何留住人才、如何合理地安排好员工班次、如何降低人事费用等，都应由店长来考虑，所以，身为店长其实首先是一位人事经理。

(2) 沟通能力。在指挥全体店员的过程中，在与总部、与顾客、与社会各界的交往中，沟通技巧也是十分重要的。

(3) 门店规划能力。为了实现经营目标、改善经营业绩，需要事前有规划，事后有分析。

(4) 信息分析能力。能够对信息进行计算整理与分析。

（五）学识方面

(1) 具有能洞察市场消费动向的知识。

(2) 具有关于零售业的变化及今后发展的知识。

(3) 具有关于零售经营技术及管理技术的知识。

(4) 具有关于连锁经营的历史、制度组织、理念的知识。

(5) 具有关于销售管理等方面的知识。

(6) 具有关于教育的方法、技术等知识。

(7) 具有关于门店的计划决策方法的知识。

(8) 具有计算及理解门店内所统计的数据的知识。

(9) 具有关于零售业的法律方面知识。

店长应该是具有上述知识、技能、经验、性格、素质的人。但是人无完人，没有一个人一生下来就可以具有上列资质，只要店长认清自己的缺点和弱点，努力地改善和弥补，一定可以不断提高自己的资质，得到下属的爱戴与尊敬，进而提高连锁门店的经营业绩。

资料来源：张晔清，《连锁企业门店营运与管理》，立信会计出版社，2006

自测评估

1. 选择题

(1) 通过各种项目实际测量进行考评的方法。例如，对员工进行生产技术技能的考评，通常采用现场作业，通过对其实际测量，进行技术测定、能力考核。这种考核方法是(　　)。

A. 实测法　　B. 成绩记录法　　C. 直观评估法　　D. 情景模拟法

(2) 连锁企业门店实行店长负责制，由于功能比较单一，主要以销售服务为中心，所以在组织管理上是以(　　)划分。

A. 能力　　B. 职能部门　　C. 岗位　　D. 商品

(3) 人员考核标准的建立由(　　)负责。

A. 总部　　B. 门店　　C. 店长　　D. 总部与门店协商

(4) 如果门店的营业时间为早上 8:00 至晚上 10:00，则店长的工作时间可选择为(　　)。

A. 早上 8:00 至晚上 6:30　　B. 早上 8:00 至晚上 10:00

C. 早上 8:00 至下午 4:00　　D. 早上 10:00 至晚上 6:30

(5) 下列哪一项不属于店长对供应商管理工作的范围(　　)。

A. 供应商是否准时配送　　B. 供应商商品品质是否保证

C. 与供应商关系的改进　　D. 自行指定供应商

2. 判断题

(1) 连锁企业考核的标准没有必要太具体，因为门店实际运营过程中很难操作。

(2) 门店店长的作业管理内容除了一小部分非例行性事务，大部分是复杂的例行事务，占总工作量的 70%～80%，仅有 20%～30%是非例行性的事务，由店长自行判断处理。

(3) 对员工进行考核，从管理者的角度看，主要有两大基本目的：一是发掘与有效利用员工的能力；二是通过考核，给予员工公正的评价与待遇，包括奖惩与升迁等。

(4) 激励设计就是设计激励制度，对管理人员进行激励，其中包括正激励和负激励。正激励包括工资、福利等；负激励包括各种约束机制，也就是所谓的奖惩制度。激励制度既有利于调动管理人员的积极性，也有利于防止一些不正当和不规范的行为。

3. 简答题

(1) 简述店长的主要工作职责与工作范围。

(2) 简述副店长(或助理店长)的主要工作职责。

(3) 员工考核的主要内容包括哪些？有哪些具体方法？

(4) 连锁企业门店店长应该如何把握门店作业管理的重点，从而保证门店作业正常有序地进行。

(5) 想成为一名成功的店长，你认为需要具备什么素质？

【实际操作训练/技能实训】

1. 实训目的：能根据对实训门店的观摩实训，划分门店各个岗位并设计岗位结构图，了解门店各个岗位的主要工作职责。

2. 实训环境：校内实训超市或与学校有合作关系的零售企业的某个门店。

3. 实训步骤：第一步，老师布置安排实训任务，提出实训要求，并强调实训纪律。第二步，安排学生到门店现场观摩，大型超市门店包括卖场、后仓、办公区域、前台，并由门店管理人员简单介绍企业和门店历史和现状，加深学生感性认识。第三步，学生分组为实训门店编制岗位设计图，并能叙述各岗位主要工作职责有哪些，其他小组同学和老师进行点评。

4. 实训要求：第一，门店岗位设计图要结合实训门店的具体情况。第二，各岗位工作职责具体、明确。

模块三　门店布局与商品陈列

【学习任务】

1. 能根据门店业态合理规划功能布局。
2. 能有效运用布局原则合理规划卖场，进行空间设计，营造卖场氛围。
3. 能运用动线设计促进连锁门店销售，提升门店业绩。
4. 掌握商品陈列的原则。
5. 学会制作商品配置表。
6. 掌握商品陈列的方法和要领。
7. 能够对卖场的商品陈列进行分析。
8. 学会使用商品陈列的主要设备和工具。

导入案例

世界著名的连锁便利公司 7－Eleven 连锁店一般的营业面积为 100 m^2，连锁店内的商品品种一般为 3 000 多种，每 3 天就要更换 15～18 种商品，每天的客流量有 1 000 多人，因此商品的陈列管理十分重要。

曾经有这样一件趣事：一位女高中生在 7－Eleven 的连锁店中打工，由于粗心大意，在进行酸奶订货时多打了一个零，使原本每天清晨只需 3 瓶酸奶变成了 30 瓶。按规矩应由那位女高中生自己承担损失——意味着她一周的打工收入将付诸东流，这就逼着她只能想方设法争取将这些酸奶赶快卖出去，冥思苦想的高中生灵机一动，把装酸奶的冷饮柜移到盒饭销售柜旁边，并制作了一个 POP，写上“酸奶有助于健康”。令她喜出望外的是，第二天早晨，30 瓶酸奶不仅全部销售一空，而且出现了断货。谁也没有想到这个高中生的戏剧性的实践带来了 7－Eleven 新的销售增长点。从此，在 7－Eleven 的连锁店中酸奶的冷藏柜便同盒饭销售柜摆在一起。由此可见，商品陈列对于商品销售的促进作用是十分明显的。

7－Eleven 每周都要有一本至少 50 多页的陈列建议彩图，内容包括新商品的摆放、招贴画的设计等，在每年春、秋两季各举办一次商品展示会，向各加盟连锁店展示标准化的商品陈列方式，参加这种展示会的只能是 7－Eleven 的职员和各加盟店的店员。另外，7－Eleven 还按月、周对商品陈列进行指导，如圣诞节来临之际，圣诞商品如何陈列、连锁店如何装修等都是在总部指导下进行的。陈列方法的运用是变化的，就如同商业的发展一样，一直随着社会和人们生活水平的发展而在不断地变化。例如，以前比较性陈列是将相同商品依照不同的规格或不同的数量予以分类，然后陈列在一起，供顾客选择。但是现在，很多卖场将不同品牌的相同或相似的商品陈列在一起，从而引起供货商之间的价格竞争和促销竞争，商家可以坐收渔翁之利。

商品的陈列是随着时间和季节等外部的变化而变化。变化的商品陈列是门店能够取得良好销售业绩的途径之一，它会为门店的日常经营带来活动，检查一项商品陈列变化成功与否的唯一标准是商品的销售业绩。由此也可以看出商品陈列的重要性，好的商品陈列就好像一个懂得修饰的女孩会吸引人的目光，良好的商品陈列同样能够使门店富有魅力，吸引众多顾客的目光。

资料来源：中国营销传播网

分组讨论商品陈列对提升门店商品销量的作用。

项目一　门店布局

一、连锁门店功能布局

大型超市作为一种独立的零售商业设施，由于其规模大、顾客多、货物运转速度快、功能组成复杂，因此，各功能组成要素布局是否合理、运作是否顺畅，对于大型超市的经营效益影响很大。功能布局就是对其用地空间进行组织，尽可能避免各功能区之间的矛盾，从而更加合理，更大限度地提高超级市场的运营效率。通常，大型超市功能组成共分成八大部分：(1) 停车场；(2) 销售区；(3) 仓库区；(4) 卸货区；(5) 办公区；(6) 休憩广场；(7) 服务区；(8) 辅助区。

（一）停车场布局原则

国内外已有的大型超市基本都有为顾客服务的停车场，而专为员工及厂商设立的停车场很少。由于员工及厂商停车与顾客停车不同，前者停车时间长、流动速度慢、稳定；后者停车时间短，流动速度快，因此应该分开设置，方便管理。另外，顾客停车场应该与城市交通及休憩广场邻近；员工、厂商停车场与销售区邻近，设于员工与厂商入口附近。

（二）休憩广场布局原则

随着人们生活方式的改变，购物不仅仅是为了生活中对商品的需求，更多的是希望在购物环境中增加交往，而连锁超市在某种意义上已经成为城市中特殊的公共活动场地。人们在完成购物后，需要休息，因此，休憩广场应该设置在超市与城市交通站点之间，而且在离出口不远的位置。其次，休憩广场应与停车场相邻，以方便为驾车前来购物的顾客提供购物后的休息空间。

（三）销售区、服务区布局原则

销售区是连锁超市的核心，与其他功能区联系紧密。首先，顾客停完车后，需要通过休憩广场进入销售区，因此，休憩广场要与销售区紧邻。其次，由于顾客在购物前需要存包，取购物车、提篮等活动，应将服务区与销售区紧邻。另外，销售区应该与仓库区紧邻，以缩短员工补货的距离。

（四）仓库区布局原则

按照货物的流动过程，仓库区应该与卸货区紧邻。另外，仓库区应与销售区相邻，方便员工补货。如果超市所在地段繁华、地价高，则最好选择将仓库设在地下层。

（五）其他功能区的布局原则

其他功能区包括卸货区、办公区、服务区、辅助设施等。除卸货区一般布局在室外，其他三个功能区都布局于室内或与销售区设置在一起。

关于各功能区与基地环境的关系也有所要求。停车区要直接与基地的出入口相邻，销售区的出入口在面对停车场的同时也要靠近出入口，方便步行顾客的购物，办公区及辅助设施用房可布局在基地的后部，最好设单独的基地出入口。另外，卸货区应设单独的出入口，方便送货车出入，避免与其他交通发生干扰。

二、门店销售区空间设计

合理的超市销售区空间设计应该要迎合消费者的心理，为消费者提供舒适方便的购物环境，以达到吸引消费者的目的。

（一）出入口的设计

超级市场的出入口往往选择在顾客流量大的一边。通常出口处大于入口处。入口处一般会放置推车、购物篮等工具，以方便购物。大型的超级市场还应在入口处专门辟出一块空地放置这些购物工具，以免占据入口通道，给顾客带来不便。入口处还应靠近超级市场的大门，并留有一定的空间，让顾客不至于感到局促（一进大门就步入卖场）。空间的大小应视超级市场的大小而定，还可适当穿插一些 POP 广告或安置一些促销商品的销售，入口处与大门相比，位置稍偏一点也无妨。但如果是传统的超级市场，大门则一般很小，入口处就不宜较偏，否则会给顾客带来不便。出口处通常安置一定数量的自动收银机，并保证顾客一定会从出口处离开。出口处应有意识地与通道末端保持一定的距离，以便让顾客在交款离开之前，再被其他商品吸引，产生购买冲动。

（二）卖场通道的设计

由于超级市场采用的是开架自选的销售方式，因此必须设置卖场通道。通道的设计应遵循“宽敞、平直”的原则。通道的宽窄应以能容纳 2～4 人并排推车行走为限。若太窄会令顾客通行不便，感到压抑。卖场的出入口处及收银台前，通道更应放宽，以免出现拥挤，造成混乱。通道必须尽可能平直，并避免出现只能止步回走的尴尬。货架的长度一般为 10～15 米，这样不仅可以使顾客走出迷宫，还可以拉长顾客的回游时间，创造销售机会。若能在通道口、电梯口、楼梯口设置一些明显的商品大类指示牌会更好。一些大型超级市场有多层，层与层之间必须用通道连接，此时就应采用一些坡度小、平直的电梯通行。

小资料

表 3-1 超市通道宽度设定值表

单层卖场面积(平方米)	主通道宽度(米)	副通道宽度(米)
300	1.8	1.3
1 000	2.1	1.4
1 500	2.4	1.5
2 500	3.0	1.8
6 000	4.0	3.0

(三) 商品货位布局的设计

现代商业竞争日趋激烈,门店的货位布局已不单纯是商品货架、柜台的组合形式,它还承担着重要的促销宣传的作用。合理独到的门店货位布局,能够吸引更多的顾客前来购物,并能诱导他们增加购买数量,提高顾客对于门店的认同感。

(一) 商品货位布局的依据

商品通常是消费者进入商店后最关心的,商品摆放位置如何直接影响消费者的心理感受,对商品推销关系重大。仔细观察会发现,许多门店所谓的死角无外乎是商品陈列无序,光线太暗的地方。所以商品布局必须讲究方便、新颖、别致、合理,使消费者感到清新舒适,便于寻找。

1. 根据商品性质进行布局

商品根据其性质、特点不同可以分为三大类:方便商品、选购商品、特殊商品。方便商品大多属于人们日常生活用品,价值较低,需求弹性不大,消费者比较熟悉。购买这类商品时,消费者大多希望方便快捷地成交,而不愿意花长时间进行比较挑选,故这类商品宜放在最明显、最易速购的位置,如门店前端、入口处、收款机旁等,便利顾客购买以及达到促销目的。选购品比方便品的价值高、需求弹性较大、挑选性强、消费者对商品掌握不够,如时装、家具、自行车等。选购这些商品,大多数消费者希望获得更多的选择机会,以便对其质量、功能、样式、色彩、价格等方面进行详细比较,因而,这些商品应相对集中摆放在商店宽敞或走道宽度较大、光线较强的地方,以便消费者在从容的观察中产生购买欲望。特殊商品通常指有独特功能的商品或名贵商品,如录像机、彩电、空调、工艺品等,购买这类商品,消费者往往经过了周密考虑,甚至确定购买计划才采取购买行为,因而这些商品可以放置在店内最远的、环境比较优雅、客流量较少的地方,设立专门出售点,以显示商品的高雅、名贵和特殊,满足消费者的心理需要。

2. 根据顾客购物行走特点进行布局

要合理地分布商品,还应该研究分析顾客在门店内行走的特点。一般来说,顾客进门有以下习惯:不愿走到店内的角落里,喜欢曲折弯路,不愿走回头路,有出口马上要出去，不愿到光线幽暗的地区。因此，超级市场应该设计多条较长的购物通道，避免设捷径通往收款处和出口，这样可以吸引更多顾客走完主干道后，能转入各个支道，把店内浏览一遍，产生一些冲动性购买。另外，大多数人习惯用右手，喜欢拿取右边的东西，因此，商店一般都将利润高的商品陈列在右边，消费者也有先向两边走动的习惯，因此两边的商品宜特别讲究，据国外研究资料表明，消费者逛商店多是自觉或不自觉地沿着顺时针方向行走。但从我国情况来看，消费者流动方向多半是逆时针方向，因此，一些购买频率较高的商品可以摆布在逆时针方向的入口处，而一些挑选性强的商品则可以摆放在较远处。

此外，门店中商品位置应按消费者购买商品的正常心理趋向作出规划。这样，既方便顾客购买，又刺激顾客消费冲动，引导有利于商家的消费心理。超级市场可以按如下顺序进行商品布局：蔬菜、水果——畜产、水产——冷冻食品——调味品——糖果、饼干——饮料——面包、牛奶、日用杂品。因为，通常家家户户消费总是从"食"开始，因此超级市场倾向于以"菜篮子"为线索来沟通全店的商品位置陈列。

3. 根据商品盈利程度进行布局

一些门店在进行商品布局时，事先对商品的盈利程度进行了分析，然后将获利较高的商品摆放在商店最好的位置上，以促进销售，而将获利较低的商品摆放在较次的位置。通常，门店的前端和入口处是顾客流动量最频繁的地区，因而也成为门店摆放获利高的商品的最佳地点。不过，有时也有例外，例如，为了扶持或加强不太赚钱的部分商品，商店也会考虑将这些商品放置于最好的地点；一些商店将新产品放置在最佳位置，以便引起顾客注意；还有些商店为让顾客形成良好的第一印象而将外表美观的商品放置于入口处。

4. 为配合其他促销策略进行布局

有些门店在研究商品布局时还注意与其他促销策略结合起来。例如，香港的百佳超级市场每周都推出一系列特价商品，他们通常将最吸引人的特价货放置在入口处特设的第一组陈列架上，其余的特价货则分散陈列在店内各处，务求使顾客走完商场一周，才能全部看到推出的特价商品。同时，他们还注意在入口处陈列各种新鲜、干净、整齐的水果蔬菜，加之购物架，灯火通明，甚至还设烤面包的柜台，通过这些色、香、味的引诱，促使消费者流连忘返，争相购买。

5. 根据磁石理论布局商品

所谓磁石卖场，是指依据对顾客富有魅力的商品配置，使卖场具有自然诱导顾客采购的效果。该理论认为，商品都如磁石一般，对消费者有一定的吸引力，根据各种商品吸引力的大小，可以分为"第一磁石"、"第二磁石"、"第三磁石"、"第四磁石"和"第五磁石"。一般在布置商店时，把这几种磁石商品设计成合理的导购磁场，比如"第一磁石点"首先吸引顾客，"第二磁石点"吸引顾客到纵深处。见图 3-1

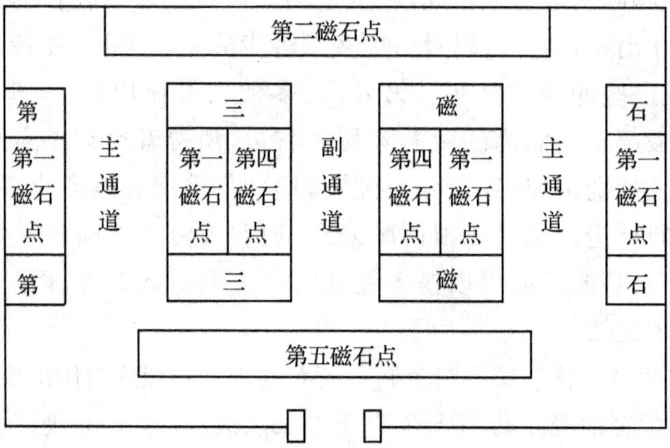

图 3-1　磁石理论布局

第一磁石点：第一磁石点位于主通路的两侧，是消费者必经之地，能拉引顾客至内部卖场的商品，也是商品销售的最主要的地方。此处应配置的商品如下：

(1) 消费量多的商品

(2) 消费频度高的商品

消费量多、消费频度高的商品是绝大多数消费者随时要使用的，也是时常要购买的。所以将其配置于第一磁石的位置以增加销售量。

(3) 主力商品

第二磁石点：第二磁石位于通路的末端，通常是在超市的最里面。第二磁石点商品负有诱导消费者走到卖场最里面的任务。在此应配置的商品如下：

(1) 最新的商品

消费者总是不断追求新奇。10 年不变的商品，就算品质再好、价格再便宜也很难出售。新商品的引进伴随着风险，将新商品配置于第二磁石的位置，必会吸引消费者走入卖场的最里面。

(2) 具有季节感的商品

具有季节感的商品必定是最富变化的，因此，超市可借季节的变化做布置，吸引消费者的注意。

(3) 明亮、华丽的商品

明亮、华丽的商品通常也是流行、时尚的商品。由于第二磁石的位置都较暗，所以配置较华丽的商品来提升亮度。

第三磁石卖场：端架商品

第三磁石点指的是端架的位置。端架通常面对着出口或主通路货架端头，第三磁石点的商品，其基本的作用就是要刺激消费者、留住消费者。通常情况可配置如下的商品：

(1) 特价品

(2) 高利润的商品

(3) 季节商品

(4) 购买频度较高的商品

(5) 促销商品

端架商品，可视其为临时卖场。端架需经常使之变化（一周最少两次）。变化的速度，可刺激顾客来店采购的次数。

第四磁石点：第四磁石点指卖场副通道的两侧，主要让消费者在陈列线中间引起注意的位置，这个位置的配置，不能以商品群来规划，而必须以单品的方法对消费者表达强烈诉求。包括热门商品、特意大量陈列商品、广告宣传商品。

第五磁石点：第五磁石点位于结算区（收银区）域前面的中间卖场，可根据各种节日组织大型展销，特卖的非固定性卖场以堆头为主。其目的在于通过采取单独一处多品种大量陈列方式，造成一定程度的顾客集中，从而烘托门店气氛。同时展销主题的不断变化，也给消费者带来新鲜感，从而达到促进销售的目的。

三、动线设计

门店在布局时，一般有三条路线需要考虑，具体如下：

（一）顾客活动路线

所谓顾客活动路线，就是指顾客进店——选购商品——交款——出店这样一条全程购物路线。顾客活动路线的设计思想，就是让顾客在商品陈列的吸引下，经过视觉及心理上的强烈刺激，促成顾客最大化地购买，并能够最大程度地减少商品损失。从进出店的设计原则上看，一个店应该设置一个出入口，也就是说，出入口在一处或相邻，严格区分进向和出向，这样可避免人流拥挤，也能提升对商品的防护。

（二）商品活动路线

商品活动路线是指：商品进店——进出库房——卖场陈列——顾客购买——顾客出店这样一条路线。商品活动路线设计的主要原则是，要保证商品在店内能高效地运行流通，最大限度地减少因商品进出造成的不便和在此过程中的损失。一般情况下，收货都在门店的后侧或旁侧进行，货入库后，才可出库进入卖场。对于小型超市来说，由于受条件限制，一般进货口与顾客出入口为同一通道，货到时，容易影响顾客进出，导致店内混乱甚至可能丢失商品。在商品陈列到货架后，会有很多纸箱空出，为防止纸箱夹带商品出卖场，最基本的措施就是必须将纸箱压扁，然后通过专用通道集中放置在指定地方进行统一处理。

（三）店员活动路线

店员活动路线与商品活动路线相类似，是指店员从进店到出店的路线。其设计原则简单，重点是在执行。一般要求店员进入卖场前，必须更换工作服。更衣场所离库房应有一定的距离，且应在卖场之外。其程序是：上班时，店员进入更衣室换上工作服，从专用出入口（或顾客出入口）进入卖场工作。下班后，店员必须从专用出入口出场，到更衣室更衣后方可离开，并禁止店员将个人物品带入卖场内，以防夹带商品的现象发生。必要时，还可以在商品和店员进入卖场的通道口安装闭路监视系统，这样也便于内部防损。

项目二 卖场氛围

一、商店照明设计

卖场内的照明非常重要。首先,灯光可突显店内所陈列的商品的形状、色彩、质感,吸引路人注意,引导其进入店内。因此卖场灯光的总亮度要高于周围建筑物,以显示明亮、愉快的购物环境。其次,光线可吸引顾客对商品的注意力,因此卖场的灯光布置应着重把光束集中照射商品,使之醒目,应在商品陈列位置的上方布置五颜六色的灯光,刺激消费者的购买欲望。

(一) 商店照明类型

1. 基本照明

这是为了使商店各个部分能获得基本的亮度而进行的照明,也是商场最重要的照明。由于许多商场是向消费者提供家居日常用品,且采用消费者自选方式,为了使消费者能看清商品的外观及标价,商店的基本照明要求就是明亮。只有灯光明亮,才能够吸引顾客。一般来说,卖场内部照明度要达到700勒克斯(LX),通常选用日光灯,日光灯管应安装在天花板内,使天花板形成光面,可以使店内灯火通明。店内照明度不一定要平均分配,一般在入口处、主要通道以及营业场所最里面的地方,照明度要有所增强。出入口的照明主要是为了达到吸引一般过往行人的注意,诱导他们进入店内;营业场所最里面的照明是为了把诱导入店的顾客进一步诱导到商店的深处,使他在行走过程中产生冲动购买,这几个关键地点的照明应达到1 000 LX以上。此外,灯光在天花板上的排列走向十分重要,应与货架保持一致,有个自然走向,这样才能最大范围内照亮商品,消除阴影。

2. 重点照明

这是为了突出某一特定商品而设置的照明,多采用聚光灯、探照灯等照明设备。重点照明是为了突出显示商品,因而要考虑如何吸引顾客的注意力,与商品色彩协调烘托。一般来说,白光易展示商品本色,色光易调节视觉的丰富感;灯光的近效果,使顾客观看清晰,易展示商品的品质;灯光的远效果易于引起视觉注意,渲染商品外形美。在百货商店或专卖店,以聚光光束强调珠宝玉器、金银首饰、美术工艺品、手表等贵重精密商品之耀眼,不仅有助于消费者观看欣赏、选择比较,还可以显示出商品的珠光宝气,给消费者以强烈的高贵稀有的感觉。而在超级市场,重点照明主要用于生鲜食品,尤其是瓜果蔬菜和鲜花等,在柔和的有色灯光照明下,既能起到装饰作用,又能让顾客产生丰富联想,爱不释手。

3. 装饰照明

装饰照明对商店光线没有实质性的作用,主要是为了美化环境、渲染购物气氛而设置的,多采用彩灯、壁灯、吊灯、落地灯和霓虹灯等照明设备。一般大型百货商店多使用装饰照明,来显示富丽堂皇,而超级市场如果规模不大,应注重简洁明快,但若在节假日点缀一下,或在门面上设置CI标识特殊的霓虹灯广告牌,也能以其鲜明强烈的光亮及色彩给人留下深刻印象。

（二）光源的位置

不同位置的光源给商品带来的气氛有很大的差别，具体如下：

1. 从斜上方照射的光。这种光线下的商品，像在阳光下一样，表现出极其自然的气氛。

2. 从正上方照射的光。这种光可制造一种特异的神秘气氛，高档、高价产品用此光源较合适。

3. 从正前方照射的光。此光源不能起到强调商品的作用。

4. 从正后方照射的光。在此光线照射下，商品的轮廓很鲜明，需要强调商品外形时宜采用此种光源，在离橱窗较远的地方也应采用此光源。

5. 从正下方照射的光。能造成一种受逼迫的、具有危机感的气氛。

在以上不同位置的光源中，最理想的是“斜上方”和“正上方”的光源。另外，对于旧灯具要常换常新，更换一个壁灯、改变一个吊灯灯罩的色彩都可表现出与过去完全不同的气氛。

（三）照明方式

在整体照明方式上，要视商店的具体条件配光。灯光的使用上可采用以下方式：

1. 直接照明。光源垂直往下或直接照在陈列商品上，在需要高亮度的大型超市中使用。

2. 间接照明又称建筑化照明。将光源隐藏在天花板、墙壁内，借着反射的亮度照明，在中小型商超和高级餐厅用得多。

3. 半间接照明。利用托架照明、垂吊照明之类的器材，借着天花板、墙壁，利用反射光源照明，专卖店、小型商超采用此法。

4. 集束照明。采用几组灯光交叉射向某处。

5. 彩色照明。利用彩色灯泡，或将彩色光片加在灯前，变化出不同色彩的灯光。

在均衡分配商店内的照明亮度时，应以全体照明的店内平均亮度为1，店面橱窗为2～4倍，店内正面深处部分为2～3倍，商品陈列面为1.5～2倍，需加倍亮度的地方只要加上重点照明即可。

（四）防止照明对商品的损害

有时候，当顾客拿起商品时才发现商品有些部分已褪色、变色，这样不仅商品失去了销售的机会，同时也使卖场的信誉大打折扣。为防止因照明而引起商品变色、褪色、变质等类似事件的发生，在平时应经常留心以下事项：① 商品与聚光性强的灯泡之间的距离不得少于30厘米，以免光线的热量、灼烧导致商品褪色、变质。② 要经常查看资料和印刷品是否有褪色和卷曲的现象。③ 由于食品在短时间内容易变色、变质，所以要远离电灯。④ 对逐渐暗淡的电灯要在其“寿终正寝”之前提前更换。

二、商店色彩设计

色彩可以对消费者的心情产生影响和冲击。从视觉科学上讲，彩色比黑白色更能刺激视觉神经,因而更能引起消费者的注意。每逢节日,各报报头套红,色彩夺目,使人顿觉眼前明亮,精神为之一振。彩色能把商品的色彩、质感、量感等表现得极近真实,因而也就增强了顾客对销售商品的信任感。

红色、黄色、橙色,美术家、艺术家们认为是"暖色",这是在希望有温暖、热情、亲近这些感觉时使用的色彩。餐馆应该运用这些色彩以及烛光和壁炉,以便对顾客的心境产生影响,使他们感到温暖、亲切;蓝色、绿色和紫罗兰色被认为是"冷色",通常用来创造雅致、洁净的气氛。在光线比较暗淡的走廊、休息室,以及商店中希望使人感到比较舒畅、比较明亮的其他场所,应用这些色彩,效果最好;棕色和金黄色被认为是泥土类色调,可以与任何色彩配合。这些色彩也可以给周围的环境传播温暖、热情的气氛。

通过不同商品各自独特倾向的色彩语言,顾客更易辨识商品和产生亲近感。这种作用,在商店里特别明显:暖色系统的货架,放的是食品;冷色系统的货架,放的是清洁剂;色调高雅、肃静的货架上,放的是化妆用品……这种商品的色彩倾向性,也可体现在商品本身、销售包装及其广告上。有经验的人,一看广告的色调,就知道宣传的是哪一类商品。

商品形象色是指不同大类商品上,经常使用的能促进销售和便利使用的色彩或色调。商品色虽未有强制性的规定,也称不上标准色,但在商店经营环境设计中不可轻易违反。有些色彩,会给人以酸、甜、苦、辣不同的味觉感受,导致不同的嗅觉感受。如淡红色、奶油色和橘黄色,点缀少量的绿色等,是促进食欲的颜色,因而食品类的陈列普遍采用暖色系的配色,如果硬要标新立异,用青绿色调设计饼干的陈列,用银灰色设计午餐肉的陈列,势必使人初看一下就产生误解,细看之后会产生厌恶感,食欲减退。例如,美国一家无人售货商店发现肉类的销售量下降了,经过调查才发现,店里新安了一扇蓝色的窗子,蓝色使消费者对肉类感到反胃。在消费者的消费习惯中,不同的商品具有不同的色彩形象,对此在设计商店的内部环境时一定要考虑到,并给予正确处理。

三、商店的声音与音响设计

声音的种类和密度可对商店的气氛产生积极的影响,也可以产生消极的影响。音响可以使顾客感到愉快,也可以使顾客感到不愉快。令人不愉快的或令人难以忍受的音响,会使顾客的神经受到影响,甚至毁坏商店刻意营造的购物气氛。这一类的噪音,通常来自外部,除非采用消音、隔音设备,否则,商店是很难予以控制的。而柜台上嘈杂的声音,以及内部产生的声音,是可以控制、消除不愉快的噪音的。然而,在某个场所被认为嘈杂声或令人不愉快的声音,在另一个场所也可能是令人愉快的声音。例如,舞会的摇滚乐,以及人们的笑声、开玩笑的声音、保龄球场的声音,都是令人愉快的音乐,非常有益于产品促销,如果一家商店在入口处经常有悦耳的音乐,保证门外的顾客会鱼贯地进入店内,不管是否有中意的商品需要采购。正常的,令人愉快的声音,可以吸引人们对商品的注意。实践证明,钟表的滴答声,微风中的钟鸣声,立体声录音机、收音机以及电视机播放的声音,在各有关的售货场所,均是正常的声音,它们确实可以吸引顾客对这些商品的注意。第三种声音,在上面已经说到,是柜台上的嘈杂声。这是有意送人商店的背景声音,是为了压下其他的声音,克服死一样的沉寂,这种声音也是可以分散注意力的。在电梯、商店、办公室以及餐馆中使用最广泛的是背景音乐。

声音的密度指的是声音的强度和音量。由于零售企业应用的背景音乐是如此之多，因此，它成为商店可以控制的最重要的声音之一。它有助于消除不想要的声音，并可同时对雇员的工作予以配合。但是，这种音乐如果掌握不好，声音过高，则会令人反感，声音过低，则不起作用。因此，音乐的响度一定要与商店力求营造的店内环境相适应。在探讨音乐时需要考虑的另一个重要因素是音乐的种类。我们必须考虑我们的目标顾客群体的喜好，对高档百货商店来说，虽然雇员们在工作时间行将结束时，听一听摇滚乐是乐意的，但顾客则会对此类乐曲连5分钟都不能忍受。所以音乐种类一定要与商店想要创造的气氛协调。

四、商店的气味设计

商店的气味，对创造最大限度的销售额来说，也是至关重要的。如果场所气味异常，那么，商品的销售是不会达到可能达到的数量的；气味正常，会吸引顾客购买这些商品。人们的味蕾会对某些气味作出反应，以致可以只是凭借嗅觉就可嗅出某些商品的滋味。例如巧克力、新鲜面包、橘子、玉米花和咖啡等等。气味对增进人们的愉快心情也是有帮助的。花店中花卉的气味，化妆品柜台的香味，面包店的饼干、糖果味，蜜饯店的奶糖和硬果味，商店礼品部散发香气的蜡烛，皮革制品部的皮革味，烟草部的烟草味，均是与这些商品协调的，对促进顾客的购买是有帮助的。

正如有令人不愉快的声音一样，也有令人不愉悦的气味。这种气味会把顾客赶走。令人不愉快的气味，包括有霉味的地毯，吸纸烟的烟气，强烈的染料味，啮齿类动物和昆虫的气味，残留的尚未完全熄灭的燃烧物的气味，汽油、油漆和保管不善的清洁用品的气味，洗手间的气味等。这些气味不仅令人不愉快，与商店的环境、气氛也不协调。

如上述对商店气氛有影响的其他因素一样，对气味的密度（强度）也必须与它的种类一并考虑。如果是不好的气味，商店应当用空气过滤设备力求降低它的密度（强度）；对正常的气味，密度可扩大一些，以便促进顾客的购买。但是，要适当控制，使它不致扰乱顾客，甚至使顾客厌恶。例如，化妆品柜台周围，香水的香味会促进顾客对香水或其他化妆品的消费需要，但是，香水的香味过于强烈，也会使人厌恶，甚至引起反感，这样，反而会把顾客赶走。

五、商店的空气温度湿度设计

商店内顾客流量大，空气极易污浊，为了保证店内空气清新通畅，冷暖适宜，应采用空气净化措施，加强通风系统的建设。通风来源可以分自然通风和机械通风。采用自然通风可以节约能源，保证商店内部适宜的空气，一般小型商店多采用这种通风方式。而有条件的现代化大中型商店，在建造之初就普遍采取紫外线灯光杀菌设施和空气调节设备，用来改善商店内部的环境质量，为顾客提供舒适、清洁的购物环境。

商店的空调应遵循舒适性原则，冬季应达到温暖而不燥热、夏季应达到凉爽而不骤冷，否则，会对顾客和职员产生不利的影响。如冬季暖气开得很足，顾客从外面进商店都穿着厚厚的棉衣，在店内待不了几分钟就会感到燥热无比，来不及仔细浏览就匆匆离开商店，这无疑会影响商店销售。夏季冷气习习，顾客从炎热的外部世界进入商店，会有乍寒的不适应感，抵抗力弱的顾客甚至出现伤风感冒的症状，因此在使用空调时，维持舒适的温度和湿度是至关重要的。商店的空气湿度一般保持在40%～50%，更适宜在50%～60%，该湿度范围使人感觉比较舒适。但对经营特殊商品的营业场所和库房，则应严格控制环境湿度，严防商品腐坏情况的发生。

小资料

SPAR超市卖场设计与氛围营造

国际SPAR与山东家家悦超市合作的第一家"十八超市"，是由家家悦已开业一年半的一个大卖场改造建成的。国际SPAR通过与家家悦的各级干部携手合作，花了半年时间，最终制定了一套密切结合中国国情的完整方案。在SPAR的经营理念中，超市设计是如何使一个店铺从视、闻、尝、听、触等各种角度让目标顾客全方位体验和感受店铺。SPAR就是通过视觉要素、嗅觉要素、味觉要素、听觉要素、触觉要素营造卖场气氛，达到与顾客沟通的最佳效果。

视觉要素。SPAR有一套"柔性指标"体系，用具体、优美的图像来代替文字说明。如婴儿用品区用一个活泼可爱的婴儿照片形象生动；女性内衣首先安排在卖场中较为私密的区域，并采用亲密、略显性感的大幅照片，配以温暖、柔和的灯光，营造温馨、浪漫的氛围；蔬菜水果区采用舞台射灯，商品摆放突出和谐的农场氛围，使顾客犹如身在农场中采购。欧洲SPAR外观设计非常艺术，大多采用全透明设计，门前的稻草和落地玻璃窗设计使得整个SPAR既古香古色，又充满现代气息。店内商品琳琅满目，透过玻璃窗看得一清二楚，强烈刺激消费者眼球和购买欲望。颜色的使用在SPAR的店内和店外也有严格规定——红和绿，二者搭配比例是8∶2。科学实验证明，这两种颜色的合理搭配不仅能使人感觉舒服，更会首先联想到新鲜的生鲜和熟食。

嗅觉要素。这是消除距离以后的沟通，尤其在面包、水果、化妆品区，恰到好处的气味对顾客的购买行为产生极大的影响。

味觉要素。能让顾客品尝在嘴里并心服口服就是促销最大的成功。SPAR大多在熟食区设置专供顾客品尝的位置，类似于快餐店，但会更新鲜和健康。

听觉要素。在合适的季节、时间，配上恰当的背景音乐和宣传语言，不但能迅速告知顾客店内最新消息，也更使顾客有宾至如归的亲切感。

触觉要素。在SPAR店，所有商品不管多么高档，一律采用敞开式摆放，顾客可以轻松触摸到这些商品，充分感受商品的质感，更便于选购。

第一家"十八超市"在没有显著增加资金投入的情况下，营业额同比增加30%多。家家悦随后开出的第二家"十八超市"是接受一个原先营业额只有不到一万元的竞争对手的店，改造后平均日营业额超过20万元。

资料来源：广东商学院零售学精品课程网站 http://lsx.jpkc.gdufe.edu.cn/default.aspx

项目三　商品陈列

商品陈列是连锁企业门店日常经营管理的重要内容，是连锁门店的“门面”，是顾客购买商品的“向导”，科学、美观、合理、实用的商品陈列可以引起顾客的购买兴趣和购买冲动，起到刺激销售、方便购买、节约人力、利用空间、美化环境等作用。据统计，店面能正确运用商品的配置和陈列技术，销售额可以在原有基础上提高10%。

所谓商品陈列，是指连锁商店为了最大限度地方便消费者购买，利用有限的资源，在连锁店总体布局指导下，实施货架顺序摆放、商品码放、店内广告设计，合理运用照明、音响、通风等设施，创造理想购物环境的活动过程。

对商品陈列的理解如下：第一，商品陈列是一门艺术，又是一门科学。商品陈列通过视觉与消费者沟通，以商品本身作为主题，通过艺术化陈列及与环境的相互协调来向消费者展示商品的特性，增强商品对消费者的吸引力。第二，商品陈列是零售现场管理工作的一项基本内容。它在吸引消费者进店选购商品，激发消费者购买欲望，以致最后成交起着重要的作用。

一、商品配置

（一）商品配置规划

1. 商品配置规划的含义

商品配置规划就是将所有的商品根据一定的规律在卖场中进行合理的安排。商品经过科学的配置后，会对整个专卖的营销活动起到推动的作用。

商品配置规划要从两个角度进行综合考虑，并保证两个角度都能达到满意的程度。

(1) 顾客角度

一是要方便顾客。卖场中商品要根据顾客的消费层次、品牌定位和商品特性进行灵活调整。要按照顾客的购物习惯或商品特性进行陈列和分类，使卖场呈现出一种整齐的秩序感，具有一定的规律性，以便引导顾客选择。顾客可以轻松地看见商品，可以容易地找到所需商品，可以方便地取拿商品；二是吸引顾客。在商品配置中要充分考虑卖场色彩及造型的协调性和美感，给顾客留下深刻的印象和美好的感觉，迅速地吸引顾客，激发顾客的购买欲望。

(2) 管理角度

一是便捷管理：首先，经过分类配置之后，专卖空间得到充分利用。其次是将商品按照一定的类别进行划分，使商品的管理具有规律性，方便导购员的管理，同时提高工作效率。导购员可以清晰地了解畅销商品、进行每日盘存、防止货品损失等管理活动。最后一点是使整个专卖的管理工作标准化，使得管理和监督，以及进行流程化的推广。

二是促进销售：在配置中要考虑到商品营销规划，使卖场中的营销活动具有更多的针对性。如通过有目的地推销性配置，将主推款放在卖场的主要位置，通过搭配陈列连带消费增加销售额，根据不同时间对卖场商品进行位置的调整等等。

2. 商品配置规划的因素

(1) 秩序

秩序可以使人们生活和工作环境变得井井有条，卖场也不例外。每个顾客都喜欢在一个分类清楚、货品整整齐齐的卖场中选购商品。有秩序的卖场可以使顾客轻松地寻找到他们所需物品，使卖场的管理便捷化。做好商品分类工作也是搞好卖场陈列的最基本保证。

卖场中秩序就是将卖场的商品按一定规律进行排列和分布，即便是以打折形式随意丢放在货车中的商品，我们通常也可以采用价格或其他分类方式进行分类。这样才能使卖场有规则，分类清楚、容易寻找。

秩序着重考虑顾客购物中的理性思维特点，适合以下情况：

① 顾客需要进一步了解寻找商品的种类、规格、价格等；

② 事先有购物计划或比较理性的顾客；

③ 设计感不强，比较注重功能性的商品，如内衣、羽绒衣等。

(2) 美感

在卖场商品配置规划中考虑美感，目的是使卖场中的商品变得更吸引人，是一种偏感性的思维。

美感优先的商品配置法，实际上就是按美的规律进行组织性的视觉营销，使商品在视觉上最大程度地展示其美感。这种配置着重考虑顾客购物中的感性思维特点，激发顾客购物情绪，引起顾客冲动消费。其方式可以通过对色彩系列和款式的合理安排来达到，也可以通过平衡、重复、呼应等搭配手法使卖场呈现节奏感。特点是容易进行组合陈列，创造卖场氛围，迅速打动顾客，并能引起连带销售。服装、珠宝及K金饰品在展示美感方面最突出，其陈列效果与销售的关系最密切。一件高档时装，如果把它很随意地挂在普通衣架上，其高档次显现不出来，顾客就可能看不上眼。如果把它"穿"在模特身上，用射灯照着，再配以其他的衬托、装饰，其高雅的款式、精细的做工，很清楚地呈现在顾客面前，顾客就很容易为之所动。又比如金银饰品，如果把它放在普通铝合金柜台内，灯光暗淡，对顾客购买欲的刺激就会大打折扣；如果把它放在高贵典雅的柜台内，再以高级天鹅绒做铺垫，柔和的灯光照着，使K金光华四射，宝石熠熠生辉，这对顾客是一种什么刺激则不难想象。

因此卖场的商品配置要充分考虑是否能尽情展示卖场和商品的美感，把美感作为商品配置时首要考虑的问题，常常可以收到非常好的销售效果。

由于这种配置方法比较着重商品色彩和造型，在产品的管理上会容易混乱，因此需用其他分类法进行辅助。

(3) 促销

卖场中的商品配置规划，还必须充分考虑和商品促销计划的融合。每个成熟的商品品牌在其初期的设计和规划阶段，一般都会对商品进行销售上的分类，如通常服装品牌都会将每季的商品分为形象款、主推款、辅助款等类别，同时在实际的销售中还会出现一些真正名列前茅的畅销款。因此陈列商品配置的工作就是要合理地安排这些货品。

我们还可以通过有意识地商品组合，如进行系列性的组合，开展连带性的销售，使整个陈列工作和商品营销有机地结合在一起，真正地起到为销售服务的目的。

（二）商品配置策略

门店经营的商品品种和范围一般是相对固定的。对于营业空间和经营规模不是很大的门店，应该把经营重点放在20％高利润、高销售额的主营商品上，这对保证门店的经营利润非常关键。

同一种商品门店引进的品牌不必太多，引进的品牌太多，一方面会增加陈列面积；另一方面，也会分散购货资金，增加购货成本。经过认真的市场调查和分析后，门店应将某类商品确定在有限的几个知名品牌或畅销品牌上，通过增加商品销售量来获得一定的利润。

确定经营的商品品种后，门店还需要对商品规格进行筛选。在大型连锁企业门店的货架上，往往可以看到同一种商品有好几种不同的包装规格，以适应消费者不同的消费需求。但是中小型门店陈列空间有限，因此要尽量把某种商品的销售集中在2～3种规格上，这样既可减少购货品种，降低管理难度，还能够以较大规模的集中订购获得较低的进货价。

（三）商品配置表的运用

1. 商品配置表的含义及功能

（1）商品配置表的含义

商品配置表的英文名称是facing，日文名称是棚割表。英文facing的意思是指对商品货架陈列排面作恰当的管理；日文棚割表中，棚是指陈列用的货架，割是指适当的分割配置，也就是商品在货架上适当配置的意思。因此，商品配置表是把商品陈列的排面在货架上作最有效的分配，以书面表格形式画出来。在当今信息时代，商品配置表可以通过计算机来制作并且不断地修正和调整，从而使其不断完善。

（2）商品配置表的功能

目前我国大型综合连锁店普遍采用商品配置表对商品的陈列加以管理，一些中小型连锁店由于商品品种数量少，对商品配置表的功能重视不够。商品配置表对于连锁店商品陈列的管理功能主要体现在以下几个方面：

① 有效控制商品品项

每一个连锁企业的卖场面积都是有限的，所能陈列的商品品项也是有限的，使用商品配置表，就能获得有效控制商品品项的效果，充分发挥卖场效率。

② 商品定位管理

卖场内的商品定位，就是要确定商品在卖场中的陈列方位、在货架上的陈列位置以及所占的陈列空间。定位管理是卖场管理非常重要的工作，是为了使陈列面积(即货架容量)能得到有效利用。商品配置表是商品定位的管理工具，有了商品配置表，才能做好商品定位。如不事先画好商品配置表，无规则地进行商品陈列，就无法保证商品持续一致、有序、有效的定位陈列。

③ 商品陈列排面管理

不能有效管理商品的排面数，是现阶段超市卖场一个很大的管理缺点。一般而言，超市卖场陈列的品项数往往多达万种以上，而所陈列的商品中，有些商品非常畅销，有些销售量则很少，因此，可用商品配置表来安排商品的排面数，畅销的商品给予的排面数多、占的陈列空间大，而不畅销的商品给予较少的排面数，所占的陈列空间也小，对滞销商品则不给排面，可将其淘汰出去。如此对连锁门店提高卖场的商品销售效率，有相当好的作用。

④ 合理安排畅销商品

在连锁企业门店中，往往畅销商品的销售速度很快，若没有商品配置表对畅销商品排面进行保护管理，常常会发生这种现象：当畅销商品卖完了，又得不到及时补充时，就易导致较不畅销商品占据畅销商品的排面，逐步形成了滞销品驱逐畅销品的状况。等到顾客问起有“××商品吗”，可能已错失不少的商机及降低了门店的竞争力。可以说，在没有商品配置表管理的卖场，这种状况是时常发生的，而有了商品配置表管理后，这种现象会得到有效的控制和避免。

⑤ 商品利润的控制管理

连锁企业门店销售的商品中，有高利润商品，也有利润低的商品，我们总是希望把利润高的商品配置在好的陈列位置，销售多一点，整体利益也随之提高；把利润低的商品配置在差一点的位置，来控制销售结构。这就要靠商品配置表来给予各种商品妥当的配置，以求得整个门店有一个高利润的表现。

⑥ 连锁经营标准化管理的工具

连锁企业有众多的门店，达到各门店的商品陈列基本一致，促进连锁经营工作的高效化，是连锁企业标准化管理的重要内容，如果能有标准化的商品配置表来运作，整个连锁体系内的商品营运管理会比较容易，对于季节变动修改及新产品的陈列、滞销品的删除等工作，执行起来效率也高。

2. 商品配置表制作程序

(1) 消费需求调查

新店设立之初，要对消费者需求和情况进行调查。消费者调查的内容包括，消费者收入水平、职业、家庭结构、购物习惯、竞争形势、希望零售店提供何种商品和服务。根据这些调查所得的资料，经营者可以做更深入的分析，了解商圈内商品的潜在需求，并了解竞争态势，构思要经营什么商品。

(2) 部门构成、配置及中分类配置

了解到商圈内消费者对商品的需求，商品部门要做出提案，本店要经营哪几大类(部门)的商品。比如：要不要设立玩具部门或餐饮部门、鲜花部门，把适合商圈内经营的大类做几种形态的组合，提供给上级来裁决。决策部门决定要经营何种大类后，商品部门人员会同营业部、开发部共同讨论决定部门的配置，每一个部门所占的面积尺数，都要有一个最妥善的安排及配置。当商品经营的大类及配置完成后，采购人员就要将每一个中分类商品安置到各自归属的大类商品配置图中去；每一个中分类安排到中分类配置表里，并由采购(商品)经理做确认及决定。

(3) 单品项商品的决定

完成了商品大类和中分类的商品配置表之后，就进入制作商品配置表的实际工作阶段，就是要决定单品项商品如何导入卖场。此项工作分三个步骤进行，第一个步骤是收集每一个中分类内可能出售的单品项商品资料，包括单品项商品的品名、规格、成分、尺寸、包装材料和价格；第二个步骤是对这些单品项商品进行选择，挑选出适合超市门店商圈消费需要的单品项商品，并列出商品台账；第三个步骤是把这些单品项商品做一个陈列面安排，并与门店周围的商店做一个比较优势的分析，在分析的基础上对单品项商品做必要的调整，并最后决定下来。

(4) 商品配置表的制作

商品配置表是以一面货架为基础制作的，有一面货架就应有一张商品配置表。商品配置表格式设计，只要确定货架的标准，再把商品的品名、规格、编码、排面数、售价表现在表格上即可；也有的把商品的形状画到表格上，但这些必须借助于电脑来设计，这就对货架管理人员提出了更高的技术要求。表 3-2 是一个连锁超市商品配置表的实例设计，其货架的标准是高 180 厘米，长 90 厘米，宽 45 厘米，五层陈列面，供参考。

表 3-2　商品配置表

商品分类：No.　洗衣粉(1)
货架 No.12　制作人：××

<table>
<tr><td>180
170
160</td><td>白猫无泡洗衣粉
1 000 克
4F 12001 12.2</td><td colspan="2">奥妙浓缩洗衣粉
750 克
4F 12005 12.5</td><td>奥妙浓缩洗衣粉
500 克
4F 12006 8.5</td></tr>
<tr><td>150
140
130
120</td><td colspan="2">白猫无泡洗衣粉
500 克
4F 12002 6.5</td><td colspan="2">奥妙超浓缩洗衣粉
500 克
3F 12007 12.5</td></tr>
<tr><td>110
100
90
80</td><td colspan="2">白猫洗衣粉
450 克
4F 12003 2.5</td><td colspan="2">奥妙手洗洗衣粉
180 克
6F 12008 2.5</td></tr>
<tr><td>70
60
50
40</td><td colspan="2">佳美两用洗衣粉
450 克
4F 12004 2.5</td><td colspan="2">碧浪洗衣粉
200 克
6F 12009 2.8</td></tr>
<tr><td>30
20
10</td><td colspan="2">地毯去污粉
500 克
4F 12011 12.8</td><td colspan="2">汰渍洗衣粉
450 克
4F 12010 4.9</td></tr>
</table>

注：1. 货架位置最下层为 A，二层为 B，三层为 C，四层为 D，最高层为 E。每一层从左到右，为 A1、A2、A3……；B1、B2、B3……；C1、C2、C3……；D1、D2、D3……；E1、E2、E3……

2. 排面是每个商品在货架上面向顾客陈列的第一排的数量，一个为 1F，两个为 2F，依次类推。

3. 最小库存以一日的销售量为安全存量。

4. 最大库存是货架放满的陈列量。

(5) 执行的实际工作

配置完成,也就是完成一套商品配置表,根据这张表来订货、陈列,然后把价格卡(Price Card)贴好,也就大功告成了。但最好能把实际陈列的结果照相或进行录制,以作为修改辨认的依据。

3. 商品配置表的修正

连锁企业总部一旦制定了标准化的商品配置表后,下属各门店就必须严格执行。但商品配置表受到节日、促销活动、流行趋势、商品功能的替代等因素的影响作用,需要在一定时间内做出相应调整。商品配置表的修正一般是固定的时间来进行,可以是一个月、一个季度修正一次,但不宜随意进行修正。可按以下程序进行修正:

(1) 统计商品的销售情况。连锁企业必须对下属门店每月商品的销售情况进行统计分析,总结出哪些商品是畅销商品、哪些商品是滞销商品、哪些商品销售状况一般,并且进一步分析原因。

(2) 淘汰滞销商品。经销售统计可确定出滞销商品,但商品的滞销原因很多,可能是商品质量问题,也可能是商品的定位不当、商品陈列的位置不理想,或是受销售淡季的影响,还有可能是某些供应商的促销配合不好等原因。当商品滞销的真正原因弄清楚以后,要确定该滞销的状况是否可能改善,如无法进行改善就必须坚决淘汰,不能让滞销品占住货架而产生不出效益。

(3) 调整畅销商品和导入新商品。对畅销商品的调整,一是适当增加其陈列的排面;二是调整其卖场位置及在货架上的段位。对因淘汰滞销商品而空出的货架排面,连锁企业应导入新商品,以保证货架陈列的充实量。

(4) 商品配置表的最后修正。在确定了滞销商品的淘汰、畅销商品的调整和新商品的导入之后,必须修正为新的商品配置表。而新的商品配置表的下发,就是连锁企业各门店进行商品调整的依据。

二、商品陈列的方法和要领

(一) 商品陈列的原则

1. 显而易见的原则

商品陈列显而易见的原则要达到两个目的:一是卖场内所有的商品不仅能让顾客看清楚,而且还必须引起顾客的注意;二是激发顾客冲动购买的心理。因此,要使商品陈列显而易见,要做到以下三点:第一,贴有价格标签的商品正面面向顾客,商品的价格牌准确并摆放正确,不要给顾客混乱的感觉;第二,每一种商品都不能被其他商品遮住视线;第三,货架下层不易看清的陈列商品,可以倾斜式陈列;第四,节假日、季节性、新商品的推销区和特价区商品的陈列要引人注目。

2. 容易寻找选购的原则

容易选购就是店内的商品以顾客容易寻找选择的方式陈列,并尽量陈列在容易拿取的地方。通常只要连锁商店面积在500平方米以上,就应该设置统一规划的货位分布图。规模较大的连锁店除了具有货位分布图之外,还应具备楼面的商品指示牌和卖场区域性商品指示牌。随着卖场里商品分布的变化,商品配置分布图和商品指示牌必须及时修改,及时修改货位分布图和商品指示牌可以让初次光顾的顾客准确找到商品陈列的位置，也可以让老顾客及时看到卖场商品配置及陈列的变化。

3. 陈列丰满的原则

商品种类丰富、数量充足，目的是让顾客有挑选的空间，避免产生脱销现象。从国内超市的经营情况来看，超市营业面积每平方米商品的陈列平均要达到11～12个品种，也就是营业面积100平方米的连锁便利店至少经营品种达到1 200种左右；营业面积500平方米的超市达5 000～6 000种；营业面积1 000平方米的超市达10 000种左右；

调查资料表明，做不到丰满陈列的超市和丰满陈列的超市相比，其销售额相差为24%。

4. 先进先出的原则

随着商品不断地被销售出去，就要进行商品的补充陈列，补充陈列的商品要依照先进先出的原则进行。当货架上的商品被销售出去需要进行补货陈列时，先把原有的商品取出来，然后放入补充的新商品后，再将原来的商品放在新陈列的商品的前面。也就是说，商品的补充陈列是从后面开始的，而不是从前面开始的，这样可以保证先进的商品先卖出去，保证商品的新鲜度。

5. 同类商品垂直陈列的原则

货架上同类的不同品种商品要做到垂直陈列，避免横式陈列。因为人的视线上下移动方便，而横向移动其方便程度要较前者差。再者，同类商品垂直陈列可以使同类商品享受到货架上各个价位的销售利益，而不会使不同类商品由于横向陈列而销售利润不均衡。

6. 关联性的原则

顾客常常是依货架的陈列方向行走并挑选商品，很少再回头选购商品。所以关联性商品应陈列在通道的两侧，或陈列在同一通道、同一方向、同一侧的不同货架上，而不应陈列在同一组双面货架的两侧。下面用图3-2、3-3来分别表示错误和正确的关联性商品陈列法。

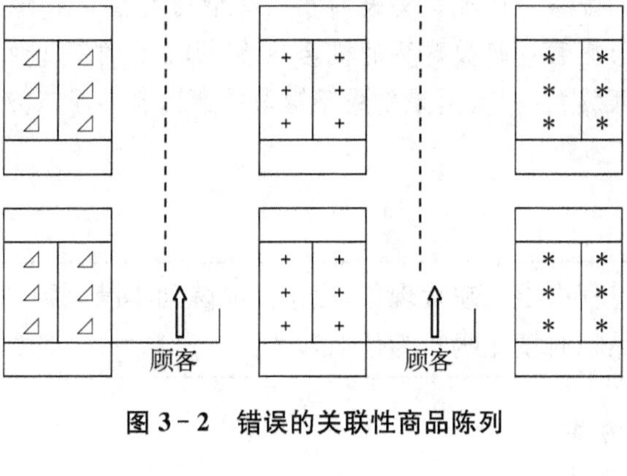

图3-2　错误的关联性商品陈列

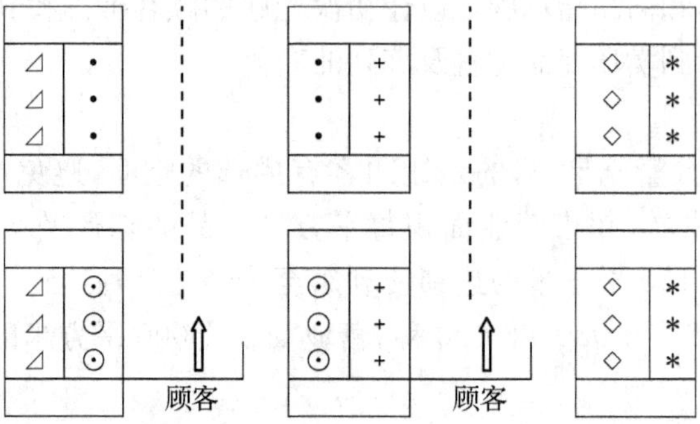

图 3-3 正确的关联性商品陈列

小资料

超级商业零售连锁巨无霸沃尔玛公司(Wal-Mart)拥有世界上最大的数据仓库系统。为了能够准确了解顾客在其门店的购买习惯,沃尔玛对其顾客的购物行为进行了购物篮关联规则分析,从而知道顾客经常一起购买的商品有哪些。在沃尔玛庞大的数据仓库里集合了其所有门店的详细原始交易数据,在这些原始交易数据的基础上,沃尔玛利用数据挖掘工具对这些数据进行分析和挖掘。一个令人惊奇和意外的结果出现了:跟尿不湿一起购买最多的商品竟是啤酒！这是数据挖掘技术对历史数据进行分析的结果,反映的是数据的内在规律。那么这个结果符合现实情况吗？是否是一个有用的信息？是否有利用价值？

为了验证这一结果,沃尔玛派出市场调查人员和分析师对这一结果进行调查分析。经过大量实际调查和分析,他们揭示了一个隐藏在"尿不湿与啤酒"背后的美国消费者的行为模式:在美国,到超市去买婴儿尿不湿是一些年轻的父亲下班后的日常工作,而他们中有30%～40%的人同时也会为自己买一些啤酒。产生这一现象的原因是,美国的太太们常叮嘱她们的丈夫不要忘了下班后为小孩买尿不湿,而丈夫们在买尿不湿后又随手带回了他们喜欢的啤酒。另一种情况是丈夫们在买啤酒时突然记起他们的责任,又去买了尿不湿。既然尿不湿与啤酒一起被购买的机会很多,那么沃尔玛就在他们所有的门店里将尿不湿与啤酒并排摆放在一起,结果是尿不湿与啤酒的销售量双双增长。

小思考

超市商品销售过程中出现缺货现象,出于商品陈列丰满原则,货架中空出的陈列面可以用旁边的商品临时填充吗？为什么？

(二) 商品陈列的方法

1. 集中陈列法

这种方法是连锁门店陈列中最常用和使用范围最广泛的方法,是把同一种商品集中陈列于卖场的同一个地方,这种方法最适合周转快的商品。特殊陈列法就是以集中陈列为基础的变化的陈列方法。要使用好集中陈列法，以下几点在陈列作业中应特别引起注意：

（1）商品集团按纵向原则陈列

商品集团我们可以把它理解成商品类别的中分类，而中分类的商品不管其有多少小分类和单品项，都可以认同是一种商品，如水果是一个大分类，苹果是一个中分类，国光、富士和黄元帅是它的小分类。在实施集中陈列时应按纵向原则陈列，纵向陈列要比横向陈列效果好，这是因为顾客在挑选商品时，如果横向陈列，顾客想全部看清楚一个货架或一组货架上的各商品集团，就必须要在陈列架前往返好几次，如果是不往返一次通过的话，就必然会将某些商品看漏掉了，而如果是纵向陈列的话，顾客就会在一次性通过时，同时看清各集团的商品，这样就会起到好的销售效果，根据美国的一项超市调查表明，若将横向陈列改为纵向陈列，销售额可提高 42%。纵向陈列时，高价位或新推出的口味应放置上层，以吸引注意力，每类产品至少有两个陈列面，且需占有二层的陈列货架。（如图 3-4、3-5 所示）

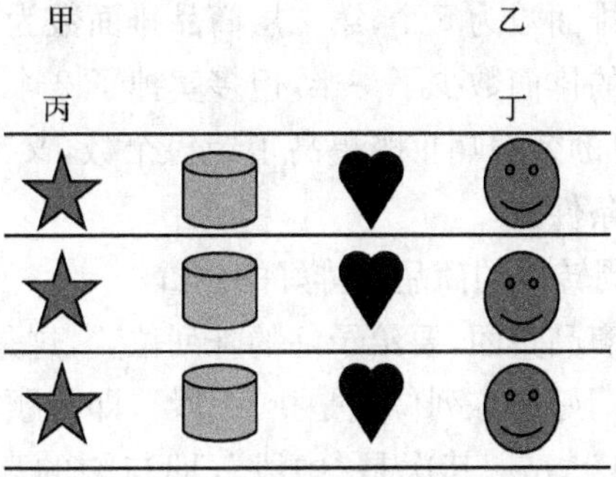

图 3-4　商品集团纵向原则陈列示意图

图 3-5　商品集团纵向原则实例

(2) 明确商品集团的轮廓

相邻商品之间的轮廓不明确，顾客在选购商品时难以判断商品的位置，从而为挑选带来了障碍，这种障碍必须排除。除了在陈列上把各商品群区分出来外，对一些造型、包装、色彩相似的不同商品群，可采用不同颜色的价格广告牌加以明确区分。采用带颜色的不干胶纸色带或按商品色差陈列也不失为一种好的区分方法。

(3) 集中陈列法要求第一排的商品数目要适当

要根据每种商品销售个数来确定面朝顾客一排商品的个数。一般来说，第一排的商品个数不宜过多，如个数太多，一个商品所占用的陈列面积就会过大，相应的，商品的陈列品种数就会下降，也会使顾客产生商店在极力推销商品的心理压力，造成顾客对该商品的销售抵抗，所以第一排的商品陈列必须要适当。有过这样一个调查，第一层商品日销售额个数约为 30 个，排面数为 10 个；而第二层商品日销售个数约为 60 个，排面数为 5 个。如果换成第一层商品排面数为 5 个，第二层商品排面数为 8 个，则第一层商品就可以卖出 32 个(比前一种方式的排面数少了一半，但多卖掉了 2 个)，第二层商品则能卖掉 25 个，多卖了 15 个，这是何等的效益啊！既提高了销售个数，又节约了陈列空间，为提高商品品种出样率创造了空间条件。

(4) 集中陈列法要给周转快的商品安排好的位置

对于周转快的商品或商品集团，要给予好的陈列位置，这是一种极其有效的促进销售提高的手段。在超市中所谓好的陈列位置是指“上段”，即与顾客的视线高度相平的地方，其高度一般为 130 cm～145 cm。其次是“中段”，即与腰的高度齐平地方，高度一般为 80 cm ～90 cm。最不利的位置是处于接近地面的地方，即“下段”。

小资料

根据美国的一项调查资料显示，商品在陈列中的位置进行上中下 3 个位置的调换后，销售额发生以下的变化：

(1) 从“中段”上升到“上段”　＋63%

(2) 从“中段”下降到“下段”　－40%

(3) 从“下段”上升到“中段”　＋34%

(4) 从“下段”上升到“上段”　＋78%

(5) 从“上段”下降到“下段”　－32%

(6) 从“上段”下降到“中段”　－20%

美国的这份调查资料不是以同一种商品来进行试验的，所以不能将该结论作为普遍的原理来运用，但商品陈列的高度不同对商品销量的影响却是显而易见的。一般来讲，货架的最好位置是直视可见、与顾客视线相平且伸手可及的区域。陈列在这个位置的商品销售量最好，所以称作“黄金带”。“黄金带”一般是以视线 30 度左右的地方为中心，在这之上 10 度和之下 20 度之间，就成人而言，从地面算起 70～160 cm 高度；宽度的计算是如果离货架 80 cm 的地方，那么最有效的视野幅度是 90 cm。

上端　补充性和体现量感的商品

次上段　　推荐商品、有意培养的商品

中段　　主力商品、高利润商品、独家代理或经销商品、自有品牌商品

次下段　　低利润商品或为保证齐全性的商品、因顾客需要而不得不卖的商品或已进入衰退期的商品

下端　　补充性和体现量感的商品

2. 整齐陈列法

这是按货架的尺寸，确定单个商品排面的长、宽、高，将商品整齐地堆积起来以突出商品量感的方法。它是一种非常简洁的陈列方法，整齐陈列的货架一般配置在中央陈列货架的一端，这种方法适合超市欲大量推销给顾客的商品及折扣率高的商品，或因季节性需要顾客购买率高、购买量大的商品，如夏季的清凉饮料、罐装啤酒等。整齐陈列法有时会令顾客感到不易拿取，必要时可做适当变动，如将前端堆成梯状。如图 3－6、3－7 所示

图 3－6　整齐陈列法实例

图 3－7　前端堆成梯状实例

3. 随机陈列法

这种方法是随机地将商品堆积在一种圆形或方形的网状筐或台上，通常配有特价销售的价格牌子，给顾客一种“特价品”的印象，一般门店特价或促销的商品采用这种方法。随机陈列的网筐的配置位置基本上与整齐陈列一样，但也可配置在中央陈列架的走道内，紧贴在其中一侧的货架旁，或者配置在卖场的某个冷落地带，以带动该处陈列商品的销售。如随便堆放的便宜皮鞋、围巾，过季服装、糖、咸菜和小食品等。如图 3－8 所示。

图 3－8　随机陈列法实例

4. 兼用随机陈列法

这是一种同时兼有整齐陈列和随机陈列特点的陈列方法，其功能也可同时具备以上两种方法的特点，但是兼用随机陈列架所配置的位置应与整齐陈列一致，但不能像随机陈列架有时也要配置在中央陈列架的过道内或其他地方。如图 3－9 所示。

图 3－9　兼用随机陈列法实例

5. 盘式陈列法

这是将装商品的纸箱底部切开后留下来，类似托盘，然后以盘为单位堆积上去的方法，也叫割箱陈列法，这样不仅可以加快商品陈列的速度，而且在一定程度上提示顾客整箱购买。有些盘式陈列，只在上面一层作盘式陈列，下面的则不打开包装箱而整箱地陈列上去。盘式陈列架的位置，可与整齐陈列架一致，也可陈列在进出口处。这种方法适合于陈列饮料、啤酒等商品。如图 3－10、3－11 所示。

图 3－10　盘式陈列法实例 1

图 3－11　盘式陈列法实例 2

6．比较陈列法

将相同商品按不同规格和数量予以分类，然后陈列在一起，利用不同规格包装的商品之间的价格差异来刺激顾客的购买欲望，促使其因廉价而作出购买决策。一般而言，比较性陈列都必须经过价格、包装、数量的良好规划，才能达到最大效果。

小资料

一罐易拉罐咖啡卖 20 元，而 6 罐包一起只卖 100 元，我们把单包装和 6 罐装的咖啡陈列在一起，就可以比较出 6 罐装的咖啡比较便宜，从而刺激顾客购买。但要注意我们营销的目的在于卖6罐装的咖啡，所以陈列量上，6罐装的咖啡数量要比较多，而单罐装的咖啡数量应比较少。再如，把同一品牌的奶精500克装和600克装陈列在一起，并将500克装的奶精的价格定得很接近600克装的奶精，那么就可以衬托出600克装的便宜，从而刺激顾客购买，达到销售目的。

7. 端头陈列法

所谓端头是指双面的中央陈列架的两头，是顾客通过流量最大、往返频率最高的地方，顾客可以从三个方向看见陈列在这一位置的商品。端头一般用来陈列要推荐给顾客的新商品、特价品、知名品牌商品及利润高的商品。端头陈列的商品如果是组合商品，则比单件商品更有吸引力。因此，端头陈列应以组合式、关联性强的商品为主。如图3-12、3-13所示。

图3-12 端头陈列法实例1

图3-13 端头陈列法实例2

8. 岛式陈列法

这是指在超市的进口处、中部或底部不设置中央陈列架，而配置特殊用的展台陈列商品。岛式陈列的商品可以从四个方向看到，其效果较好。岛式陈列用具一般有冰柜、平台、大型的网状货筐和屋顶架等。这种方法适合于陈列色彩鲜艳、包装精美的特价品、新产品或蔬菜及冷冻食品等。如图 3－14、3－15 所示

图 3－14　岛式陈列法实例 1

图 3－15　岛工陈列法实例 2

9. 定位陈列

指商品经过配置后，所陈列的位置及陈列排面相对固定，形成日常性陈列状态。对于一些顾客购买频率高、购买量大且知名度高的名牌商品，应多给予这种定位陈列。这些商品一经确定位置陈列后，一般不再变动。

10. 突出陈列法

指在中央陈列架的前面突出特殊陈列位置的方法。这种方法是为了打破单调感，吸引顾客进入中央陈列架里。如在此陈列面上做一个突出的台，并在上面堆积商品，或将中央陈列架下层的隔板做成一个突出的板，然后将商品堆积在此板上。突出陈列不能影响购物路线的畅通，一般适用于陈列新产品、推销商品及廉价商品。如图 3－16、3－17 所示

图 3－16　突出陈列法实例 1

图 3-17 突出陈列法实例 2

11. 悬挂式陈列法

这是将无立体感扁平或细长形的商品悬挂在固定的或可以转动的装有挂钩的陈列架上的方法。它能使这些本无立体感的商品产生良好的立体效果,使商品生动形象,从而引起消费者的注意,并能增添不同陈列方法所带来的变化。这种方法适合于陈列有孔形包装的糖果、剃须刀、铅笔、儿童玩具及五金件。如图 3-18、3-19 所示。

图 3-18 悬挂式陈列法实例 1

图 3-19 悬挂式陈列法实例 2

12. 关联陈列法

关联陈列是指将不同种类但相互补充的商品陈列在一起。运用商品之间的互补性,可以使顾客在购买某商品后,也顺便购买旁边的商品。它可以使得专卖店的整体陈列多样化,也增加了顾客购买商品的概率。关联陈列法的运用原则是商品必须互补,要打破各类商品间的区别,表现消费者生活实际需求。需要注意的是采用关联陈列的方法,一定要考虑顾客在店铺中的行走方向,最好将关联商品陈列在通道的两侧,或陈列在同一通道、同一方向、同一侧的不同货架上。如图 3－20 所示。

图 3－20　关联陈列法实例

小资料

主要家用电器及其相关联商品

彩电：DVD 机、VCD 机、音响、天线连接线、电视机盖巾、遥控器电池（五号、七号）、遥控器套、遥控器架、电视机架。

影碟机：电视机、音响、功放、遥控器电池（五号、七号）、碟机盖巾、遥控器套、遥控器架、麦克风、碟片、碟片擦拭剂、CD 盒、光头清洗剂、连接线（VGA 线、色差线、S 端子线、光纤线、射频转换线）。

音响：电视机、DVD 机、VCD 机、功放、音箱连接线、遥控器电池（五号、七号）、遥控器套、遥控器架、麦克风。

洗衣机：洗衣机罩、洗衣网、洗衣篓、三脚插座（接地）。

冰箱：除臭器、保鲜膜、冰箱罩、稳压器、保鲜盒、三脚插座（接地）。

空调：负离子发生器、室内外机罩、配铁架、三脚插座（接地）。

油烟机：厨房专用除污剂、专用抹布。

洗碗机：洗碗剂、漂白剂、三脚插座（接地）。

微波炉：保鲜膜、耐高温微波器皿（碗、碟）、隔热手套。

煤气炉：锡箔纸、炉垫、厨房专用除污剂、煤气胶管、接口夹、煤气报警器、一号电池。

燃气热水器：排烟管、煤气胶管、接口夹、花洒、升降架、浴球、浴巾。

电饭煲：淘米箩、蒸笼。

电火锅：漏勺、鸳鸯火锅。

排气扇：专用除污剂。

吸尘器：吸尘袋。

消毒柜：抹布、灯管、洗洁剂。

饮水机：一次性水杯、饮水机消毒液、杯架。

13. 窄缝陈列法

在中央陈列架上撤去几层隔板，只留下底部的隔板形成一个窄长的空间进行特殊陈列，这种陈列就叫窄缝陈列。窄缝陈列的商品只能是1个或2个单品项商品，它所要表现的是商品的量感，陈列量是平常的4～5倍。窄缝陈列能打破中央陈列架定位陈列的单调感，吸引顾客的注意力。窄缝陈列的商品最好是介绍给顾客的新商品或利润高的商品，这样就能起到较好的促销效果。窄缝陈列可使超市卖场的陈列活性化，但不宜在整个卖场出现太多的窄缝陈列，这样的话，推荐给顾客的新商品和高利润商品太多，反而会影响该类商品的销售。

（三）商品陈列的要领

1. 隔物板的运用

利用隔物板可以固定商品的位置，防止商品缺货而不察，维持货架的整齐度。

2. 标价牌的张贴

标价牌的张贴位置应该一致，并且要防止其脱落，若有特价活动，应以POP或特殊标价牌标注。

3. 遵循商品陈列规划

商品陈列应遵循由小到大，由左到右，由浅到深，由上而下的基本原则。

4. 揭示标语

在众多商品的陈列中，如在一些商品旁适当的位置陈列各种标语，如“新产品”、“新项目”、“特惠价”、“新包装”、“新上市”、“特别物品”等，或标示品质、特色等，通常会增加很大的销量。

5. 特殊商品采用特殊陈列工具

对需特殊陈列的商品不能一味地强调货架标准化而忽视了特殊商品特定的展示效果，要采用特殊陈列工具，这样才能充分展示特殊商品的魅力。如家居的碗盘采用专用的碗碟架陈列，衣架采用挂钩陈列，使商品得以充分展示，从而提升销售。

6. 商品陈列位置要合理

商品应该根据卖场的推销重点和商品的本身特点陈列于不同的位置。因为不同的陈列位置与人的视线形成不同的角度，不同陈列位置的商品销售效果有较大的差别。顾客观察和拿取商品难易的程度和商品陈列位置的高低有直接关系，顾客最容易看见的高度，是视线的平视高度。视线的水平不高于(低于)20度是为中心，向上10度和向下20度范围内陈列的商品为易见部分。

7. 注重销售效率

在实际操作中不能一味地强调美观而忽略了陈列的实用性，应按照销量决定排面的要求进行陈列，提高门店商品销售效率，实现销售最大化。

（三）商品陈列中的几个关键问题

1. 站在顾客的立场

商品分类、配置和陈列一定要站在顾客立场，以吸引和方便顾客观看和购买为目的。

因此，每项商品包括其包装的正面应该朝向前面，朝向顾客，以吸引顾客注意力，方便其了解商品的性能。

商品陈列要考虑店铺的整体协调性，商品摆放有规律，色彩、形状搭配协调，整体陈列既实用又美观。在陈列商品时，为了突出商品的某些属性和特性，必要时可运用一些辅助设施，如特别制作的货架、灯光造型、背景、配饰等，使顾客将注意力集中于重点展示的商品。但在运用辅助设施配合商品陈列时，千万不要喧宾夺主，让辅助设施抢了商品的风头。

2. 创造良好的购物空间

经营者没有必要将所有的商品都陈列出来，店小的话，只需要摆一两件样品就足够了。商品陈列所要考虑的不仅仅是商品本身，还应将整个营业场所综合进行考虑，好的空间切割和功能配置，是成功经营的重要组成部分。所有的店铺空间都应该为经营服务，只要是有利于提高营业额和利润的空间布置，就是有价值的布置，值得你花钱。不要在乎是否每一寸空间都放上了商品，那是很陈旧的理念和经营方式。

3. 设计吸引顾客的陈列主题

在进行商品陈列的时候，要注意设计吸引顾客的主题，在商品陈列时借助商店的展示橱窗或卖场内的特别展示区，运用各种艺术手法、宣传手段和陈列器具，配备适当的且有效果的照明、色彩和声响，突出某一重点商品。一个店铺有时间可同时推出若干个主题陈列，各主题相互间并无干扰，反而可以相互促进。在突出商品陈列主题的前提下，经营者可以适当安排商品陈列形式和陈列位置，对陈列进行装饰和美化。在主题展区，应去除不相关商品、多余商品，使顾客视线集中，注意力集中。

通常门店可以进行如下一些主题陈列：

① 流行性商品的集中陈列。

② 新上市商品的集中陈列。

③ 反映店铺经营特色商品的集中陈列，如10元商品区、50元商品区等。

④ 应季性商品的集中陈列。

⑤ 应事性商品的集中陈列，如围绕迎奥运主题陈列、庆祝六一儿童节主题陈列等。

⑥ 外形或功能具独特性的商品的集中陈列。

⑦ 关联性商品或系列商品的集中陈列。

⑧ 试销性商品或打折商品的集中陈列。

4. 设计丰富而不繁琐的商品陈列

丰富的商品是一个店铺的经营优势所在，这样可以满足顾客一次性的购物需求。但如果处理不好商品丰富性与购物便利性的关系，也会影响经营效果。如有些零售店因为商品品种太丰富，顾客不能便利地找到合意的商品而颇有抱怨，在这种情况下，经营优势就变成了劣势。

三、商品陈列设备和用具

（一）商品陈列的主要设备和用具

1. 货架

在封闭式售货方式中，货架一般只作陈列展示和储存商品之用；在敞开式售货方式中，兼具销售柜作用。货架一般分为两种：一种是沿商场四周墙壁摆放，称为靠墙货架；另一种是设置在商场中间不同位置上，称为中心货架。这种方法一般适用于大型超市或仓储店。除无法摆上货架以商品外，其他商品都可以用货架陈列，这也是目前零售店最主要的商品陈列方式。

陈列用的货架以可拆卸组合的钢制货架为主。在日本、中国台湾、中国香港等国家和地区，普遍使用一种高1.7米、长1米的货架，由于这种货架低于欧美式货架15～20厘米，适合东亚人的体型，我国内地的零售店铺普遍采用这种规格的货架。当然，货架的高度还受连锁店业态、建筑层高和货物储存成本影响，也同商品大小有关。若是购物中心、仓储超市，货架要高一些。有些连锁店为了减少库存成本，不设仓库，货架很高，目的就是为了在货架上存储商品，这就相当于增加了1/4的陈列面积。

各种业态模式的店面使用的货架标准有以下几类：

(1) 便利店和个体商店使用的是1.3～1.4米高的货架；

(2) 一般超市使用的是小型平板货架，高度为1.6米左右；

(3) 大型超市使用的是大型平板货架，高度为1.8～2.2米；

(4) 量贩店和仓储店使用的是高达6～8米的仓储式货架。

2. 柜台

在封闭型售货方式中，柜台是顾客与营业员之间的交易现场。它既是营业员的工作台，又是向顾客展示陈列商品的展示台。在敞开型售货方式中，柜台一般只作营业员的工作台，较少用于陈列和销售商品。柜台分两种式样：一种是标准的长方体；另一种前面是坡形的坡面柜台。坡面柜台的优点主要是方便顾客观看柜台中下层的商品，而不需要过多地弯腰或低头。以中国人的身体数据为基础，柜台的高度一般为90～100厘米为好；宽度在50～70厘米之间；长度可自选，但一般在120厘米；柜台内部可分单层或2～3层，底座高不应超过20厘米。现代柜台大多由金属框架和玻璃镶嵌而成，传统的多为木质。玻璃柜台一般装有固定或可转换角度的照明灯，多为单色灯，也有装饰多色串灯，起陪衬商品的作用，但使用较少。

3. 陈列柜

在零售店中，用于陈列、销售食品和其他商品的存放设备均称为陈列柜。陈列柜不仅可以保证零售商品的质量，而且可以全方位陈列展示商品，方便顾客挑选商品，美化商店的购物环境，提高卖场的档次，刺激顾客的购买欲望，最终可为商家赢得更多利润。一般来说，零售店内不要过多使用陈列柜，而应利用柜面和柜内陈列商品。

陈列柜形式很多，很难准确地进行分类，下面主要从外形结构和陈列商品的方式对陈列柜加以区分。

(1) 按柜体陈列部位结构分

① 闭式陈列柜，其四周全封闭，但有多层玻璃做成门或盖，供展示食品且方便顾客拿取食品之用。闭式陈列柜内的物品与外界隔离，冷藏条件好，适合于陈列对贮藏温度条件要求高、对温度波动较敏感的食品，如冰淇淋、奶油蛋糕等；也用于陈列对存放环境的卫生要求较为严格的医药品。闭式陈列柜能耗较低，用于客流量较小的店铺时，可起到陈列和贮藏的双重作用。

② 开放式陈列柜，其取货部位敞开，顾客能自由地接触或拿取货物。敞开式陈列柜为顾客提供了一个随意、轻松的购物环境，促进商品销售，所以特别适合于客流量较大、顾客频繁取用商品的大型超市。

(2) 按陈列商品的方式不同分

① 平式陈列柜，其柜面与地面平行，柜体低于人体高度，一般从上面取货。

② 多段式陈列柜，其柜体高于人体高度，有多层隔板，可增加展示面积，以体现商品的丰富感，从前面取货。一般布置在超市食品部的中间部位。

③ 多岛式陈列柜，顾客无论从哪一个位置都能看清柜内商品。并一般做成敞开式冷柜。

4. 隔物板

为了区隔两种不相同的商品，避免混淆不清，通常采用隔物板将商品隔开。目前常用的隔物板有两种，一种为塑料隔物板，另一种为不锈钢隔物板。而在长度的选择上，通常货架上段多使用较低且短的隔物板，货架下段则多使用较高且长的隔物板。

5. 价格卡

价格卡主要用来标示商品售价并进行定位管理。价格卡一般以电脑打印，内容包括商品名称、商品号码、条形码、售价、排面数，经常贴于该商品陈列的货架凹槽内。价格卡可采用不同的颜色，以区分真货，方便订货，盘点更迅速。

6. 方形深篮、挂钩

方形深篮通常是用来陈列促销品，像体积小、耗量大的商品(袋装食品、袜子、毛巾、洗衣粉等)；或体积大、重量轻的商品(如棉被等)。

挂钩是用来吊挂商品的，通常用于陈列服装、雨伞、袜子、文具、牙刷、球拍、五金、箱包、袋装小食品等需要吊挂的商品。它有很多种类，如不带挂钩、带珠挂钩、单线挂钩、双线挂钩、承重挂钩等

7. 端架

端架通常用于陈列一些高毛利商品、新品、季节性商品、促销商品或要处理的滞销商品。

8. 栈板

为避免商品直接与地面接触受潮，必须使用栈板垫在最底层。最好使用木制、正方形的栈板，这样便可依场地所需任意组合。

9. 展示台

展示台包括中央展示台、台车、装饰台等。

(1) 中央展示台。展示台一般都要与其他摆设组合，才能达到预期效果。通常圆形台或U形台都不单独使用，而是搭配进行商品陈列，塑造卖场的综合性重点，其样式很多，一般用美耐板制成，价格低廉。但如果想要衬托档次，提升等级，可采用高级木料或丽光板。

(2) 台车。台车又称拍卖车，分为推车台、组合式推车台等。

推车台以平台式居多。尤其适合于堆放式陈列。堆放式陈列，可以激发顾客的好奇心，诱使他们自己动手“去翻”、“去找”，而且它可以让顾客产生商品充实、丰富、便宜之感。

组合式推车台色彩丰富，能引人注意。

(3) 装饰台。装饰台位置一定要显眼。它是店铺的重点，大部分配合装饰物作重点陈列，所以要在其装饰上多花心思。

(二) 商品陈列设备的使用技巧

合理使用各种设备，使其产生潜在的促销效应。商品中的货柜、货架、陈列用具及人体模型等，既要方便商店内部管理的需要和购物现场的合理使用，更要突出商品对顾客的吸引力。因此，各种设备、用具的使用必须与商店的总体环境协调，包括商店内部结构与各种设备摆放的协调；各种设备相互之间的协调；同一设备自身内部结构的协调；设备与所陈列和展示商品间的协调。协调是形成美的基础，而美又是吸引顾客的最有效手段。

1. 商品出入口处不能摆放高大的陈列柜或宽度较大的柜台，否则消费者一进入商店就会产生拥挤和不便的感觉，同时顾客的视线也会受到阻碍。

2. 需要裸露陈列摆放的商品，不应放在陈列柜中。除大件商品，如电冰箱、洗衣机或车辆外，有些中小件商品也不适宜摆放在陈列柜中，如服装(除某些内衣外)、皮包书包类商品，一般应使用陈列架、挂钩等陈列工具，而不宜放在陈列柜内。因为这类商店属于挑选性、实感性、装饰性、对象性很强的商品，顾客在购买时大多要反复挑选比较。所以，这类商品采用裸露陈列的方式，能使顾客较方便地触摸、对比、选择，给人比方便、宽松的心理感觉。

3. 陈列用具必须同商品的性质、形状、颜色相符合。

4. 专用于展示的商品陈列柜，应放在离出口不远的主通道旁。这样可使消费者能及时了解商品经营的最新商品信息。

5. 对普通的陈列用具，如钩、架、模型等，在使用时不要摆放过平或呈一条线。而应该主低、上下、大小、左右错落有致，形成不对称的协调美。因为不对称的协调容易使顾客的心理感觉趋向于活跃和新奇；而完全一致的一条线摆平给人以呆板乏味的感觉，难以激发顾客的购物兴趣。

6. 陈列柜等一般是放在商店里边，要留一条使顾客容易进入的通道；

7. 陈列用具不要单一，要有高、低、大、上等各种式样的，但也不要式样过多。

【模块小结】

1. 大型超市作为一种独立的零售商业设施，由于其规模大、顾客多、货物运转速度快、功能组成复杂，因此，各功能组成要素布局是否合理，运作是否顺畅，对于大型超市的经营效益影响很大。通常，大型超市功能组成共分成八大部分：(1) 停车场；(2) 销售区；(3) 仓库区；(4) 卸货区；(5) 办公区；(6) 休憩广场；(7) 服务区；(8) 辅助区。

2. 门店销售区空间设置分为：出入口的设计、通道的设计、货位布局的设计。

3、货位布局设计的依据：根据商品性质进行布局；根据顾客购物行走特点进行布局；根据商品赢利程度进行布局；为配合其他促销策略进行布局；根据磁石理论布局商品。

4. 一般有三条动线需要考虑：顾客动线、商品动线、店员动线。

5. 通过门店照明、色彩、声音、音响、气味、温度、湿度的设计可以营造适合顾客购物的氛围。

6. 商品陈列,是指连锁门店为了最大限度地方便消费者购买,利用有限的资源,在连锁店总体布局指导下,实施货架顺序摆放、商品码放、店内广告设计,合理运用照明、音响、通风等设施,创造理想购物环境的活动过程。科学、美观、合理、实用的商品陈列可以引起顾客的购买兴趣和购买冲动,起到刺激销售、方便购买、节约人力、利用空间、美化环境等作用。

7. 商品配置规划就是将所有的商品根据一定的规律在卖场中进行合理的安排。商品经过科学的配置后,会对整个专卖的营销活动起到推动的作用。

8. 商品配置表是把商品陈列的排面在货架上作最有效的分配,以书面表格形式画出来。

9. 商品配置表的功能、制作程序。

10. 商品陈列的原则、方法。

11. 商品陈列的设备和用具。

【关键术语/关键词】

布局　磁石理论　动线　商品配置表　陈列　货架　柜台

【知识链接/拓展阅读】

同一品类内部按什么来陈列?

马上进入炎热的夏天,李先生想在卧室装台空调,由于所住房间不大,并且李先生刚参加工作不久,购买预算不是太多,所以他计划购买一台2 000元左右、功率1.5匹的壁挂式空调。他决定去附近的一家电器卖场看看。进门后,李先生看到在空调区有海尔、三星、志高、TCL、美的、格力等品牌,这家商店是按照品牌布局和陈列的,同一品牌的产品陈列在一起,每一品牌都有1匹、1.5匹到2匹等不同型号的柜机及挂机,基本上每个品牌都有针对李先生这种需求的产品。接下来李先生在心仪的几款产品中比较价格、功能、质量,但这几款空调机没有放在一起,其间跨度还不小,他不得不来来回回走,进行比较。

奇怪,难道商店就一定要按照品牌来进行陈列吗?

其实无论你按照什么来设计陈列,都必须围绕购物者的购物便利来进行,你要考虑消费者是按照什么样的程序来选择商品的,这才是最重要的。例如,购物者在购买婴儿纸尿裤时,会根据自己孩子年龄的大小,优先考虑是买大号的、中号的,还是小号的,然后才会考虑购买哪一个品牌。所以如果你一开始就按照品牌来进行陈列,就会给消费者的选择带来不便,就需要在不同的品牌区域之间跑来跑去进行比较,就像李先生买空调的情况那样。笔者曾经见过一家外资超市是这样来设计空调分类的:第一级分类是分体式、窗机和柜机等;第二级分类是按照空调的功率,比如1匹、1.5匹、2匹等。这种分类法更符合顾客的购买程序,并且有利于分析顾客需求,方便作出相应调整。

在购买产品的过程中,影响购物者作出购物决策有一系列因素,而且这些因素有优先层次,也就是说购物者的思维过程是有一个序列的,我们将其称为购物者购买决策树。购物者的购物决策过程帮助我们决定不同品牌、不同功能的商品如何在货架上陈列才能方便购物者选择。例如购买洗发水时,购物者会考虑品牌、功能、价格、发质等因素,但对购物者的调查表明,74%的购物者会优先考虑品牌,后考虑功能;只有26%的购物者会优先考虑功能,后考虑品牌,如图3-21所示。所以我们在洗发水的陈列上是先按品牌、在同一品牌内部再考虑功能,接下来是价格,最后才是包装,这样更加便利购物者选购。

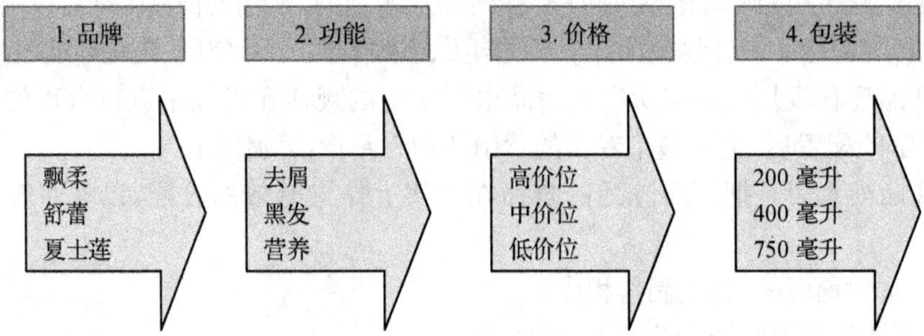

图3-21 洗发水的购买决策树

那么是不是我们有了购物决策树就万事大吉了?也不是,我们在利用购物决策树分析品类内部陈列方式时,需要注意如下一些问题:

首先,购买决策过程是下意识的,购物者很难说出其中的步骤,我们利用调查所得到的购物者声称的购买决策中的重要因素,需要经过专业人员的综合分析才能得出最终的结论。

其次,不同品类有着不同的购买决策树。如刚才咱们曾经谈到的洗发水和纸尿裤以及空调,它们的决策树就各有特点,互不相同,所以它们的陈列分类就有所区别。

第三,在中国很多品类商品的购买决策中,品牌都占据着重要的位置,如化妆品、服装、洗发护发品类、口腔护理品类、妇女卫生用品品类。但品牌并非总是购物者作出购买决定的第一层面。品牌的重要性和所属的品类有很大关系。以洗发水和大米为例,购物者对洗发水品牌的偏好影响了对产品的选择,而购物者对大米品牌的了解不如对大米产地和大米品质的层面更关心,大米的品牌重要性就较低。

按品牌陈列商品,也是国内百货服装、化妆品区的习惯做法。百货公司只做商品大类的划分,如少女装、淑女装、运动装等,至于内部进行细分化的陈列就以品牌为单位了。为什么?因为百货店尤其是中高档百货店目前的一大特征就是品牌化经营,消费者在这种地方就是冲着品牌来的,而且每一品牌的风格之间差异比较明显,从服饰搭配的角度,同一品牌内部更好进行,所以出于消费者便利的角度,按品牌进行陈列有其合理性。当然,这其中也包括一个渠道主导权的问题,一定程度上,中高档品牌商品渠道主导权在供应商手中,越是一线品牌越是强势,它通过店外的其他一系列手段塑造了强大的品牌形象,牢牢地抓住了目标消费群体,通过店内进场费等对零售商进行渗透,再加上部分零售商商品经营能力的低下,也乐得让品牌供应商来操心,于是就出现了供应商导向的品牌店中店。这一点在其他业态中也能看到,如南京市珠江路宏图三胞IT连锁店中,大部分陈列是按照商品类别来进行陈列,之后才考虑按品牌陈列,所以你可以在一楼看到三星的产品,二楼、三楼、四楼也有,但是在一楼一进门口的位置却是海尔专厅,海尔不按商店的主要陈列方式进行,在海尔专厅里,可以买到海尔的台式电脑、笔记本电脑、显示器等大多数标有海尔商标的电子产品。

资料来源:《销售与市场》2006年6期 作者:李卫华

自测评估

1. 选择题

(1) 根据商品质量、性能、档次、特点或消费对象陈列的方式是(　　)。

A. 主题陈列　　B. 分类陈列　　C. 关联陈列　　D. 突出陈列

(2) 从国内外零售店的实践经验归纳，店铺布局的原则为(　　)。

A. 让顾客想进来

B. 让顾客在店内能够方便地接触到所有商品

C. 让顾客容易进来

D. 让顾客在店内停留时间更长一些

(3) 陈列时，大多是按照入库日期的"______"原则进行。

A. 先进先出　　B. 先进后出　　C. 后进先出　　D. 任其自然

(4) 下列哪一项不是补货的基本原则。

A. 丰满原则　　B. 先进先出原则

C. 位置准确原则　　D. 商品组合原则

(5) 体积大、重量较重、易碎的商品，应陈列在(　　)。

A. 货架上段　　B. 货架中段　　C. 货架黄金位置　　D. 货架下段

2. 简答题

(1) 商品陈列应遵循哪些基本原则?

(2) 连锁企业如何制作商品配置表?

(3) 商品陈列应注意的几个关键问题是什么?

(4) 商品陈列工具使用的技巧有哪些?

3. 案例分析

家乐福的商品陈列

为了方便顾客挑选，家乐福在货品的陈列上下足了功夫：

一是有效利用陈列空间。依据销售量来决定每类商品的陈列面，而不同商品的摆放高度也不同，一切以方便顾客为原则。如家电的最佳位置为1.25～1.65米，这样选看方便，而货架下层多用于放包装箱。

二是陈列上具有量感。家乐福信奉"库存尽量放在卖场"的原则，堆头、端头、货架顶层均安放货品。

三是尽力打破陈列的单调感。卖场内每隔一段，货架就有不同的高度，有时还用吊钩、吊篮来调剂陈列样式。

四是展示商品诱人的一面。通过主通道沿线设计和副通道的搭配，使顾客巡行所经之处，有大量的存放和不断显示的"特价"品等，凸现商品的色、香、味，给人以强烈的视觉、味觉、嗅觉等多方面的冲击。

家乐福陈列商品的货架展示一般是30厘米宽。如果一个商品上货架后走得不好，就会将它的货架展示缩小到20厘米，以便节约货架位置，给其他商品用。如果销售数字还是上不去，陈列空间再缩小10厘米，如果还是没有任何起色，那么宝贵的货架就会让出来给其他的商品。

家乐福还将卖场中每种商品的陈列面积夸张地加大，利用突出陈列将卖场的气氛发挥到了极致。每类商品的尽头都有特价商品，顾客不仅一饱眼福，而且也容易寻找自己需买的东西。家乐福大卖场的特卖商品都陈列于商场十分显眼的位置上，如，端头、堆头和促销区。为了更好地吸引消费者的注意，在商品的标价签上用旗形、矩形或者是一些有创意的设计，以显示其有别于其他的促销商品。此外，特卖商品的标价签上还有各种不同的颜色，来突出其特卖价格。

家乐福的商品陈列也遵循本土意识，按当地的消费习惯和消费心理摆设，在中国市场上，为了迎合消费者挑选、比较的习惯，家乐福在货架上专门增加了同类商品的供应量，以方便顾客选购。在成都家乐福卖场内，有不少的装饰品都采用四川特有的竹器及泡菜坛子等本地特有的容器，这充分显示出了家乐福别出心裁的商品陈列。

在家乐福超市里，糖果被放在两排有近两米高的竖筒式透明钢化塑料容器里，每一竖筒里堆同一种颜色的糖果，远远看去就像两排不同色彩的竖灯。

家乐福还将水果、蔬菜全部摆放在深绿色的篮子里，红的黄的水果和绿的白的蔬菜在绿篮的映衬下，让消费者有环保卫生的感觉，潜意识会认为这些果蔬都是新鲜的东西，对身体健康很有好处，再加上挂在篮子上空的照明灯的灯罩也是同一绿色，消费者徜徉其中，仿佛回到大自然。

［问题］

1. 陈列方式与其经营理念有什么关系？

2. 分析家乐福陈列方式产生的效果。

3. 结合家乐福的商品陈列，谈谈你从中得到了什么启发。

【实际操作训练/技能实训】

1. 实训目的：让学生了解连锁门店商品陈列管理常用的理论知识体系，包括商品的配置、商品陈列的主要方法和要领等；结合实际，掌握连锁门店商品陈列的原则、商品陈列中应注意的关键性问题以及商品陈列的主要设备和用具等等。

2. 实训环境：校内实训超市或与学校有合作关系的零售企业的某个门店。

3. 实训步骤：第一步，老师布置安排实训任务，提出实训要求，并强调实训纪律；第二步，以自由组合的形式，每5人成立一个单位小组，实地考察一家超市门店的商品陈列情况，包括门店商品的配置情况、商品陈列所运用的方法、商品陈列选用的设备和用具情况等；第三步，以小组为单位形成实地考察调研报告；由各小组选一名代表进行报告陈述，然后进行小组间讨论。第四步，利用所学知识，运用商品陈列相关理论，结合小组间讨论对调研报告进行改善，提出最终调整建议。

4. 实训要求：第一，调研报告应具体、明确；第二，调研报告中的最终调整方案应有针对性、可操作性。

模块四　商品控制管理

【学习任务】

- 掌握订货的作业流程。
- 掌握进货的作业流程。
- 掌握收货作业的工作职责。
- 掌握由供应商直接配送到门店的商品收货作业注意事项。
- 掌握盘点的原则和制度。

导入案例

央视3·15晚会称家乐福销售过期食品

据报道，郑州国贸360家乐福店，柴鸡的价格是11.98元、白条鸡的价格是6.98元，除了价格相差近一倍，外观并没有太大差异。

据了解，柴鸡一般都是散养的，白条鸡是养鸡场所养，消费者普遍认为前者在肉质和营养含量上优于后者。

晚会曝光称，上述家乐福门店的柴鸡就是白条鸡，原本同一出身的三黄鸡经过人为摆设变成了柴鸡，价格也涨了一倍。柴鸡销售量大，每当柴鸡快卖完了，售货员便将三黄鸡补充进来。

同时曝光的，还有家乐福将过期鸡胗再包装，售卖给消费者。

针对央视3·15晚会曝光的郑州门店出现的质量问题，家乐福今日向网易财经发来声明，对广大消费者表示道歉，并称将成立专门团队严查，对当事责任人做出停职处理。

针对央视曝光的情况，家乐福今日表示，家乐福（中国）对此高度重视，目前已经采取了紧急措施，包括以下几条：

1. 立刻展开调查，在此期间对当事责任人做出停职处理，并责成其接受调查。

2. 迅速成立专门团队，配合郑州当地工商执法部门，严查相关问题。

3. 相关门店提出整改措施，并对检查中所发现的问题坚决严查、严办，用最大力度的工作和举措杜绝此类问题的再次出现。

家乐福还表示，家乐福将在全国所有门店开展严格的自查自纠工作，组织培训，严格要求门店所有相关工作人员，认真落实公司的规章制度，责任到人。

网易财经编辑今日一早在家乐福郑州国贸360家看到，昨晚被央视曝光的混合销售的三黄鸡与白条鸡，仍在柜台正常销售，而被曝光“返包”的鸡胗则已从柜台撤下。家乐福的销售职员工作状态正常，消费者购物情况也正常。

网易财经还在现场了解到，家乐福（中国）已从总部派遣多名公关人员，在现场严阵以待。

此外，网易财经还了解到，郑州市工商局在昨晚节目播出后，已连夜对该店进行检查，直到今天早上才离开。

针对央视曝光的问题，该店长承认门店管理确实存在问题，他表示，因此事的影响，已经对涉及的5～6名员工进行停职调查处理，其中包括2名已自动离职的员工。

对于更多的问题，该店长表示不清楚，需等待工商部门的调查结果。

网易财经在家乐福郑州国贸360店还发现，该店的生鲜产品还存在缺乏保质期标识的问题。网易财经编辑发现，在货架上的货物标签上，标注的日期仅为“签发日期”，代表检验检疫部门的检验日期，但并没有出现生产日期、保质期等关键信息。

（资料来源：网易财经，2012年3月15日）

分组讨论家乐福门店销售过期食品的根源。

项目一　进货管理

进货与存货是销售的基础，这两项工作会直接影响超级市场的经营业绩。超级市场的进货管理包括订货、进货、验收、退换货、调拨等项业务。

一、订货作业

超级市场的订货业务是指在所确定的厂商及商品范围内，依据订货计划而进行的叫货、点菜或添货的活动。

（一）订货流程

订货方式可采用人工、电话、传真、电子订货系统等多种形式，发展趋势是采用EOS订货系统。

订货作业流程如图4-1所示。

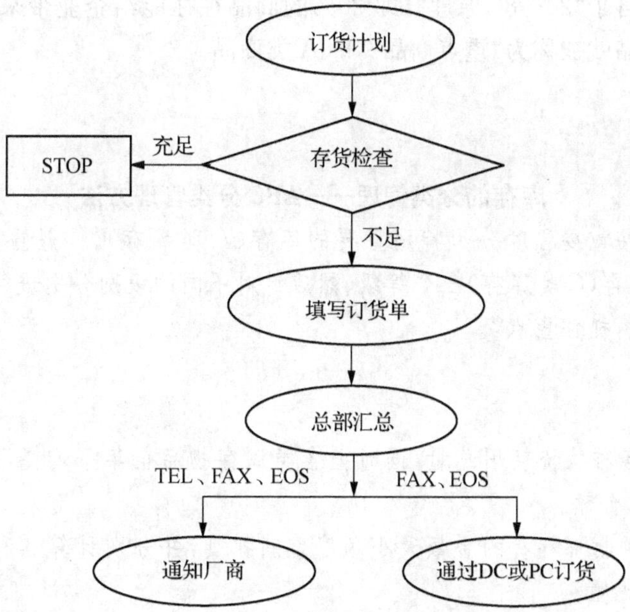

图4-1　门店订货作业流程

（二）订货的注意事项

订货要求做到既不能断货也不能积压，尤其对于一些不可退货的商品和保质期较短的商品需要特别注意。理想的订货是能做到库存低，周转和销量高。要做到这些，需要我们在订货前注意以下事项。

1. *存货检查*

店长应随时注意检查卖场和门店仓库的库存，若存货低于安全存量，或门店进行促销活动、节假日之前，都应考虑订货。同时，在进行存货检查时，还可顺便检查该商品的库存量是否过多，这样可以早做应对处理（如门店之间的调拨、降低订货量等）。除此之外，在检查存货时应注意检查现有存货的有效期限和商品品质。

门店经营商品品种繁多，存货控制要把销售额大、顾客必需的商品作为重点商品，进行重点管理。通常把商品分为ABC三类，分别采取不同的控制方式。这种方法称为ABC分类管理法，其操作步骤如下：

（1）将各种商品按金额大小顺序排列，计算出各类商品的金额比重和品种比重（单项比重和累计比重）。

（2）划分类别。A类商品金额比重为70％～80％，品种比重为5％～10％；B类商品金额比重和品种比重为10％～20％；C类商品金额比重为5％～10％，品种比重为70％～80％。

（3）分类管理。A类商品是重点商品，应实施重点控制，定时定量采购，经常检查每个品种的储存情况，及时进行调整，减少不必要的库存；C类商品可以采用较简单的办法加以控制，如采用固定采购量及相对灵活的采购次数；B类商品可实行一般控制。

这项原则来自于"20—80 原理",即 20%的商品往往能给企业带来 80%的销量与利润,所以,这类商品就被称为"重点商品",即 A 类商品。

小资料

库存的分类管理——ABC 分类管理方法

将库存货物按重要程度分为特别重要的库存(A 类库存)、一般重要的库存(B 类库存)和不重要的库存(C 类库存)三个等级,然后针对不同的级别分别进行管理和控制。其核心是"分清主次,抓住重点"。

操作步骤:

1. 分类:

(1) 计算出各种物资耗用总量,同时把各类库存物品全年平均耗用总量分别乘以它的单价,计算出总金额。

(2) 按各品种物资耗费的金额大小顺序重新排列,并分别计算各种物品所占领用总数量和总金额的比重。

(3) 把耗费金额适当分段,根据一定的标准分为 A、B、C。

将累计品目百分数为 5%~15%而平均资金占用额累计百分数为 60%~80%的前几个物品,确定为 A 类;将累计品目百分数为 20%~30%,而平均资金占用额累计百分数也为 20%~30%的物品,确定为 B 类;C 类情况正和 A 类相反,其累计品目百分数为 60%~80%,而平均资金占用额累计百分数仅为 5%—15%。

2. 管理:

(1) A 类

A 类物品品种数量少,但占用库存资金多,是企业非常重要的物料,要重点管理。

① 按照需求、小批量、多批次地采购入库,最好能做到准时制管理。

② 与供应商建立良好的合作伙伴关系,尽可能缩短订货提前期和交货期,力求供应商供货平稳,降低物品供应变动,保证物品及时供给。

③ 科学设置最低定额、安全库存和订货报警点,防止缺货的发生。

④ 严格执行物品盘点制度,定期检查,严密监控,尽可能提高库存物品精度。货位处于物流出口。

⑤ 加强物品维护和保管,保证物品的使用质量。

(2) B 类

B 类物品品种数量和占用库存资金额都处于 A 类与 C 类之间,是企业一般重要的物料,可以采取比 A 类物品相对简单、比 C 类物品相对复杂的管理方法,即常规管理方法。

(3) C 类

C 类物品品种数量多,但占用库存资金额少,是企业不太重要的物品,可以采取粗放管理的方法。

① 大量采购,获得价格上的优惠。由于所消耗金额非常小,即使多储备,也不会增加太多金额。

② 减少物品的盘点次数，对部分数量很大价值很低的物品不纳入日常盘点范围，并规定物品最少出库的数量，以减少物品出库次数。对于积压物品和不能发生作用的物品，应该每周向公司决策层通报，及时清理出仓库。

③ 为避免缺货现象，可以适当提高物品库存数量，减少订货次数，增加订货批量和安全库存量，减少订货费用。

2. 适时订货

因为在每天营业时间不可能进行随时订货，而供应商也不可能随时接受订单，随时发货，一般连锁企业总部都规定了门店每天的订货时间范围，只要过了这一时间范围，就视为逾期，将做次日订单。因而门店店长应适时订货，避免因为操作失误使货源无法正常供应而造成门店的缺货，白白放弃了应有的营业额。

3. 适量订货

订货量的决定非常复杂，须考虑的因素主要包括以下几点：商品每日的销售量、订货至送达门店的前置时间、商品的最低安全存量、商品的规定订货单位等。而在实际操作时，店长还要依靠自己的经验，根据不同门店的实际情况来订货。

小资料：订货量的参考计算公式：

订货量＝日均销量×(订货周期＋安全库存天数)－库存－在途商品±调整量

案例：某门店每周订一次货，今天需订 600 ml 的可口可乐，上周所订的 30 箱预计在后天到货，现库存尚有 7 箱，考虑增加 4 天的安全库存天数，那么根据前 6 周的销量数据，计算今天应该下多少数量的订单？

600 ml 可口可乐的销量数据(瓶)　(每箱 24 瓶)

周次	第 1 周	第 2 周	第 3 周	第 4 周	第 5 周	第 6 周
销量(瓶)	1 200	800	900	1 300	1 100	1 200

具体计算过程如下：

日均销量＝(1 200＋800＋900＋1 300＋1 100＋1 200)÷(6 周×7 天)≈155(瓶)

订货量＝155×(7＋4)－7×24－30×24＝817(瓶)≈34(箱)

二、进货作业

(一) 进货的作业流程

进货作业是根据订货作业由供应商或配送中心将商品送达门店的作业。进货作业对供应商或配送中心来说就是“配送”；对门店来说，其作业重点就是验收。门店进货作业流程如图 4－2 所示。

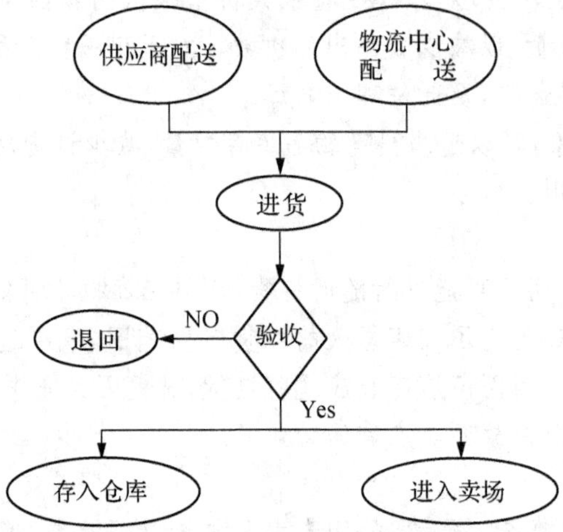

图 4-2 进货作业流程

进货作业流程中应注意的事项：

1. 进货要遵守时间。进货时间的确定应考虑厂商作业时间、交通状况、营业需要及内部员工出勤时间。

2. 验收单、发票需齐备。

3. 商品整理分类要清楚，在指定区域进行验收。

4. 先退货再进货，以免退调商品占用店内仓位。

5. 验收后有些商品直接进入卖场，有些商品则进内仓或进行再加工。

小资料

超市商品配送的类型

1. 库配商品：配送中心收货后先进行存储，再根据门店订货需求将存储的货物拣选后配送至门店的物流模式。

2. 直流商品：指货物在仓库或配送中心收货后不存储，直接发往门店的一种物流模式。

3. 直配商品：由供应商直接配货至门店的模式。

4. 第三方商品：供应商将商品送至第三方物流公司统一配送至各门店的模式。

（二）收货的作业管理

收货作业按进货的来源，分为由连锁企业总部配送中心配送到门店的商品收货作业和由供应商直接配送到门店的商品收货作业。为了规范门店收货部的商品收货操作，提高收货工作效率，降低收货差错。门店商品都有标准的收货流程。

1. 总部配送的商品收货作业

由于公司总部已对货物进行过验收，所以可由业务人员把商品送到门店，无须当场验收清点，仅由门店验收人员加盖店章及签收即可，以提高配送效率。事后店内自行点收发现数量、品项、品质、规格与订货不一致时，可通知总部再补送。

2. 供应商直接配送到门店的商品收货作业

收货步骤：

(1) 建立并公布一个既方便供应商也方便门店的收货进程表(按天和小时编制)，同时规定所有供应商直送商品必须由门店指定的出入口进入。

(2) 在验收时，不要一次同时验收几家厂商的进货，送货单位和货物必须有规律地排列，以便验收人员系统有序地核查所有订购的货物。

(3) 要核对发票与送货单的商品品名、规格、数量、金额是否相符。

(4) 认真核对发票与实物是否相符，具体的检查内容包括商品数量、商品重量及规格、商品成分、制造商情况及标签、制造日期及有效日期、商品品质、送货车辆的温度及卫生状况、送货人员等等。

(5) 清点每一件商品，即使商品已经装箱密封；如订货数量较大，可按商品的一定比例抽查；对于散箱、破箱商品，必须进行拆包、开箱查验，核点实数。

(6) 对于贵重商品，必须拆箱、拆包逐一验收；对于无生产日期、无生产厂家、无地址、无保质期、商品标签不符合国家有关法规的商品，一律拒收。

(7) 对于变质、过保质期或已接近保质期的商品拒收。

(8) 如果供应商的实际供货量少于进货单据上注明的数量，应要求供应商就这些短缺的货物给门店出具一个有供应商签名的补偿担保，进货验收人员要及时填写相应的记录表。

(9) 验收合格后，验收人员方可在进货单据上签字、盖章。同时，验收人员也应该及时把接受的货物按门店要求记录在册。对于食品超市和便利店来说，由供应商直送的商品一般由店长和值班长负责商品验货、收货，而大型综合超市和仓储会员店则由专门的收货部门负责验货和收货。

小资料

表 4-1　连锁企业每日进货接收记录表

文件名	每日进货接收记录表					
电子文件编码			页　码			
供应商	时间		供应商名称缩写	发票和退还记录的编号	收货员名称缩写	在发票和退还记录上的商品总金额
	进入	离开				

收货员签名：

附注：在每天下班前将该表连同发票及退还记录的复印件一起送给店长办公室

门店对供应商送货还应进行后期跟踪，对供应商的送货满足率进行统计，分四种方式统计：

(1) 送货次数满足率

订货次数是指在一个订货周期里(单日有效期结束的时间段里)单个供应商视为订一次货，送货次数，一个订货周期里(单日有效期结束的时间段里)供应商送货即视为供应商送一次货，如供应商一个商品都未送货则视为未送货，送货次数满足率是将统计时间内的单日有效期结束的送货次数汇总除以订货次数汇总。

(2) SKU满足率

订货品种数是指在一个订货周期里(单日有效期结束的时间段里)单个供应商订货品种的数量；送货品种数是指在一个订货周期里(单日有效期结束的时间段里)单个供应商送货品种的数量；送货品种满足率是将统计时间内的单日有效期结束的送货品种数汇总除以订货品种数汇总。

(3) 订单件数满足率

订货数量是指在一个订货周期里(单日有效期结束的时间段里)订货的单个供应商订货的数量；送货数量是指在一个订货周期里(单日有效期结束的时间段里)单个供应商送货的数量；送货数量满足率是将统计时间内的单日有效期结束的送货数量汇总除以订货数量汇总。

(4) 送货金额满足率

订货金额是指在一个订货周期里(单日有效期结束的时间段里)订货的单个供应商订货的数量乘以单价；送货金额是指在一个订货周期里(单日有效期结束的时间段里)单个供应商送货的数量乘以单价；送货金额满足率是将统计时间内的单日有效期结束的送货金额汇总除以订货金额汇总。

(三) 退换货作业

1. 退换货的原因

(1) 品质不良

(2) 订错货

(3) 送错货

(4) 过期货

(5) 代销商品

(6) 总部明确的滞销品等

2. 办理退换货作业应注意事项

(1) 供应商确认，即先查明待退换商品所属供应商或送货单位；

(2) 退调商品也要清点整理，妥善保存，一般整齐摆放在商品存放区的一个指定地点，而且这些商品应按供应商或送货单位分别摆放。

(3) 填写退换货申请单，注明其数量、品名及退货原因；

(4) 迅速联络供应商或送货单位办理退调货；

(5) 退货时确认扣款方式、时间及金额。

（四）商品调拨作业

个别门店由于出现团购销售，顾客临时下大量订单，或供应商、配送中心送货出现问题，都会导致门店发生临时缺货，而需要向其他门店借调商品。

1. 调拨作业流程

为提高商品库存使用率，明确商品保管责任，避免由于商品门店之间调拨产生商品损失。调拨必须遵循一定的流程。

小资料

某零售企业调拨作业流程参考：

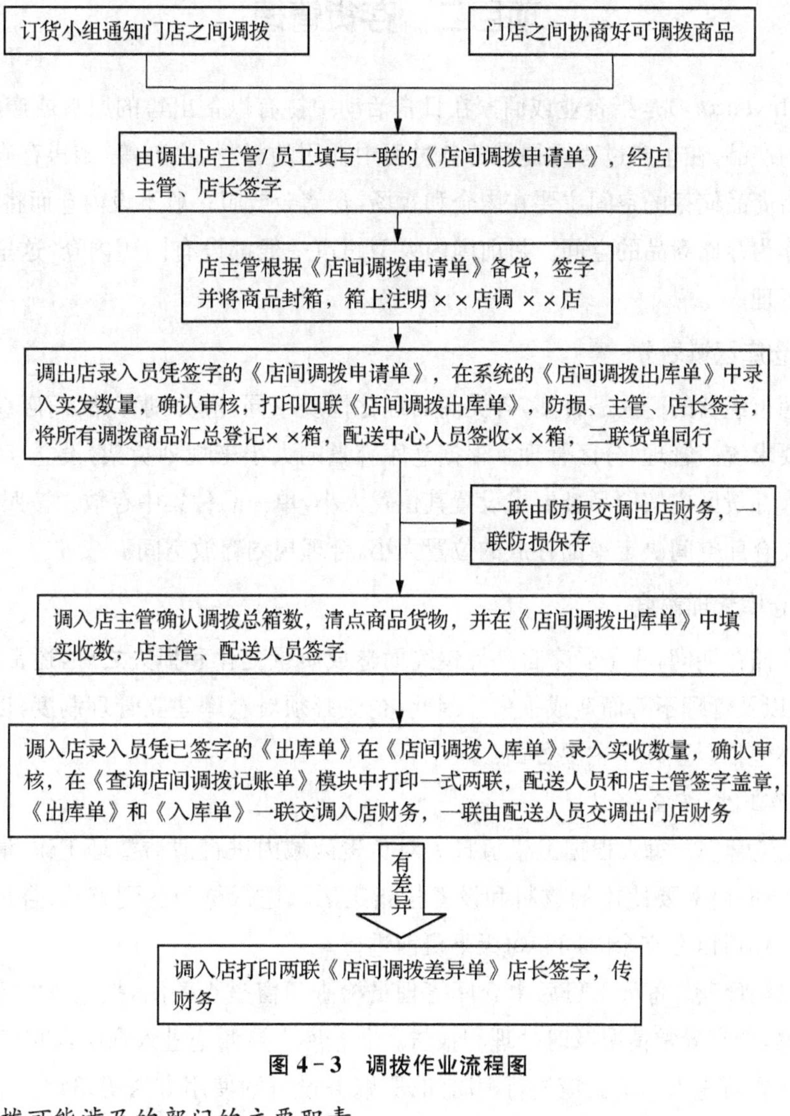

图 4-3　调拨作业流程图

2. 调拨可能涉及的部门的主要职责

① 仓管部门：商品调拨需求单的核对，所有调入、调出商品的验收包括商品质量、保

质期、随同赠品,商品调拨单据的整理、传递。

② 商品部门:调拨工作的沟通联系,商品调拨需求单的确认,调入商品的验收、调出商品的备货核对。

③ 防损部:核对调出商品、调拨经办人身份,100%核查调出商品及数量。

④ 财务部:商品调拨单的审核,及相关账务处理。

3. 调拨中的注意事项

调入门店商品部门负责人与对方门店联系确认需调拨商品与数量,确定调拨人员后填写"门店商品调拨需求单",要求各栏目填写清晰,由部门负责人签名后加盖。

项目二　存货管理

存货(Inventory)是指企业或商家在日常活动中持有以备出售的原料或产品,处在生产过程中的产品,在生产过程或提供劳务过程中耗用的材料、物料等,销售存仓等。对大型超市门店商品储存的空间主要在内仓和卖场,仓储会员店一般不设内仓而将货架加高,将其顶层作为存储商品的空间。目前国内大型超市一般都设有门店内仓,这里主要分析内仓商品管理。

(一) 仓库区域划分

大型超市经营的商品品种多,各类商品理化性质不同,应分别存储,门店仓库应按管理规范的要求统一管理,分区管理。根据仓库容量的大小来规划货架,设立存货区、退货区。在仓库存货区内按照品类要求设置其位置大小,单一品种集中存放。按照商品排面、销量及品类仓库空间决定单品存放的位置大小,合理规划存放空间。

(二) 仓库管理制度

商品在储存期间,除了受来自外界侵袭而造成质量变化和损失之外,还常因为水灾、火灾、偷盗以及管理不善而造成损失。因此,企业必须对仓库建立管理制度,以完善仓库管理。具体包括以下几个主要方面:

1. 仓库卫生、安全管理

(1) 卫生管理。每天根据卫生值日表对负责区域内进行清洁整理工作,清理掉不用和坏掉的东西,将需要使用的物料和设备按指定区域进行整理达到整洁、合理摆放的要求。卫生工作可以在空余时间和每天下班前进行。

(2) 安全管理。每天下班后由仓库管理员检查门窗是否关闭,按仓库"十防"安全原则检查货物,如有异常情况及时处理和报告。非仓库人员谢绝进入仓库,如有需要进入必须予以登记方可进入。员工应进行消防知识、账务设备的使用方法等培训。仓库内严禁吸烟和禁止明火,发现一例立即报告上级处理。装卸搬运作业需要使用作业车的,要注意安全。保障疏散通道、安全出口畅通,以保证人员安全。

2. 入库验收

详见本模块项目一“进货管理”。

3. 在库检查

为确保库存商品质量完好，需经常定期或不定期抽查所储存的货物，具体时间和方法应根据货物的成分、性能及其变化规律，结合季节、气候、储存环境和储存时间长短等确定。

在库检查的项目一般包括库内温度、湿度是否合乎要求；货物堆码是否安全、合理；货物有无异常情况发生或其他变化；仓库环境的清洁卫生状况等。

4. 货物出库

出库应遵循以下原则：先进先出、包装不完好者先出，近期失效者先出，已损坏者不出。出库商品要求检查和交接品种、规格，数量要准确，复核要仔细认真；单货同行，不错不漏；商品包装完整，标志准确、清楚；搬运装卸时要注意操作，防止货物震坏、撞击、破损。应建立健全凭证出库、点交签名、出库记录等制度。

（二）仓库品类标识牌的悬挂

仓库各品类为便于管理和区别，应悬挂品类标识牌。

1. 悬挂要求

（1）仓库内各个功能区域都要有品类标识牌，例如存货区域要悬挂标识牌；退货和暂存区域要悬挂标识牌。

（2）仓库内每种摆放形式都要有品类标识牌，例如货架摆放区域要悬挂标识牌；卡板陈放区域要悬挂标识牌。

（3）仓库内的品类标识牌悬挂要求醒目、位置统一、不能有遮挡。

（4）仓库内的品类标识牌要与实际摆放货物相一致。

（5）仓库内的品类标识牌发生破损、字迹模糊时要及时更换。

（6）无货架悬挂标识牌时，根据实际情况采用上墙张贴或房梁悬挂等方式。

图 4-4　标识牌悬挂实例

2. 条码贴张贴规则

仓库箱装商品外包装箱上必须贴有条码打印机打印的商品条码，统一贴在包装箱的左上角，贴有条码的一面朝外，单面货架的条码必须贴在同一面，保证一目了然，清晰可见。

散箱商品每箱内不得多于两个品种，如散箱商品存放多于一个品种时，必须逐个打印每个商品的条码分别贴于散箱的左上角。如混放结束，只余一种商品时，务必撕去没有库存的商品的条码贴。

3. 存放要求

(1) 仓库货架商品按面位陈列，同一面位陈列同种商品，堆放整齐，商品遵循先纵向后横向的陈列原则。

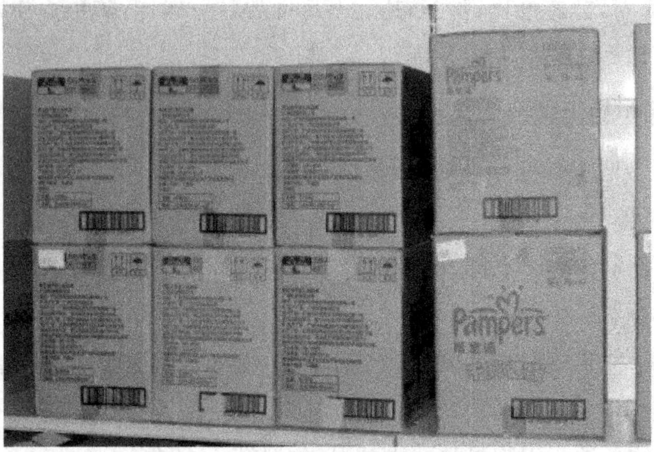

图 4-5

(2) 整箱商品堆放在下层，散箱在上层，整箱商品全部封箱，散箱商品不需封箱。

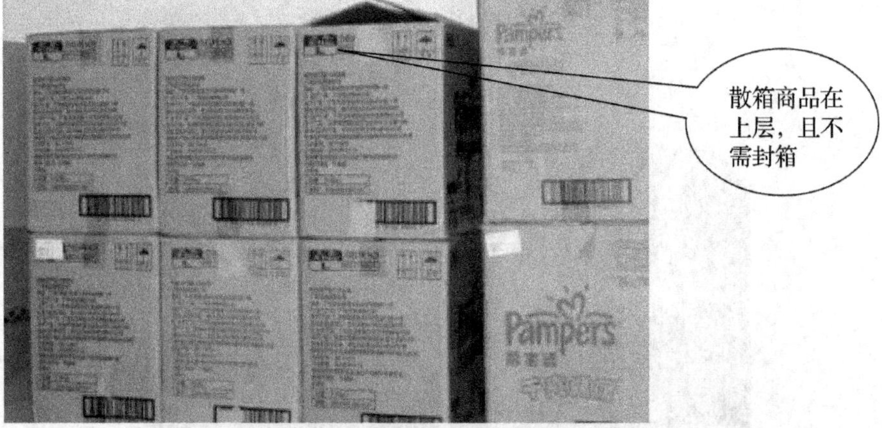

图 4-6

(3) 在面位不足的情况下,同一面位可陈列不同商品,但前后应留有间隙,可直视后排商品。

图 4－7

(4) 同样的商品不得分散摆放,所有商品靠后陈列,里高外低。

图 4－8

(5) 箱装商品外包装必须贴有条码打印机打印的商品条码,统一贴在箱子的左上角,贴上条码的一面朝外,单面货架的条码必须贴在同一面。

图 4－9

(6) 所有的商品须放在货架上，不得随意使用卡板陈放，除白糖、油、散称大米、饮料、大家电，一个卡板尽量摆放一种商品，两种以上的商品采取纵向码放方式，条码贴在最下层最左边箱装商品的左上角。

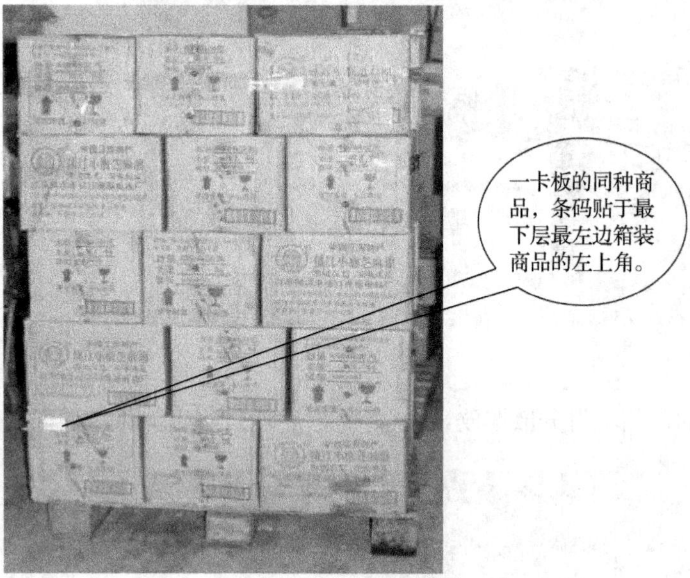

图 4－10

(7) 卡板如摆放不同单品，应沿卡板四周边摆放，做到每种商品上下堆放一致，且有明显间隙，条码朝外清晰可见。

图 4－11

项目三　盘点作业

所谓盘点，是指定期或临时对库存商品的实际数量进行清查、清点的作业，即为了掌握货物的流动情况（入库、在库、出库的流动状况），对仓库现有物品的实际数量与保管账上记录的数量相核对，以便准确地掌握库存数量。

盘点方式通常有两种：一种是定期盘点，即仓库的全面盘点，是指在一定时间内（一般是每季度、每半年或年终财务结算前）进行一次全面的盘点；二是临时盘点，即当发生货物损失事故，或人员更换，或认为有必要盘点对账时，组织一次局部性或全面的盘点。

一、盘点的目的、内容与原则

（一）盘点的目的

店铺在营运过程中存在各种损耗，有的损耗是可以看见和控制的，但有的损耗是难以统计和计算的（如偷盗、账面错误等），因此需要通过年度盘点来得知店铺的盈亏状况。

通过盘点，一来可以控制存货，以指导日常经营业务；二来能够及时掌握损益情况，以便真实地把握经营绩效，并尽早采取防漏措施；三是可以核实管理成效。

具体来说，盘点可以达到如下目标：

1. 了解店铺在本盘点周期内的盈亏状况。

2. 了解店铺最准确的库存金额，将所有商品的电脑库存数据修正。

3. 了解损耗较大的营运部门、商品大组以及个别单品，以便在下一个营运年度加强管理，控制损耗。

4. 发掘并清除滞销品、临近过期商品，整理环境，清除死角。

（1）数量盘点

（2）重量盘点

（3）货与账核对

（4）账与账核对

（二）盘点的内容

1. 货物数量：通过点数计数查明商品在库的实际数量，核对库存账面资料与实际库存数量是否一致。

2. 货物质量：检查在库商品质量有无变化，有无超过有效期和保质期，有无长期积压等现象，必要时还必须对商品进行技术检验。

3. 保管条件：检查保管条件是否与各种商品的保管要求相符合。如堆码是否合理稳固、库内温度是否符合要求、各类计量器具是否准确等。

4. 库存安全状况检查：各种安全措施和消防器材是否符合安全要求，建筑物和设备是否处于安全状态。

（三）盘点的原则

1. 真实：要求盘点所有的点数、资料必须是真实的，不允许作弊或弄虚作假，掩盖漏洞和失误。

2. 准确：盘点的过程要求准确无误，无论是资料的输入、陈列的核查、盘点的点数，都必须准确。

3. 完整：所有盘点过程的流程，包括区域的规划、盘点的原始资料、盘点点数等，都必须完整，不要遗漏区域、遗漏商品。

4. 清楚：盘点过程属于流水作业，不同的人员负责不同的工作，所以所有资料必须清楚，书写必须清楚，货物的整理必须清楚，才能使盘点顺利进行。

5. 团队精神：盘点是全店人员都参加的营运过程。为减少停业的损失，加快盘点的时间，超市各个部门必须有良好的配合协调意识，以大局为重，使整个盘点按计划进行。

6. 售价盘点原则，即以商品的零售价作为盘点的基础，库存商品以零售价金额控制，通过盘点确定一定时期内的商品溢损和零售差错。

二、盘点的分类

根据不同的分类方法，可以将盘点分为不同的类型。

（一）根据是否使用盘点机，盘点分为手工盘点和盘点机盘点

1. 手工盘点：主要靠人员手工记录盘点内容、商品数据，然后跟电脑核对。

2. 盘点机盘点：利用数据采集器设备，把需要盘点的商品信息导入到采集器中，利用盘点机扫描商品条码，根据显示的相应信息，盘点人员录入采集，最后导入系统管理软件比对，生成盘盈盘亏单。

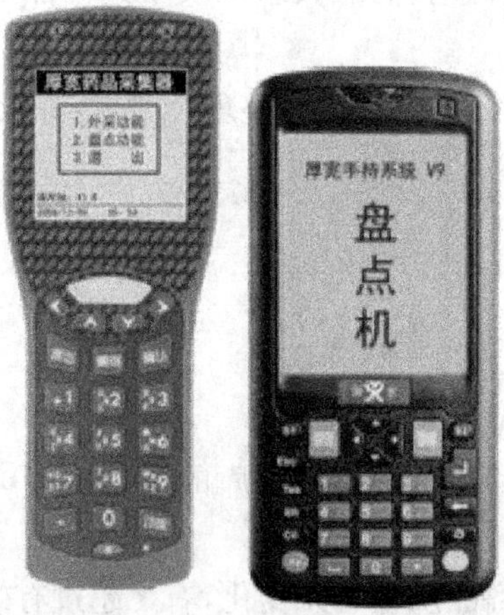

图 4－12

（二）根据每次盘点的周期，盘点可以分为定期盘点和不定期盘点

1. 定期盘点：即每次盘点间隔期间一致，如一个月或一季度盘点一次。采用定期盘点可以做好准备工作，因而一般连锁企业都采用这种方式，但是该方式未能考虑节庆假期等特殊情况。

2. 不定期盘点：即每次盘点间隔期限不一致，机动弹性较大，主要考虑到节庆假期、

经营异常或意外事件的发生等特殊情况。它是在调整价格、改变销售方式、人员调动、意外事件、清理残货等情况下进行的盘点。

（三）根据盘点的时间，盘点可以划分为营业前盘点、营业中盘点和停业盘点

1. 营业前盘点：即在门店开门营业之前或关门之后盘点。这种方法的优点是可以不影响门店的正常营业，缺点是由于占用员工休息时间，有时会引起员工的消极抵触，而且连锁企业将额外支付给员工相应的加班费。

2. 营业中盘点：也称即时盘点，即在营业中随时进行盘点，“停止营业”以及“月末盘点”并不一定才是正确的盘点，超市（尤其是便利商店）可以在营业中盘点，且任何时候都可以进行。优点是节省员工时间和企业费用开支，缺点是一定程度上可能影响顾客购物。

3. 停业盘点：即门店在正常的营业时间内停止营业一段时间进行盘点。优点是不占用员工休息时间，员工易于接受；缺点是会影响门店的销售业绩，给顾客购物带来不便。

三、盘点的流程

（一）盘点的流程

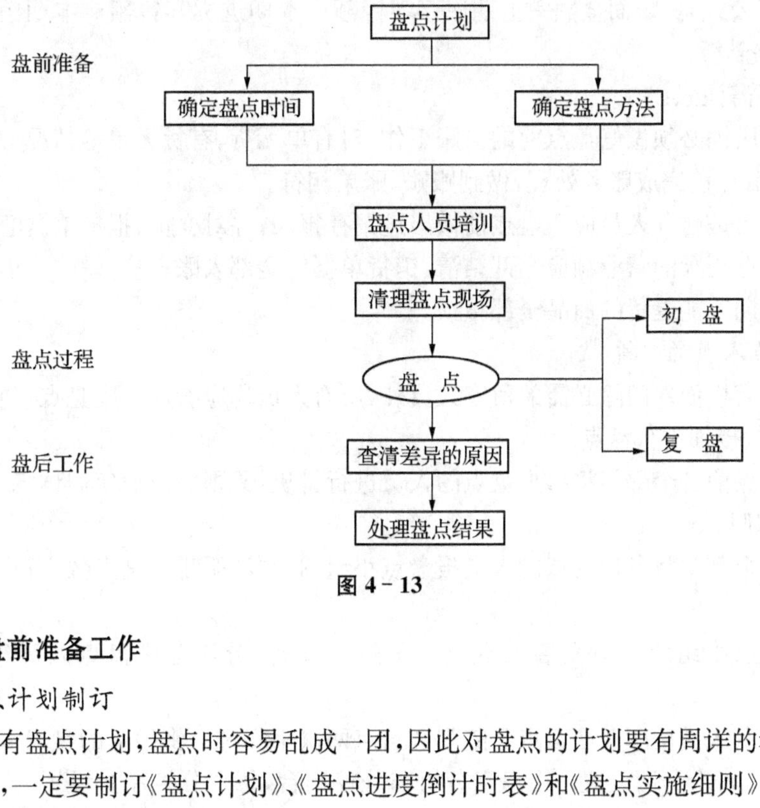

图 4－13

（二）盘前准备工作

1. 盘点计划制订

如果没有盘点计划，盘点时容易乱成一团，因此对盘点的计划要有周详的考虑。门店在盘点之前，一定要制订《盘点计划》、《盘点进度倒计时表》和《盘点实施细则》。

2. 盘点时间确定

一般来说为保证账物相符，货物盘点次数愈多愈好，但盘点需投入人力、物力、财力，有时大型全面盘点还可能引起生产的暂时停顿，所以，合理地确定盘点时间非常必要。引起盘点结果盈亏的关键原因在于出入库过程中发生的错误，出入库越频繁，引起的误差也会随之增加。

决定盘点时间时，既要防止过久盘点对公司造成损失，又要考虑配送中心资源有限、商品流动速度较快的特点，在尽可能投入较少资源的同时，要加强库存控制，可以根据商品的不同特性、价值大小、流动速度、重要程度来分别确定不同的盘点时间，盘点时间间隔可以分为每天、每周、每月、每年盘点一次不等。如A类主要货品每天或每周盘点一次；B类货品每两三周盘点一次；C类不重要的货品每月盘点一次即可。另外必须注意的问题是，每次盘点的时间应尽可能短。

此外，还有以下几点需要注意：

(1) 因各店铺实际情况不同，若需更改盘点日期，应由各店铺负责人根据企业规定提前若干天申请，并通知有关部门。

(2) 店铺盘点时间一般定为晚上营业结束后至次日凌晨，配货中心为白天进行盘点，特殊情况除外。

3. 盘点及账务处理

超市与便利商店由于商品种类繁多，各类商品的实际成本计算有一定的困难，所以一般采用“零售价法”来进行账面盘点。

其计算公式是：账面金额＝上期库存零售额＋本期进货零售额－本期销售金额＋本期调整变价金额。

此外还需注意：

(1) 各店铺必须做好盘点前的清账工作，对有单无货、有货无单等情况应及时查明原因，保证在盘点前完成账务处理，做到账账、账单相符。

(2) 各店铺财务人员应于盘点前做出进销存报表，并对变价、报损单据汇总结账。

(3) 盘点当天的营业额应全部结清，销货单据应全部入账。

(4) 到期不能退货的商品全部报损。

4. 盘点人员的安排

(1) 分店楼面部门除必需的留守人员外，所有人员均应参加年度盘点，包括行政部门等，必须支援楼面进行盘点。

(2) 盘点前各个部门将参加盘点的人员进行排班，原则上取消年假休息，盘点当日应停止任何休假。

(3) 各个部门将参加盘点的人员报盘点小组，必须注明哪些是点数人员，哪些是录入人员。

(4) 盘点小组统一对全店的盘点人员进行安排，分库存区盘点人员、陈列区盘点人员。

(5) 盘点人员按库存区盘点和陈列区盘点两次来安排。将超市的盘点区域分成不同的盘点分区，每个分区设置一个盘点分组和分控制台，每个分控制台设置一个分台长，全面控制盘点工作的进行。盘点小组安排盘点日陈列区的人员时，各个分区小组中必须包括本区营运部门的经理、主管、熟练员工。

5. 盘点人员的培训

盘点小组在成立后，必须制订详细的盘点计划，包括对盘点小组人员的培训、盘点管理层的培训、点数员工的培训、输入员工的培训等。建立培训档案，进行盘点培训的考核，要求所有参加盘点的人员均须通过考核。

6. 盘点的环境准备

盘点作业开始之前必须对盘点现场进行整理，以提高盘点的效率和盘点结果的准确性，清理工作主要包括以下几个方面的内容：

(1) 盘点前对已验收入库的商品进行整理归入储位，对未验收入库属于供货商的商品，应区分清楚，避免混淆；对残次品，应进行清理、归类放齐；对退货商品应及时处理，暂无法退货的应加以标识；对赠品，则进行清理并单独存放加以标识。

(2) 盘点场关闭前，应提前通知，将需要出库配送商品提前做好准备。

(3) 账卡、单据、资料均应整理后统一结清以便及时发现问题并加以预防。

(4) 预先鉴别变质、损坏商品，及时从店铺中清理出报废品。对储存场所堆码的货物进行整理，特别是对散乱货物进行收集与整理。

(5) 整理内仓、货架上的商品陈列。

(6) 清除店铺内的死角。

7. 盘点工具准备

(1) 对盘点所需的各类可重复使用的工具，由营运部负责一次配齐，各店铺盘点负责人在盘点开始前发给盘点人员，盘点结束后负责收回保管，以后不应无故动用、增加。

(2) 属正常损耗的盘点工具缺失，可由店铺盘点负责人提出申请后由营运部补发。

(3) 常见盘点工具：若使用盘点机盘点，需先检查盘点机是否可正常操作；如采用人员填写方式，则需准备盘点表及红、蓝色圆珠笔。

8. 停业通告及厂商通告

(1) 若因特殊情况，确需进行停业盘点的，应由店铺店长提出申请经总经理批准后进行，盘点前应在店外张贴停业通告。

(2) 盘点前各有关部门应及时通知送货厂商在盘点前不宜送货。

(三) 盘点过程

1. 门店根据不同情况可以用 A、B 表盘点方法，或采用 A 表盘点加抽盘的方法，抽查率应不低于 30%。一般新店初期的盘点或者门店负责人交接，可以采用 A、B 表盘点的方法。下面主要说明 A、B 表盘点方法。

盘点表的 A 表一般由该大类的陈列员自行盘点，A 表盘完后，由店铺盘点负责人安排非直接责任人盘 B 表，B 表盘点应与 A 表错开；B 表盘点过程中记录、点数、复核人员应在盘点表上签上全名；B 表盘点完毕后上交到店铺盘点负责人处，店铺盘点负责人应以 B 表为基准，核对 A、B 表的商品实存数，检查不相符的，应立即安排盘 A、B 表人员同时复盘，核清准确数据后，填入 C 表；C 表完成后，由店铺盘点负责人、总部监盘人签字确认，交给输表员及时登录并打印收银单粘贴于 C 表上并签字确认；C 表输入完毕得出结果需复查一次，确认无误后统计出店铺实际库存额，不应擅自涂改原盘点表。

盘点表参考格式：

表 4-2 超市商品盘点表

部门： 编号：

品号	品名	规格	数量	零售额	金额	初点	复点	抽点	差异
小计									

初点： 复点： 抽点：

如使用数据采集器(盘点机)，前提条件是所有货品都必须有条码，一个条码唯一地代表一种货品，条码重复和没有条码都是不行的。盘点机就是通过扫描条码来对货品进行清点的。将货物条码导入数据采集器(盘点机)，而后经数据采集器(盘点机)整理导出为一个 txt 文档或其他格式文档，此文档即相当于传统盘点的盘点单，之后的复盘也可据此文档进行复查。

2. 监盘规定

(1) 总部盘点小组负责组织人员对部分门店盘点实行重点监查。

(2) 监盘人员具体指导盘点工作，制止和纠正盘点工作中出现的失误。

(3) 对内仓、精品柜进行全面复盘，货架商品抽查率应在总部规定标准以上(一般为 3%)。

(4) 分析库存结构、指出库存结构的不合理之处，出具书面总结报告。

3. 盘点中的注意事项

(1) 初点

① 陈列区的盘点采取“互点法”，即商品 A 的初点作业人员与复点人员及三点人员不同，点数人员与记录人员不同。盘点货架或冷冻柜、冷藏柜时，依序由左而右，由上而下；两人一组，一人点，一人记。

② 盘点的数字书写要清楚，不可潦草让人混淆。

③ 数字写错，要按要求进行涂改。

④ 清点时，一定要按销售单位清点，不够一个销售单位的不能计入，应取出归入待处理品堆放处。

⑤ 盘点时，顺便查看商品的有效期，过期商品不应点入，应归入待处理品堆放处。

⑥ 对无法查知编号的商品，用红色粘贴纸做标识，报告分控制台进行处理。

⑦ 遇到非本部的散货，将其送到分控制台，归入散货区的堆放处。

(2) 复点

① 复点时要首先确认需要复点的区域，是否已经完成初点的录入，有否遗漏区域。

② 复点需要用不同颜色的自粘贴红，以示区别。

③ 复点时重复初点的流程，但人员不同。

(3) 抽点

抽查每一类商品是否都已盘点出数量和金额，并有签名。

抽点的商品可选择卖场内的死角，或不易清点的商品，或单价高、数量多的商品，做到确实无差错。

对初点与复点差异较大的商品要加以实地确认。

复查劣质商品和破损商品的处理情况。

(四) 盘点后工作

1. 现场整理

(1) 商品整理：将货架上因盘点时排列的商品按照原先的陈列方式或陈列原则进行整理。

(2) 环境整理：对环境进行清洁、清扫工作。

2. 盘点报告和商品检查

(1) 盘点报告

各门店盘点负责人和财务人员在盘点结束后及时总结盘点全过程，填写有关盘点报告，出具书面盘点总结；盘点报告上所列内容应填写齐全、清晰明了，不应随意省略、涂改和出现串行、漏行；盘点报告一般由财务人员、门店盘点负责人、盘点小组成员共同签字确认后上交有关部门。

(2) 商品检查

盘点过程中发现不合规定要求以及临近保质期的商品应及时处理、上报，按采购部有关要求在盘点表上记录。

3. 查清差异原因

盘点会将一段时间以来积累的作业误差，及其他原因引起的账物不符暴露出来，发现账物不符，而且差异超过容许误差时，应立即追查产生差异的原因。

一般而言，产生盘点差异的原因主要有如下几个方面：

(1) 计账员素质不高，登录数据时发生错登、漏登等情况。

(2) 账务处理系统管理制度和流程不完善，导致货品数据不准确。

(3) 盘点时发生漏盘、重盘、错盘现象，导致盘点结果出现错误。

(4) 盘点前数据未结清，使账面数不准确。

(5) 出入作业时产生误差。

(6) 由于盘点人员不尽责导致货物损坏、丢失等后果。

4. 盘点结果处理

查清原因后，为了通过盘点使账面数与实物数保持一致，需要对盘点盈亏和报废品一并进行调整。

(1) 盘点处理

商品盘点的结果可能盘盈或盘亏，但一般是盘亏，即实际值小于账面值。商品盘亏的多少，可以表现出门店的管理水平和工作责任，所以对盘亏在合理范围之外的应予以处罚，一般做法是事先确定一个正常的盈亏额，其计算方法为：正常盈亏额＝当期销售总额×盈亏率。

门店盘点亏空总额减去正常盈亏额即为该门店应承担的亏空责任金额，在该门店工作的实际上岗人员(工作不满半月以半月计算，超过半月以全月计算)承担。店长承担主要亏空责任。

出现盘盈的门店，由门店店长负责查明原因并出具报告，经财务部确认，经检查属盘点失误造成虚盈的，在调整后实亏的，按以上情况处理；确实盘盈的，按盘盈金额处罚有关责任人，并将账实调整一致。

对严重盘亏的门店，应查清原因，有必要时应按盘点小组指定时间进行重盘，重盘准确后，由店长签字确认。

对盘亏金额巨大的，已给公司造成的损失无法追回的，属于管理不到位或未按公司流程执行的，对各主要负责人进行行政处罚并承担相应的经济责任。

对为逃避盈亏责任制在盘点过程中作假的，按企业有关制度处理。

(2) 盘亏原因

造成盘亏的原因很多，有以下几种常见原因：

① 进货工作中出现的差错，比如由于验收时不认真、不全面造成的。

② 外界条件对商品的影响，如温度、湿度的变化会发生各种损耗。

③ 机械作用对商品的影响，在装卸、搬运、堆码中，受碰撞、挤压而发生残损和短少，如渗漏、散包、变形、破损等。

④ 盗窃

(3) 避免出现盘点盈亏的方法

盘点盈亏根本表现在商品的损溢，其归根结底是由于员工平时工作疏忽、责任心不强、不严格按照规程操作造成的。因此，要避免盘点中大的盈亏差错，必须加强全员的责任心培养与业务技术的提升。具体如下：

① 根本上要增强工作责任心

② 严格控制进货关和销售关

③ 收银坚持三唱原则。

④ 检查各类度量衡器具，保证计量准确无误。

⑤ 加强报表单据各环节的复核与控制。

⑥ 加强盗窃的各类防范活动，减少因此带来的暗损失。

【模块小结】

1. 订货业务是指在所确定的厂商及商品范围内，依据订货计划而进行的叫货、点菜或叫添货的活动。订货方式可采用人工、电话、传真、电子订货系统等多种形式，发展的趋势是采用 EOS 订货系统。

2. 订货的注意事项：存货检查、适时订货、适量订货。

3. 进货作业是根据订货作业，由供应商或配送中心将商品送达门店的作业。进货作业对供应商或配送中心来说就是"配送"，对门店来说，其作业重点就是验收。

4. 收货作业按进货的来源，分为由连锁企业总部配送中心配送到门店的商品收货作业和由供应商直接配送到门店的商品收货作业。5. 个别门店由于出现团购销售，顾客临时下大量订单，或供应商、配送中心送货出现问题，都会导致门店发生临时缺货，而需要向其他门店借调商品。

6. 存货(Inventory)是指企业或商家在日常活动中持有以备出售的原料或产品、处在生产过程中的在产品、在生产过程或提供劳务过程中耗用的材料、物料等，销售存仓等。对大型超市门店商品储存的空间主要在内仓和卖场，仓储会员店一般不设内仓而将货架加高，将其顶层作为存储商品的空间。

7. 盘点，是指定期或临时对库存商品的实际数量进行清查、清点的作业，即为了掌握货物的流动情况(入库、在库、出库的流动状况)，对仓库现有物品的实际数量与保管账上记录的数量相核对，以便准确地掌握库存数量。

8. 盘点方式通常有两种：一种是定期盘点，即仓库的全面盘点，是指在一定时间内，一般是每季度、每半年或年终财务结算前进行一次全面的盘点；二是临时盘点，即当发生货物损失事故，或人员更换，或认为有必要盘点对账时，组织一次局部性或全面的盘点。

【关键术语/关键词】

订货　进货　存货　验收　流程　盘点　盘盈　盘亏

【知识链接/拓展阅读】

沃尔玛商品管理的信息化

2002—2005 年，沃尔玛连续 4 年蝉联全球财富 500 强的首位，这与先进信息系统的采用是分不开的。沃尔玛创始人山姆·沃尔顿曾经说过，他主张不惜代价建立先进信息系统的理念其实很简单，“我如果看不到每一件商品进出的财务记录和分析数据，这就不是做零售”。沃尔玛的神话无疑印证了信息化对现代零售企业的重要性，尤其是在信息技术大行其道的环境下，商战企业一旦落后，就会步步出错，直至被淘汰。

经营之初相对于其他大的连锁零售企业，沃尔玛开始发展时只是一个不起眼的竞争者，但这种态势在上个世纪末却发生了大的扭转。就在其他连锁零售仍旧以传统方式经营时，沃尔玛开始将重金投入各种信息系统建设。沃尔玛在信息系统方面投入的热情在全球企业当中都可以说是首屈一指。该公司早在 1983 年就同休斯公司合作，将一颗耗资 2 400 万美元的人造卫星发射升空，成为全球第一个发射物流通信卫星的企业。至 20 世纪90年代初,沃尔玛在电脑和卫星通信系统上就已经投资了7亿美元,而它自身不过是一家纯利润只有营业额2%~3%的折扣百货零售公司。此外,沃尔玛还制定了“企业核心竞争力是降低总体成本”的新经营策略和理念,把电子商务和企业信息资源管理(ERP)提升到提高企业核心竞争力的战略高度。通过新型的信息应用,沃尔玛的经营效率得到了革命性的提升。沃尔玛全球4 000多家门店,通过该公司的网络在1小时之内就可对每种商品的库存、上架、销售量全部盘点一遍。整个公司的计算机网络配置在1977年完成,可处理工资发放、顾客信息采集整理和订货—发货—送货流程,并实现了公司总部与各分店及配送中心之间的快速直接通信。

先进的电子通信系统让沃尔玛占尽了先机。曾有一种说法是,沃尔玛的电子信息系统是全美最大的民用系统,甚至超过了电信业巨头AT&T公司。在沃尔玛本顿威尔总部的信息中心,1.2万平方米的空间装满了电脑,仅服务器就有200多个。在公司的卫星通信室里看上一两分钟,就可以了解一天的销售情况,可以查到当天信用卡入账的总金额,可以查到任何区域或任何商店、任何商品的销售数量,并为每一商品保存长达65周的库存记录。

1981年,沃尔玛开始试验利用商品条码和电子扫描器实现存货自动控制,这又走在了其他零售商的前面。采用商品条码代替了大量手工劳动,大幅缩短了顾客结账时间,更便于利用计算机跟踪商品从进货到库存、配货、送货、上架、售出的全过程。据沃尔玛方面介绍,在对商品的整个处置过程中总计节约了60%的人工成本。20世纪80年代,沃尔玛开始利用电子数据交换系统(EDI)与供应商建立自动订货系统。到1990年,沃尔玛已与它的5 000余家供应商中的1 800家实现了电子数据交换,成为EDI技术的全美最大用户。到20世纪80年代末,沃尔玛配送中心的运行已完全实现了自动化。每个配送中心约10万平方米面积,每种商品都有条码,由十几公里长的传送带传送商品,由激光扫描器和电脑追踪每件商品的储存位置及运送情况。到20世纪90年代,整个公司销售的8万种商品中,85%由这些配送中心供应,而竞争对手只有50%~65%的商品集中配送。信息化装备先进的沃尔玛还不断开拓新的技术应用,该公司此前对100家最大的供货商提出,要求他们在2005年1月之前向其配送中心发送货盘和包装箱时使用RFID(无线射频)技术,2006年1月前在单件商品中使用这项技术。

回头来看,信息化正是沃尔玛迈向成功的重要原因之一。一方面,沃尔玛通过供应链信息化系统实现了全球统一采购及供货商自己管理上架商品,使得产品进价比竞争对手降低10%之多;另一方面,沃尔玛还通过卫星监控全国各地的销售网络,对商品进行及时的进货管理和库存分配。

资料来源:陆影:《连锁门店营运与管理实务》,东北财经大学出版社,2009。

自测评估

1. 简答题

(1) 简述订货的流程及其注意事项。

(2) 简述进货的流程及其注意事项。

（3）简述由供应商直接配送到门店的商品收货作业过程及如何对供应商送货满足率进行统计。

（4）简述发生退换货的原因及退换货过程中的注意事项。

（5）简述盘点的目的、内容和原则。

（6）简述盘点的流程及不同阶段的盘点工作重点。

2. 案例分析

我们都知道库存对零售企业的重要性，而且采购人员和营运人员对库存的看法不同。营运人员的概念是库存越多越好，尤其是一旦促销品缺货顾客还不闹翻了天。采购人员的概念是一定要提高库存周转率，库存越少越好，促销结束后大量促销品需要退货，麻烦死了，下次再搞促销怎么要求供应商支持呀。两者之间的度需要好好平衡，所以库存总是搞不好。假设金龙鱼5升装食用油计划做一档为期14天的降价促销活动，促销时段从12月8日开始至12月21日止，门店做好商品的订货工作。在与供应商的促销协议中定了一个促销目标，即在促销档期内，该SKU的销量比平常增加300%，为了弥补超市在促销中的毛利损失和促销后商品的处理，经过与供应商的谈判，供应商同意供货特价的日期是从12月4日至12月24日。报表数据显示，截至12月3日晚上，门店的库存是200桶，日均销量是20桶，问门店需要订货多少桶，才能顺利满足商店的经营目标？可能有人说这个太简单了，我家里上三年级的小女儿就能算出应该续订1 060桶，如果你的续订工作是这样做的话，那就太初级了。作为一个合格的续订员不能是只考虑8～21日之间的问题，我们会有很多的疑问，疑问解决了才能决定下单量。摆在我们面前的主要有如下几个问题：

首先，我们要了解金龙鱼的账期对订货量的影响；

其次，是我们的库存目标对订货量的影响；

第三，供应商给的特价是不是很优惠；

第四，竞争对手的促销档期是哪一天；

第五，公司安全库存的问题；

第六，如果春节期间囤积年货对订货量的影响；

……

请大家对上述问题一一进行分析并最终给出补货量的建议。

资料来源：李卫华、彭建真：《连锁企业品类管理》，高等教育出版社，2012。

【实际操作训练/技能实训】

1. 实训目的：能够操作门店订货系统；能够对系统订货单进行修正；能够对商品进行验收；能够根据验收情况填写进货接受记录表、供货商差错记录表；掌握订货的作业流程；掌握进货的作业流程；掌握收货作业的工作职责；掌握由供应商直接配送到门店的商品收货作业注意事项；掌握大型综合超市和仓储会员超市的收货方式和流程；掌握验收商品的方法。

2. 实训环境：与学校有合作关系的某个大型超市门店。

3. 实训步骤：第一步，联系被调研的门店。进货实训场所一般是在门店的管理人员办公室或后仓，空间有限，全部班级学生到场实训会造成现场拥挤，给门店正常工作造成影响。可以由实训教师选择和学校有合作关系的零售企业，由实训指导教师联系企业，根据企业经营安排的需要将实训学生按组分到不同门店。企业提供门店订货系统软件，实训指导教师带领学生团队对企业订货人员操作和指导进行观摩，以期帮助学生掌握企业具体的订货流程和订货中的注意事项，增加学生感性认识。最好选择大型综合超市或仓储会员店为主要调查对象。

第二步，成立考察小组。(1) 各门店负责商品管理的副店长和实训指导教师担任此项活动的总指导和总指挥；(2) 将学生分成若干组，每组 4～5 人，设组长一名；(3) 各组根据实训情况撰写调研报告，实训中完成的各种手工订货单和其他记录登记表作为附件附在调研报告后；(4) 组长负责汇报本组的调研情况。

第三步，确定调研时间。

第四步，培训学生。首先让学生明白进货作业对门店提高管理效率和经营绩效的意义。让学生从思想上认识到这次调研的重要性和从中能学习到什么，端正实训态度，否则后续的实训会流于形势，学生无法掌握企业订货、进货、收货等的流程、注意点。其次，对于进货工作一方面企业都有严格细致的程序和规范；另一方面订货和收货工作非常繁琐，需要工作人员认真、细心。所以在实训前除了要端正学生的态度，也有必要复习订货、进货、收货的流程和注意事项，做到理论联系实际。

第五步，开始调研。(1) 门店订货人员详细介绍系统订货软件的操作，使学生初步掌握软件的操作方法。门店订货人员打印出不同商品的系统订货单，对这些商品的特点、门店的库存和销售情况进行简单说明，实训学生根据门店提供的信息，对系统订货单进行修正。门店订货人员根据各组修正的系统订货单进行点评。(2) 在门店的后仓现场调研收货的作业管理流程，区分由总部配送中心配送的商品和由供应商直接配送到门店的商品的收货作业程序。并由验收组组长介绍验收组组长工作职责、组员工作职责及收货流程和注意事项。验收组长现场提供配送的商品，由实训学生模拟验收，学生根据验收结果填写门店提供的进货接收记录表。各小组填写好进货接收记录表后，统一交给验收组组长，验收组组长针对学生填写的记录表进行书面修改。第六步，结果整理。调研结束后各小组撰写调研报告，报告包含的主要内容如下：(1) 门店订货系统操作程序说明；(2) 如何对系统订货单进行手工修正，修正过程中出现的问题及在门店订货人员指导下改进的过程；(3) 门店收货流程和注意事项；(4) 实训小组验收和制表过程中出现的问题，及如何改进；(5) 收集打印的系统进货单据和手工修正的单据、进货接收记录表，统计内容，并作为附件附在调研报告后。

第七步，调查结果分析。(1) 分组讨论分析被门店订货人员修改的订货单；(2) 实训指导教师总结，并指导学生修改调研分析报告；(3) 实训指导教师将此报告提交给该超市，并请他们批评指正；(4) 实训指导教师将该超市的意见反馈给学生。

模块五　客服管理

【学习任务】

1. 了解顾客投诉的处理流程。
2. 了解收银服务的工作流程与注意事项。
3. 掌握退换货处理的相关细则与流程。
4. 了解广播管理的流程与类型。

导入案例

在一次巡店过程中，一位腿部残疾的顾客向我投诉员工服务态度不好，经核实事情的经过是这样的：这位顾客是一所高校为学生做饭的师傅，自本店开业以来一直是本店最忠实的顾客。因为比较近，以及身体的原因，她需要的东西几乎都在本店购买，还有更重要的理由是在她排队购买鸡蛋时经常有一位员工会对其他排队的顾客说："她不太方便，请大家先让她购买。"此时，其他顾客会主动让开。由于这种公德行为让她感到在本店购物很有人情味，很有自尊感，我们员工的这种做法让她很感动。在她的带动下，她的很多朋友都到本店购物。然而，这次在排队购买散称商品时，却没有受到以前优先购买的待遇，更重要的是，当她要求少称一些时，我们的员工说已经称好不能再倒出来。在与员工交涉过程中，周围有好多顾客还有埋怨她胡搅蛮缠的意思，为此，作为一个残疾人她感到很伤自尊。听到这位顾客的诉说，我先为这位员工的行为向她表示道歉，同时带她到售卖点，按照她的要求为其称好所需要的商品，并让员工当面向她道歉。到此，一起顾客投诉解决完了。

然而，就这起顾客投诉本身所反映的问题却令人深思。同样都是本店的员工，针对同一名顾客在不同的点位却出现两种不同的结果，员工个人的素养是一方面的原因，但是对员工关于顾客服务意识的培训与监督是店务管理的重中之重。

据一项在新加坡商场中所做的调查表明，当顾客对劣质的服务不满意的时候，会有如下反应：70%的购物者将到别处购买，39%的购物者表明投诉太麻烦，24%的购物者会告诉其他人不要到提供恶劣服务的商场购物，17%的购物者将对恶劣服务进行投诉，9%的购物者会责备劣质服务的商场人员。以上结果说明：提供劣质服务而使顾客不满意的门店，毫无疑问将失去顾客。为顾客提供一流的服务是门店的立店之本。那么门店服务包括哪些内容？目前在消费者需求多样化的情况下，门店要树立怎样的服务意识呢？

门店提供的服务包括两方面：

一是硬件服务，即门店所能提供的购物环境，包括为顾客购物提供方便、安全的设备、设施。这些硬件目前看来，已经没有大的差距，并且可以用软件服务来弥补硬件的某些不足。

二是软件服务，即人员服务。门店服务人员如只是热情介绍和微笑服务，这种常被称为“温柔杀手”的服务已不再是门店员工服务的主要内容，它属于最初级的服务。而针对消费者在浏览、购物过程中的心理特点提供适时、适度的服务，能够充分满足消费者良好服务的要求，这才是门店服务的真正要求。这种服务重在认识消费者的需求和心理特点，根据不同消费者的具体情况，研究和把握服务消费者的最佳的度。这种服务的优越性体现了现代营销观念“以人为本”的核心内容。充分发挥消费者在购买过程中的自主性、主动性，既提高了购物热情，使消费者直接面对商品，又摆脱了对销售人员的依赖，大大减少了相互之间发生矛盾和冲突的机会，且体现了对消费者的信任和尊重，使整个购物过程更人性化，更有人情味。在这种服务过程中，消费者的心理状况是放松的、自由的，自尊心能最大限度地得到满足。

针对现代商业销售服务的新需求、新特点，我们门店应该建立起细致的服务方面的培训体制。使我们高兴的是，公司正在从员工服务礼仪开始对全体员工进行细致的培训，我们管理人员也在现实工作中摸索、总结、进步。

[问题]

1. 投诉对门店来说一定是件坏事吗？你怎么看待顾客对门店的投诉。

2. 投诉处理不当会给门店造成什么损失？

3. 你认为对于超级市场来说，降低顾客的投诉，应该做些什么？

资料来源：http://www.lingshou.com/oblog313/user1/sku—store/archives/2006/496.html

项目一　顾客投诉处理

一、顾客投诉的类型

（一）对商品本身的投诉

比如：商品价格过高或商品价格与原价不符；商品质量差；商品完好度欠缺；商品过有效期；商品标志不符、标签模糊；缺货导致顾客不满等。

（二）对服务质量的投诉

对服务质量的投诉主要集中在下列几个方面：

1. 工作人员服务态度不佳。
2. 收银作业不当。
3. 服务项目不足。
4. 服务作业不当。
5. 原来提供的服务项目取消。

6．其他原因，比如：食品工作人员不遵守卫生规章操作，操作速度太慢或称重计价发生错误；促销人员的过激促销行为或误导顾客购买的言语；退换货不能满足顾客的要求。

（三）购物环境的投诉

1．对安全隐患方面的投诉。

2．对卖场清洁卫生的投诉。

3．其他有关环境的抱怨：如卖场的音响声音太大；播音员吐字不标准；现场促销声音太大；卖场内温度过高（过低）等。

（四）顾客自身原因

1．顾客存在偏见

顾客因偏见、成见往往带有强烈的感情色彩而且通常不合逻辑，在销售过程中与门店销售人员意见不合，产生分歧而投诉。因此，在不影响销售的前提下，门店销售人员应尽可能地避免讨论偏见、成见和习惯问题。在无法避免的情况下，也应采取一些方法转移话题，或委婉地阐明自己的观点。

2．顾客心情不好

顾客因情绪不好，可能会提出种种投诉，甚至是恶意的投诉，借题发挥，大发牢骚。对于这类投诉，门店销售人员应尽量避免正面处理。

3．顾客自我表现

顾客有时为表现自己丰富的知识和经验、与众不同的观点，而提出种种问题来难为门店销售人员。这些顾客的自尊心和虚荣心很容易受伤害，一不小心就招致他们的投诉。因此门店销售人员应予以理解，并采取谦虚的态度耐心倾听。

二、顾客投诉处理的原则

处理顾客投诉时，应该遵循以下原则：

1．倾听原则：只有在倾听顾客的投诉后，才能了解顾客投诉的事由，这是解决问题的前提。

2．满意原则：投诉结果的处理要让顾客满意，有些顾客投诉可能不能解决或者是由于顾客原因造成的，要做好解释工作。

3．迅速原则：能当场解决的投诉尽量当场解决，即使由于各种原因导致不能及时解决，也要在尽可能短的时间内处理。

4．公平原则：遇到顾客的投诉要做到不偏不倚。

5．感谢原则：对顾客的投诉不能躲避，顾客对门店的投诉从某个角度讲也是说明顾客对门店的重视，要把顾客对门店的投诉看成是推动门店进步的动力。发生投诉不一定是坏事，处理得当，反而会增加顾客的满意度。

三、顾客一般投诉处理流程

门店在日常经营过程中，难免会由于各种原因，而招致顾客的投诉，一般来说，客户所投诉的都是一些小事。但对于门店来说，如果能把客户投诉的小事解决好，就能够增加客户的忠诚度，否则客户投诉的小事就会演变成危机。客户投诉一般分为两个步骤：第一个步骤是抱怨，即将心中的怨气发泄出来，之后客户的投诉就进入到第二个步骤，即要求商家解决问题。

在门店常见的投诉方式主要有三种：

1. 顾客至服务台或收银台当面投诉；

2. 通过电话投诉；

3. 通过门店意见簿投诉。

针对以上三种投诉情况，门店应遵循一定的流程处理：

1. 顾客至服务台或收银台当面投诉处理流程

可参考以下流程：

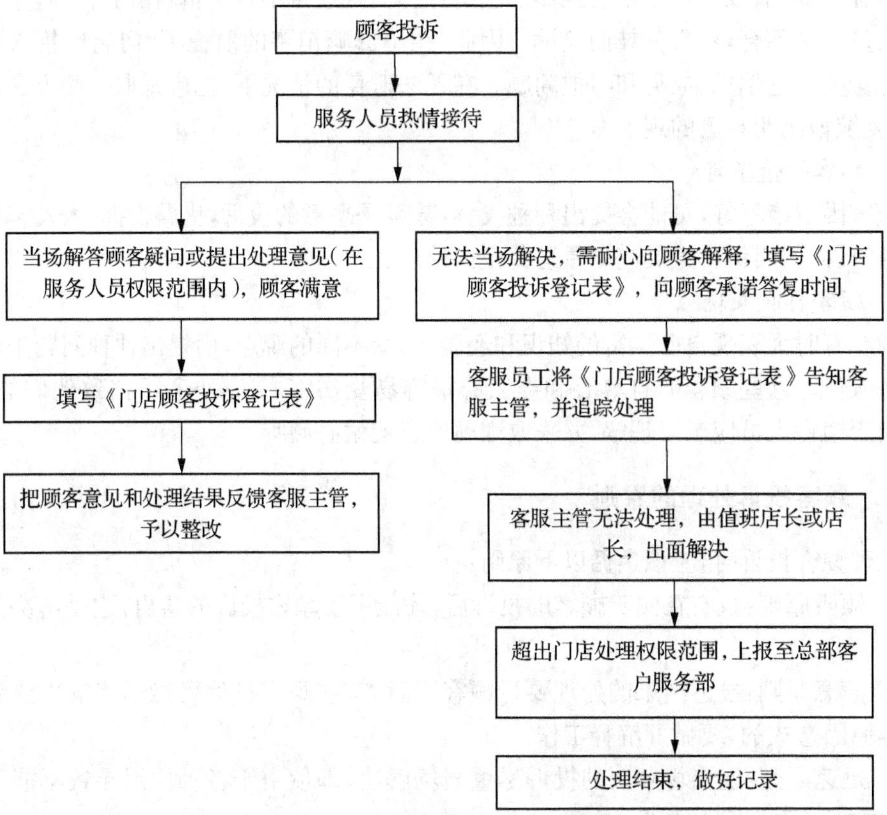

图 5-1 投诉处理流程图

2. 顾客通过电话投诉处理的

可参考以下流程：

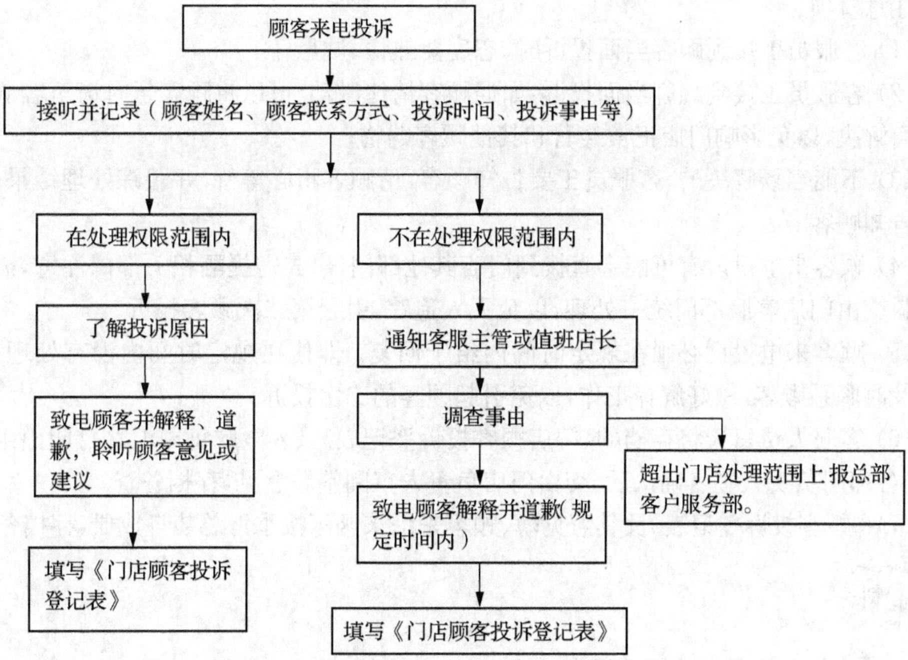

图 5－2　电话投诉处理流程图

3. 通过门店意见簿投诉

可参考以下流程：

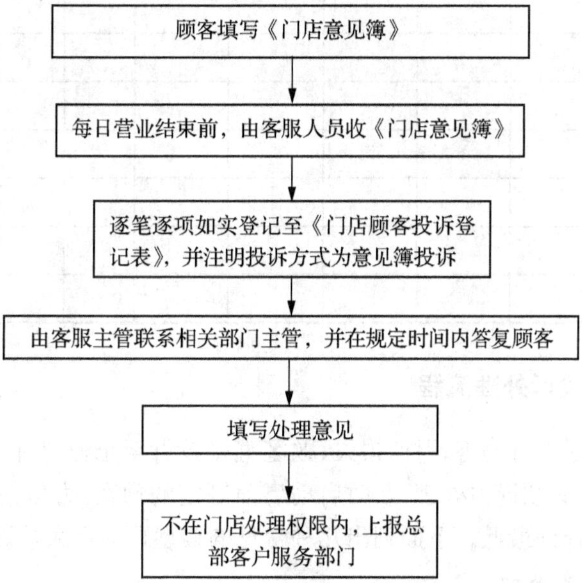

图 5－3　意见簿投诉处理流程图

注意事项：

(1) 客服员工接到顾客当面投诉时，态度要热情、诚恳；

(2) 客服员工接到顾客当面投诉，如遇顾客情绪激动，可以将顾客暂时请至客服办公室协商解决，以免影响门店正常经营和其他顾客购物；

(3) 不能当场解决的，客服员工要告知顾客，请顾客耐心等待，并跟踪处理结果，以便及时告知顾客。

(4) 顾客来电投诉有可能会直拨到门店其他部门，事先需提醒相关部门注意，需把投诉资料交由门店客服部门统一处理，以免无人追踪，引起第二次顾客投诉。

(5) 顾客来电投诉必须在规定时间内给予回复。即使在规定时间内没有处理完毕，也要及时联系顾客，做好解释工作，以免引起顾客的二次投诉。

(6) 客服人员每天将存档的《门店顾客投诉登记表》录入电脑每周汇总打印出纸质文件，经各部门负责人签名确认后，交由门店负责人审阅签署意见，存档备查。

(7)《顾客投诉登记表》及其意见簿、顾客来信来函等按季汇总装订成册，存档备查。

小资料

以下是某门店顾客投诉登记表。

表 5-1 ×××店顾客投诉登记表

序号	受理日期	顾客姓名	顾客联系方式	投诉方式				内容摘要	接待人	承办人	处理结果	总部意见
				服务台	电话	意见簿	其他					

四、顾客重大投诉处理流程

当遇到顾客遭遇人身伤害、财产损失、顾客直接投诉至企业总部、顾客遭遇食物中毒等重大投诉时，门店必须谨慎处理，及时启动事前制定的预案，力争使顾客的损失和对门店经营的不利影响降到最低。下面列出几种常见的典型顾客重大投诉的参考处理流程。

（一）顾客投诉至总部

门店客服主管需要协助总部客户服务部了解以下相关事宜：

(1) 当事人的陈述；

(2) 相关人员的陈述；

(3) 判断具体事件是否真实。

如顾客投诉属实，门店客服主管应该首先向顾客表示歉意。例如，可以说："您好！确实是因为我们工作没有做到位给您造成了麻烦，对此我们深表歉意。我们将加强对相关商品/员工的管理工作，避免同类事情的再次发生。"并在职权范围内予以处理。如不能当场处理，也需向顾客说明原因，并告知顾客在若干工作日内予以联系并答复，事后及时向上级汇报，予以解决。

如顾客投诉不真实，门店客服主管也应首先向顾客表示歉意与感谢。比如可以说："您好！非常感谢您对我们的工作所提出的宝贵建议，希望您以后仍然经常光顾我们超市！"然后婉转地向顾客说明真实情况并尽快平息顾客的抱怨与投诉。

(二) 顾客食物中毒

(1) 顾客因食用卖场食品而造成食物中毒时，客服人员必须第一时间汇报给门店客服主管和门店店长。

(2) 门店客服主管须派专人安排顾客就诊，同时汇报总部。

(3) 总部客户服务部门须与保险公司联系理赔事宜，营运或采购部门通知供应商协助处理。

(4) 门店客服主管或门店店长代表门店立即协调、处理，接待新闻单位及卫生监督部门监督、检查。

(三) 顾客在卖场受到重大人身伤害

(1) 顾客在卖场受伤，门店客服人员必须尽快赶至现场，并汇报值班店长与门店客服主管，第一时间将受伤人员送往医院，对现场目击顾客做好笔录，并通知警方前来确认。填写重大异常事故报告，立即通报门店店长，门店店长向总部有关部门汇报。

(2) 顾客伤害事故的最终处理应在顾客伤势痊愈后进行，并应以一次性处理为准。在处理结束后需与顾客签署调解协议书。

(3) 治疗顾客伤势，应遵循"就近治疗"的原则，尽可能在卖场附近医院治疗，以免延误伤情。

(4) 顾客伤害事故处理完毕后，门店需向总部客户服务部门提供相关凭证，比如：顾客就诊的病历原件；顾客就诊的医药费发票；顾客就诊医院的出院小结；与顾客签署的调解协议书。

五、顾客投诉处理的技巧

客服人员在处理顾客投诉时，还应讲究一定的策略。

(一) 观察顾客的反应

顾客的反应就是客服人员与顾客交谈时，顾客脸上产生的表情变化或者态度、说话方式的变化。处理顾客的投诉，必须首先了解顾客不满的真正原因，然后有针对地采取解决的办法。

比如顾客不由自主地提高音量、说话速度加快，或反复地诉说他们的不满，这些说明顾客急于发泄情绪、精神极度兴奋。客服人员要让顾客充分地发泄而不要打断他。打断只会增加顾客的愤怒和敌意，而使问题更难处理。

（二）表达歉意

处理顾客投诉时，客服人员应在适当的时候向顾客表示歉意，让顾客体会到门店的诚意，问题就会容易解决。首先要冷静地聆听顾客的不满，整体把握其不满的真正原因，然后妥善且诚恳地使用“我们很抱歉”等道歉性话语以平息顾客的不满情绪，引导顾客平静地把不满表达出来。

客服人员表达歉意时态度要真诚，而且必须把握适当的时机。如果道歉与顾客的投诉不相关，那么这样的道歉不但无助于平息顾客的愤怒情绪，反而会使顾客认为客服人员是在敷衍他而变得更加不满。

（三）把握顾客的真实想法

只有把握顾客的真实意愿，门店销售人员才可能找到切实可行的解决方法，最终化解顾客的投诉。所以，门店销售人员在处理顾客投诉时，要从顾客表达中的“弦外之音、言外之意”来掌握顾客的真实意愿。以下两种技巧有助于门店销售人员做到这一点：

1. 注意顾客反复重复的话

顾客的真实想法常常会在反复重复的某些话语中表露出来。

2. 注意顾客的建议和反问

顾客的真实期望常会在他们建议和反问的语句中表现出来。留意顾客投诉的一些细节，有助于把握顾客的真实想法。

（四）记录投诉信息

在处理顾客投诉过程中，客服人员应了解顾客不满的原因，并仔细记录顾客投诉的基本情况，以便总结经验教训。

记录投诉的信息时不可忽略以下要点：具体事件、发生时间、涉及商品、相关门店员工、顾客不满原因、顾客最终愿望、顾客是否为老顾客、顾客的态度等。客服人员一定要真实记录，不可添油加醋或偷工减料。

（五）平息顾客的愤怒

顾客在投诉中往往表现得异常愤怒，也可能会做出一些不理智的行为。在这种情况下很难与之进行理性的面谈。首先客服人员要以尊敬与理解的态度正确地看待顾客的愤怒，并掌握一定的技巧与要求，才能化解顾客的愤怒。

化解顾客的愤怒情绪需注意两点：

1. 做一个优秀的听众

客服人员要成为一个优秀的听众，一定要静心倾听，把握顾客所投诉问题的实质和顾客的真实意愿，了解顾客的态度。

2. 表达同情和理解

顾客的愤怒带有强烈的感情因素，如果能够首先在感情上得到客服人员的理解和支持，那将成为最终圆满解决问题的良好开端。

3. 充分理解问题

无论顾客愤怒的表象是怎样的，其关键在于问题的解决。所以客服人员应切实地把握问题的本身，并与顾客达成一致。

4. 及时道歉

明确问题后应马上道歉有助于平息顾客的愤怒。

(六) 避免使用的语言

在顾客发泄的过程当中，以下一些语言是要避免的，否则会激发事态：

(1) 您可能不知道……

(2) 您肯定弄错了……

(3) 您应该……

(4) 我们不会……我们从没……我们不可能……

(5) 您发这么大的脾气也解决不了问题……

(6) 您是来发脾气的还是来解决问题的……

(7) 这是不可能的……

(8) 请您不要骂人……

(9) 您不要叫……

小资料

优秀的门店销售人员都十分重视顾客的兴趣和感受，他们时刻关注顾客需求的变化，及时与顾客沟通，尽量满足顾客不断变化的消费需求，把顾客满意度作为评价自己工作的重要标准。

门店销售人员要想提高顾客满意度，必须从以下三个方面入手。

(一) 门店的形象

门店的形象是顾客对门店整体的评价及门店在相关主体中的口碑。如果门店不能树立自身良好的形象，就谈不上让顾客满意。而门店的形象则有赖于门店全体销售人员的努力。

(二) 门店销售的商品

门店销售的商品涉及品牌、性能、品质及时尚性等很多方面。要使顾客满意，门店经营的商品必须迎合顾客的口味，给顾客带来最大的价值。

(三) 门店销售人员的服务

门店销售人员需要加强与顾客的联系，提高他们的满意度和忠诚度，从而在同行业中取得竞争优势。

1. 发挥创新和主动精神

门店销售人员应发挥创新和主动精神，熟悉顾客，了解他们现实和潜在的需求，分析他们的购物动机和行为，研究他们的消费习惯、兴趣和爱好，提供使顾客满意的商品，为顾客提供优质的服务。

2. 平等对待顾客

门店销售人员必须平等对待所有的顾客，不应该使顾客感到自己受到了歧视。

3. 分别接待

对顾客分别接待是门店销售人员搞好服务的基本课题。分别接待就是有针对性地提供服务,尽可能地满足不同层次顾客的实际需求和心理需要。如可以建议门店对老顾客实行联谊制,通过联谊活动、优惠活动,加强与他们的联系,了解他们的消费需求。

4. 恰当使用服务语言

在提供服务时,门店销售人员应尽量使用基本礼貌用语。同时,与顾客交流中要吐字清楚,说话速度适中,便于顾客理解。

5. 注重服务质量

门店销售人员的服务质量包括的范围很广,主要有购物方便程度、舒适程度、服务态度,以及工作、生活、娱乐便利程度等。

资料来源:麦肯思特营销顾问公司,门店销售技巧与策略,2005 年

项目二　收银服务管理

一、收银岗位排班注意事项

卖场的营业时间一般从 8:00 到 22:00,甚至有些店铺提前至早上 6:30,而晚上延长至午夜 24:00 才打烊,中间没有任何休息。平均而言,一天工作 11～15 个小时,已超过一位员工的正常上班时数(8 小时)。因此,为了配合作息时间,必须将店内现有的收银员,依据店内的营业情况科学地予以轮班及轮休安排,才能为顾客提供最佳的服务。安排收银员轮班作业时,必须注意以下几点:

(1) 卖场的营业时间

营业时间的长短,是考虑班次的主要因素之一。若营业时间为 11 个小时左右,可安排两个班次;超过者,则可安排三班制。例如:营业时间为 9:00～22:00,可安排早班(8:30～17:30)及晚班(13:30～22:30);若营业时间为 7:30～22:00,可安排早班(7:00～16:00)、中班(10:00～19:00)及晚班(13:30～22:30)三班制。

(2) 各时段的来客数

尽管在十几个小时的营业时间内,随时都有顾客光临,但是仔细观察,可以发现顾客通常集中在某几个时段,这些时段也就是高峰营业时间。例如:在办公区密集的超市,中午的午餐时段和 16:00～19:00 的下班时段人流较多;而一般位于郊区的超市,晚上 20:00～21:00 会出现营业高峰。因此,在高峰时段必须安排较多的人手,以舒缓顾客等待收银结账的压力。

(3) 假期、节令和促销期

每到节假日或者卖场实施促销计划期间,其营业状况往往会比平日好,不仅顾客人数较多,而且每个顾客的平均购买金额也会比较高。尤其在促销期间,由于必须配合赠送点券、印花或摸彩等活动,因此,在特殊的节令或假期,必须在排班上作一些变更,或设法将收银员的休假调开。

(4) 正式及兼职收银员的人数

在安排班次及各班次的值班人数时，除了必须考虑上述三项因素之外，还受限于现有的正式和兼职收银员的人数。这不仅是编制的问题，还涉及对人事成本的考虑，以符合卖场经营成本。

一般而言，正式收银员都经过专门的训练，熟悉整体收银流程，而兼职人员只担负了部分的工作(如结账及入袋服务)，时数也只有 4 个小时，大部分是由现场人员随机指导。因此，在排班时，每一班次都必须有正式收银员值班，负责执行其他收银作业、现金管理和特殊情况的处理等。在高峰时段或节假日，则可弹性安排兼职人员，以配合营业需要。

在考虑上述四项因素之后，收银主管人员即可以 1 周或 1 个月为基准，排定“收银人员排班表”，并张贴在公布栏或打卡(签到)处，以便收银人员查阅。

二、收银工作流程

(一) 营业前

1. 开门营业前打扫收银台和责任区域；
2. 认领备用金并清点确认；
3. 检验营业用的收银机，整理和补充其他备用品；
4. 了解当日的变价商品和特价商品；
5. 检查服饰仪容，佩戴好工号牌。

(二) 营业中

1. 遵守收银工作要点：

(1) 欢迎顾客光临；

(2) 登打收银机时读出每件商品的金额；

(3) 登打结束报出商品金额总数；

(4) 收顾客钱款要唱票“收您多少钱”；

(5) 找零时也要唱票“找您多少钱”；

(6) 替顾客装袋服务时，应将生鲜商品、冷冻商品和其他商品分开装入包装袋，大且重的商品应先放入袋中。

2. 对顾客要保持亲切友善的笑容，耐心地回答顾客的提问；
3. 发生顾客抱怨或由于收银结算有误，顾客前来投诉交涉时，应立即与值班班长联系，由值班长将顾客带至旁边接待与处理，以避免影响正常的收银工作；
4. 等待顾客时，收银员可进行营业前各项工作的准备；
5. 在非营业高峰期间，应听从值班长安排从事其他的工作。

(三) 营业结束后

1. 结清账款，填制清单；
2. 在其他人员的监督下把钱装入钱袋交值班长；
3. 引导顾客出店；
4. 整理收银作业区。

小资料

收银员POS机操作流程

(1) 登录:收银员在进入收款界面之前,必须用本人的收银员编码以及收银员当日密码在收银机内登录。例:收银员王婷,收银员编码101,当日密码4321。如果这名收银员要在收银机内登录,需做以下操作:

输入收银员编码:将收银员编码"101"输入后按"回车确认"键。屏幕左下角显示提示"正在处理……"此时收银员不需要按任何键。如果输入信息正确的话,将在收银员编号后面出现收银员"王婷"的名字(如果收银员将收银编号输错,屏幕会显示出其他收银员的名字或提示"无此收银员编码,叫组长或按取消键",这种情况收银员需要按"取消"键,将原有的错误输入清除掉,再重新输入收银员编号)。

输入收银员密码:收银机处理完收银员编码后,在编码"101"后面显示"王婷",收银员确认编码和姓名正确之后输入收银员密码"4321"(如果密码输入错误,收银机提示"密码无效按〈清除〉",此时收银员需要按"清除"键,并且重新输入当日密码)。

(2) 收款模式:收款模式分为非收款状态和收款状态两种。当收银员登录或一笔交易进行完毕之后,收款机自动进入非收款状态,在非收款状态下是不能进行收款工作的,收银员必须敲"回车"确认键进入收款状态才能进行收款工作。

(3) 数量:收银员直接录入商品条形码时,收款机默认的数量为"1",当录入的商品数量多于"1"的时候要在录入商品条形码之前敲入商品数量,然后按"数量"键,再录入商品条形码或货号。

(4) 重复上次:"重复上次"键用来重复上一次的销售。例:收银员录入5个"可口可乐",此时按"重复上次"键,收款机将再增加5个可口可乐("重复上次"键只能在销售过程中使用,并且重复上一次的操作)。

(5) 小计:使用"小计"键可以在顾客显示器上显示已经录入收款机的商品价值总计。

(6) 取消:"取消"键可取消一次操作。如:取消商品、总计等功能键。

取消商品:收款过程中,收银员如果想取消某一个已经录入的商品时,按"取消商品"键(收款机提示:请选择取消的商品或按取消键),再用"向上一行""向下一行""向上翻页""向下翻页"四个键,选择所要取消的商品,并按"取消商品"键,收款机提示"是否要取消商品(Y/N)?"确定取消此商品时,按"回车"确认键,反之按"取消"键。

(7) 清除:"清除"键主要清除输入错误,前提是在没有按"回车"确认键之前。如收银员把"39"错输为"29",在没有按"回车"确认键之前,按"清除"键可以把"29"清除掉。

(8) 总计:此键只在结账时使用。

(9) 向上翻页/向下翻页/向上一行/向下一行:这四个键用来切换选项。

资料来源:操阳、李卫华,《连锁经营实训》,东北财经大学出版社,2008

三、收银注意事项

1. 收银员进入财务部领取备用金之前身上一律不许带现金;

2. 收银作业区域非当值收银员一律不得入内（打包人员和前台操作处理人员除外），除节假日、活动期间、购物高峰期间一律禁止专人打包（防损人员一律不准）；

3. 对打折类商品注意核算好打折后价格和正确打折数据；

4. 除节假日、活动期间、购物高峰期间一律禁止专人打包（防损人员一律不准）；

5. 非特殊原因收银员一律不许擅自离开收银台。离开时必须将相关告示牌（暂停收银）放在收银台上. 离开时间不得超出 3 分钟，收银员出现需要换零钱和处理退换商品情况，可通过员工和防损人员通知相关财务人员进行处理；

6. 收银时必须做到一品一刷，严禁漏刷和错刷商品；

7. 收银时必须查看包装类商品是否相符（例如牙膏、小家电），核对散装商品的价格标签是否与商品一致（价格、品名、重量）；

8. 熟悉采用自编码销售商品的价格和规格，防止出现调换标价签的偷盗情况发生；

9. 与防损人员维持收银区域秩序，防止逃单情况发生；

10. 及时通知相关人员将孤儿商品归位（防损员或营业员）；

11. 为顾客商品装袋的时候注意遵循以下入袋原则：

（1）选择适合物品尺寸的购物袋；

（2）不同性质的商品分开入袋（例如：冷冻品和休闲类别商品；卫生巾、内衣和食品类别商品）；

（3）装袋时候重硬物品放至袋底；正方形和长方形商品放至袋的两侧；瓶装和罐装商品放在袋的中层；易碎品和较轻的商品放在袋的上层；

（4）体积较大商品可用包装绳为顾客捆绑，无包装绳可向顾客解释，让顾客利用商品原有的提口将商品提离商场；

（5）装袋的物品高度尽量不要高过购物袋顶。

12. 收银员在收银过程中应注意加强对大额钞票真假识别，对有怀疑的大额钞票应该以礼貌的方式对顾客解释，因为零钱不够，请他以小额钞票支付。如顾客不愿意，可以以换零的借口让管理人员或员工将该钞票送财务部确认。如是假币交由管理人员或者防损员处理。

三、收银员服务规范

（一）仪表仪容规范

1. 收银员上岗前须化淡妆，头发梳扎整齐，不戴夸张耳环、首饰，按着装规范穿着制服。

2. 收银员站立收银台应姿势端正，女生右手搭左手上，两脚脚跟靠拢、脚尖略微分开。男生双手放在身后，右手搭左手上，两脚略微分开，脸带微笑，脸面向卖场，精神饱满。

（二）服务规范

1. 顾客走向收银台时，5 步距离内开始目视顾客，面带自然微笑说：“欢迎光临，请出示您的会员卡。”还卡时微笑说：“谢谢，××先生或××小姐（女士）。”

2. 提醒顾客将东西拿上来说：“麻烦您将商品拿上来。”

3. 商品放置在收银台注意其高度，玻璃及易滚动物品应固定好，避免由于输送造成破碎、损伤。

4. 商品输入确认应以打印声为准，防止遗漏。同时，应防止在扫描时因不必要的动作，重复扫描，造成顾客麻烦、抱怨。

5. 手工输入商品条码或货号时，应三指(食、中、拇)并用，做到准确、迅速。

6. 商品价格输入后，出现总金额，收银员说："一共××元。"顾客付钱时，收银员双手接钱，点清后说："收您××元。"

7. 顾客付款前，帮顾客装袋，并按食品与非食品，热食、冷食、熟食、生食的划分原则装袋。

8. 将收取的纸钞用验钞机检验。若遇伪钞嫌疑，应请顾客更换一张，避免发生冲突；

9. 找零及发票单以双手递至顾客手上，并唱票，说："找您××元，这是您的发票，谢谢光临。"

10. 每台收银机准备两块抹布，一块干抹布，一块湿抹布，挂在放置马夹袋的挂钩上。每结完一位顾客后迅速擦拭机台，保持机台台面清洁干燥，每日午餐、晚餐时，清洗抹布。

11. 被安排离机时，应将暂停牌放在收银台上，然后继续为放置在暂停牌前的顾客结账，并且对后面结账的顾客致歉，主动介绍到附近的收银台，使用语："对不起，请您到×号收银台结账好吗?"如顾客不愿意，则给顾客结完账，不得造成顾客埋怨。

(三) 顾客交谈礼仪

1. 顾客至收银台结账时，收银员应热情主动，像与家人聊天一样与顾客交谈。

2. 当顾客在卖场购物感到很满意或提出建议时，收银员应表示谢意。

3. 当顾客对公司规章表示不满或异议，应在顾客面前谦恭有加，让他们感到轻松自在，使其购物经历成为愉快的回忆。

(四) 突发状况处理规范

1. 结账时，顾客不慎将东西打破：收银员应首先询问检查顾客有无受伤、受惊。若有伤害，即刻通知账管中心优先协助处理。若无，再询问顾客是否要再去取一瓶并通知清洁人员处理。事后告知账管中心记录并通知营运部门做库存调整。

2. 当顾客会员卡的卡号无法输入时，收银员应请顾客至账管中心，由账管中心人员处理；账管中心人员查询锁卡原因，若为挂失卡则收回，其他原因由账管中心人员按会员资料修改流程办理。

3. 结账时，顾客钱款不够时，收银员应告知顾客卖场有提款机，可提款结账。若顾客有银行卡并愿意提款，收银员在没有按确认键时，可删除品项，待顾客取完钱后再结账。若已按确认键，可取消交易(由账管课长同意)。

4. 若顾客没有银行卡，在尚未按确认键前，可删除品项；若已按确认键，则须取消交易，重新算好总价结账。

5. 结账时，顾客对结账后的总金额有疑问，要求先看明细再付款或重新结账，收银员应告诉顾客，结账后会将明细表交给顾客核对，如有疑问至账管中心核实有误后会退款给他(她)，故请顾客先付款结账，以加速其他顾客的结账速度，避免影响他人结账。

6. 结账后，顾客发现所找的钱短少又回来索要时，如果在结账时明确说明“收您××元，找您××元”便可以减少这类事件。但如果仍发生，一时无法解决，则通知账管中心人员协助处理。首先由账管中心人员做解释工作，告知顾客钱钞当面清点。如顾客不能接受，可由账管中心人员列印日结报表与收银员的钱款核对，如确实有多，交还顾客并道歉，如没有则向顾客解释。

7. 顾客发现价格差异时，收银员应先道歉，再解释处理方法，最后请问顾客要不要该商品，如要则先结账，再请顾客至账管中心处理（先输入原发票号，列印发票或送货单，再于新发票或送货单上注明原货号、原价及新价，顾客签名为凭）。如顾客不要则删除该商品。

8. 打印机卡纸时，收银员应作废登记，请账管中心人员在留底联填上发票号码签名，请顾客至账管中心重开发票。

9. 顾客欲向收银员换钱时，收银员应请顾客至服务台更换（结账机台上严禁换零钱给顾客，以确保安全）。

10. 电脑收银机出现故障时，应立即通知电脑资料作业人员协助处理。

11. 零钱不足时，首先，收银员应尽量动员顾客配合，收取货款或请其他机台支援调配；其次，到账管中心兑零。

项目三　退换货处理

一、退换货概述

退货是指顾客在购买商品后的一定时间内，对确有质量问题的商品要求商家给予退掉商品和退还等价现金。

换货是指顾客以某种理由要求商家予以更换商品，或商家对顾客购买的有质量问题的商品按国家有关法律作换货处理。

零售企业常见的退货类型主要有两类：实物退货及收银差错造成的退货。

二、退换货流程

（一）实物退货的流程

实物退货存在两种情况：一种是顾客将前期购买的商品带至门店退货，门店需要支付现金给顾客；另一种是收银员将商品录入电脑，并完成结算，顾客突然提出不再需要其中的某件或几件商品，在这种情况下，门店也应参照实物退货的流程进行。

退货的基本流程包括：受理顾客的商品、凭证——听取顾客的陈述——判断是否符合退货标准——同顾客商量处理方案——决定退货——判断权限——填《退货单》收回票证——现场退现金——退货商品的处理等。详细流程如下所示：

1. 受理顾客的商品、凭证：接待顾客，并审核顾客是否有本店的收银小票或发票、购买时间、所购商品是否属于不可退换商品。

2. 听取顾客的陈述：细心平静地听顾客陈述有关的抱怨和要求，判断是否属于商品的质量问题。

3. 判断是否符合退换货标准:结合公司政策、国家的法律以及顾客服务的准则,灵活处理,说服顾客达成一致的看法,如不能满足顾客的要求但顾客予以坚持的话,应请上一级管理层处理。

4. 同顾客商量处理方案:提出解决方法,尽量让顾客选择换货。

5. 决定退货:双方同意退货。

6. 判断权限:退货的金额是否在处理的权限范围内。

7. 填《退货单》收回票证:填写《退货单》,收回顾客的收银小票或发票。

8. 现场退现金:在收银机现场作退现金程序,并将交易号码填写在《退货单》上,将退货小票与收银小票或发票钉在《退货单》上,以备待查。

9. 退货商品的处理:将退货商品放在退货商品区,营业结束后经防损员复核返回楼面。

小资料

退货单(样表)

表 5-2　×××××超市商品实物退货单

店名:________　　退货日期:____年__月__日　　接待人:________

品名	条　码	规格型号	单位	数量	单价	金额	退货原因
合计金额(大写):　千　百　十　元　角　¥:__________							

原发票:无(　);有(　)　　编号__________　　原购买日期:____年__月__日

(二) 换货的流程

换货的基本流程包括:受理顾客的商品、凭证——听取顾客的陈述——判断是否符合换货标准——决定换货——填《换货凭证》——顾客选购商品——退换货处办理换货——填《换货单》收回票证——换货商品的处理。详细流程如下所示:

1. 受理顾客的商品、凭证:接待顾客,并审核顾客是否有本超市的收银小票或发票、购买时间、所购商品是否属于家电商品或不可退换商品。

2. 听取顾客的陈述:细心平静地听顾客陈述有关的抱怨和要求,判断是否属于商品的质量问题;

3. 判断是否符合换货标准:结合公司政策、国家的法律以及顾客服务的准则,灵活处理,说服顾客达成一致的看法。

4. 决定换货:双方同意调换同种商品或同类商品甚至不同商品。

5. 填《换货凭证》:填写《换货凭证》,顾客凭《换货凭证》到服务中心换货。

6. 顾客选购商品：顾客凭《换货单》的一联，到商场选购要更换的商品。

7. 退换货处办理换货：在收银机现场作换货程序，实行多退少补现金法。

8. 填写《换货单》，收回票证，并将换货小票粘贴在《换货单》上，以备后查。

9. 换货商品的处理：将换货商品放在换货商品区，营业结束后经防损员复核后返回楼面，如换货商品是生鲜食品，应立即返回楼面，并在《换货凭证》上注明。

三、退换货细则

（一）退换货期限

一般商品，15 天内能出具购物小票，外包装完整，不影响二次销售，均可退换货。如该商品有赠品的，在退货时须将赠品一并交回。

（二）特殊商品说明

1. 下列商品如无质量问题一般不予退换：

① 生鲜食品。

② 保质期低于 15 天的定型包装食品。

③ 冷冻、冷藏食品。

④ 保健食品。

⑤ 烟、酒。

⑥ 贴身衣物（如：内衣、内裤、袜子等）。

⑦ 已经修改的服装。

⑧ 化妆品、计划生育用品、药品等。

⑨ 电池、胶卷、油漆、灯泡（管）、电动工具。

⑩ 音像制品及软件。

2. 电器类商品：按照国家"三包"规定执行。

3. 鞋类商品：按照鞋类商品"三包"规定执行。

4. 其他未涉及事宜按国家有关法律规定执行。

项目四　广播管理

一、门店广播的重要性

门店的广播是企业和门店的形象代言人，是消费者了解企业和门店的窗口。门店广播的重要性体现在以下几个方面：

1. 门店的广播可以为消费者提供更加周到和完善的服务。比如广播音乐，可以为顾客提供优雅舒适的购物环境，使消费者以轻松、愉悦的心情购物；通过广播寻人或提醒顾客注意安全，可以使消费者感受到方便、安全，提高消费者满意度。

2. 门店的广播可以提供促销信息或新品上市信息，既可以使消费者及时了解门店商品经营动态，方便消费者购物，也可以增加门店的商品销售量。

3. 通过门店的广播可以快速通知员工工作信息，提高门店经营效率和服务质量。

二、常见的超市广播形式

以下是超市常见的一些广播形式和广播参考用语：

（一）开店广播：

亲爱的顾客朋友，早上好！

欢迎光临×××店，本店全体员工将以饱满的热情和周到的服务迎接您的到来，愿您开心而来，满意而归，希望我们的服务能给您带来好的心情，祝您在购物期间能度过一段轻松愉快的时光！再次感谢您的光临！

（二）服务广播

亲爱的顾客朋友，早上好！

欢迎光临×××店，本店全体员工将以“顾客第一”的服务理念，为您购物带来全新的感受，我们将更加努力为您提供更多的方便，若有不到之处，敬请在服务台留下您的宝贵意见和建议，祝您购物愉快！谢谢！

（三）提醒广播

亲爱的顾客朋友，您好！

欢迎光临×××店，为了保护您的合法权益，同时也为了我们更好地开展服务工作，请您在付款时向我们的收银员索取收银发票，并仔细核对您所购买的商品。另外，本店还设有未付款提醒系统，请您在出门前勿忘付款，感谢您对本店工作的支持，祝您购物愉快！谢谢！

（四）安全关播

亲爱的顾客朋友，您好！

欢迎光临×××店，为了您有一份愉快的心情，真诚地提醒您在购物时，请您妥善保管好自己随身携带的钱包、手机等贵重物品。请勿将手提包、手机、公文包等放在购物车、购物篮内，以免给您带来不必要的损失，并请您看管好自己的孩子，谨防走失，不要让小朋友独自站在购物车上。感谢您对本店工作的支持，祝您购物愉快！谢谢！

（五）紧急情况疏散顾客广播

亲爱的顾客朋友：

本店很抱歉地通知您，因接到紧急停电通知，本店将提前结束今天的营业。请您在本店员工的指引下，从最近的出口离开。如果您尚未结束选购，欢迎您在本店恢复营业后继续光临。我们对由此给您带来的不便深表歉意。

（六）公益广播

亲爱的顾客朋友，您好！

欢迎光临×××店，为了您和他人的健康，本店全体员工真诚地提醒您，请您不要在店堂内吸烟、吐痰、乱扔瓜果杂物，让我们保持一个良好的购物环境，谢谢您的合作，祝您购物愉快！谢谢！

（七）故障广播

亲爱的顾客朋友，您好！

本店收银系统临时发生故障，暂时无法为您服务，工作人员正在抢修，我们对由此给您带来的不便深表歉意！感谢您的谅解与支持！

（八）促销广播

亲爱的顾客朋友，您好！

欢迎光临×××店，凡在本店一次性购物满99元，均可至服务台凭购物小票领取×××物品，数量有限，赠完为止，欢迎您前往选购！

亲爱的顾客朋友，您好！

欢迎光临×××店，为了答谢顾客朋友长期以来对本店的支持与厚爱，我店于×月×日推出×××特价品，品种丰富齐全，欢迎顾客朋友前往选购！

（九）关店广播

亲爱的来宾朋友，晚上好！

本店全天的营业时间即将结束，请您带好选购的商品至收银台结账，临走时，别忘了取回您所寄存的物品，再次感谢您的惠顾，欢迎您下次光临！

【模块小结】

1. 顾客投诉的类型：(1) 对商品本身的抱怨投诉。(2) 对服务质量的抱怨投诉。(3) 对服务质量的投诉。(4) 对购物环境的抱怨投诉。

2. 顾客一般投诉类型：(1) 至服务台或收银台当面投诉。(2) 电话投诉。(3) 通过门店意见簿投诉。

2. 处理顾客重大投诉时，门店必须谨慎处理，及时启动事前制定的预案，力争将顾客的损失和对门店经营的不利影响降到最低。

3. 收银工作流程分为营业前、营业中和营业结束后。

4. 收银员服务规范要注意：仪容规范、服务规范、与顾客的交谈礼仪、意外突发状况的处理规范等。

5. 退货的基本流程包括：受理顾客的商品、凭证——听取顾客的陈述——判断是否符合退货标准——同顾客商量处理方案——决定退货——判断权限——填《退货单》收回票证——现场退现金——退货商品的处理等。

6. 换货的基本流程包括：受理顾客的商品、凭证——听取顾客的陈述——判断是否符合换货标准——决定换货——填《换货凭证》——顾客选购商品——退换货处办理换货——填《换货单》收回票证——换货商品的处理。

7. 特殊商品的退换货要遵循国家法律法规和总部各项规章制度。

8. 广播管理对门店经营的重要性以及一些常见的广播形式。

【关键术语/关键词】

投诉　收银　退货　换货

【知识链接/拓展阅读】

家乐福：收银排队解决方案创新

企业简介

年营业额超过800亿美元的全球第二大零售集团——法国家乐福集团，其主要经营业态包括大卖场、超级市场、折扣店等，其9 000多家门店遍布全球。在家乐福的手册中写道："我们的使命：我们所有的努力就是为了让顾客满意。我们的主要活动就是通过对商品及品质的选择和提供最佳价格，来满足顾客的多变需求。"

创新原因

众所周知，超市不像百货店，顾客与营业员少了面对面接触的机会，因此收款台收银员的服务质量就很关键。调查显示，收银排队等待、收款员态度不好和因扫描设备问题而耽误时间是影响消费者购物情绪的主要因素。有64.7%的顾客认为，在超市不愉快的购物经历主要由收款队伍太长引起的。那么究竟该设多少收款台？设置、开通多少收款台最经济合理，又能满足顾客需求呢？调查显示，排队长度如果超过3人就难以容忍的顾客占45.4%，另有40.5%的顾客容忍长度为6人。换言之，如果一个收款台排队顾客超过6人时，商场不能及时采取有效措施，顾客就有可能丢弃商品，放弃购买，因此提高收款速度，合理安排收银台，防止收款员因过度紧张疲劳而怠慢顾客，是当前超市改进服务质量的重要环节。

创新做法

作为一个全球知名的零售企业，减少顾客购物的收银排队时间，优化顾客服务水平并减少收款台的压力，是他们追求的目标。家乐福与德利多富公司合作进行了收银解决方案的创新。此方案集成家乐福现有的收银软件，通过技术创新，从而达到总体拥有成本最低及快速实施的目的。

操作流程：

1. 扫描顾客采购的商品条码

当卖场排起长队的时候，店员或者销售助理带着PDA手持数字终端走到排队的顾客面前。销售助理用数字终端逐个扫描顾客采购的商品条码并把商品打包封口。

2. 产生唯一性的扫描批次号码

从便携式的打印机预先打印出唯一的批次号码交给扫描打包后的顾客，这张小票仅仅显示批次号码而并不显示顾客采购的详细商品信息。

当销售助理在为排队顾客预先扫描商品的时候要求提供唯一的批次号码，顾客的身份证号码可以作为唯一的批次号码使用。

3. 客户带着唯一的批次号码和采购打包好的商品走到收银台付款。

4. 收银员在收款台扫描批次号码而不需要再次扫描商品就可以获得该顾客采购的商品信息及价款总额。

5. 从CALYPSO POS系统重新找回预先扫描的商品信息数据。

销售助理用数字终端之前扫描的商品信息及唯一批次号码通过无线网络自动更新到

CALYPSO 服务器并随时可以被 POS 收银端找回调用。

6. 付款后，销售小票包括详细购物信息将被打印出，客户完成购物并减少购物的等待时间。

创新结果

通过实施这套系统，明显减少并缩短了客户购物结账的等待时间，从而达到顾客“开心地来，满意地回”的结果，其他多项直接或者间接的收益包括：

1. 减少重新布局收款台的时间。

2. 系统具有非常大的灵活性，包括支持店外的促销付款。

3. 减少人力成本。因为有更灵活、简单的人力配置，当出现排队现象的时候，任何店员都可以使用此系统去解决问题。

4. 增加店内的销售额和生产力。

5. 改善顾客服务水平和购物体验。

结果点评

这个创新案例在家乐福新加坡的超市中得到了成功的应用。这是一个利用新的信息技术，根据顾客需求，提供全面、周到的服务。大大节省了顾客的购物时间，改善了顾客的购物环境。

资料来源：超市周刊 http://www.cszk.com.cn

自测评估

1. 简答题

(1) 顾客的投诉有几种常见类型？

(2) 处理顾客投诉的原则有哪些？

(3) 简述处理顾客投诉的流程。

(4) 简述收银工作的主要步骤。

(5) 有哪些类型的退换货处理，具体流程是怎样的？

2. 案例分析

昨日下午 4 时 20 分许，李先生肩挂自己的数码相机前往某某电器连锁店，想看看这里的电器。当他进到一楼的时候，既没有看到不准带相机的告示，也没有人对他说不允许带相机的话。就在李先生看有关促销的宣传内容时，从后面过来两名男子，不等李先生反应过来，那两名男子就厉声质问他是不是在偷拍。李先生明确告诉那两名男子自己没有拍照，孰料那两名男子仍不依不饶，非要让他交出相机，并威胁他：“如果不交，今天就不能离开商场。”李先生在两名保安的“护送”下，被“请”到了一间办公室——某某电器客服中心。在办公室里，无论李先生怎么说，怎么解释，两名保安和另外一名员工，都一口咬定李先生就是拍照了，而且是在窃取商业机密。李先生说：“如果我拍了，可以扣我的相机，也可以送到公安机关。”当面对李先生“没有禁止拍照的告示或说明”的反驳时，该店的员工却口口声声说他们有“禁止拍照”的规定，但当李先生要他们出具这些规定时，他们却支支吾吾拿不出来，还语气生硬地冲着李先生说：“凭什么要给你看。”“既然你们拿不出，我只好先走了。”李先生说。但是该店的员工说必须查看相机里的照片，否则就不许李先生离开。“他们拿过我的相机，一幅一幅地进行察看。当发现相机里的确没有店里的照片时，他们才罢休，同意我离开连锁店。但‘待遇’是后面依然跟着两名保安！”李先生事后回忆到。后来，李先生起诉某某电器连锁店侵犯其权利，如果你是该店店长，将怎么处理此事？

（资料来源：操阳、李卫华，《连锁经营实训》，东北财经大学出版社，2008）

【实际操作训练/技能实训】

1. 实训目的：能根据对实训门店的观摩实训，了解顾客投诉处理、收银和退换货的一般流程以及技巧。

2. 实训环境：校内实训超市或与学校有合作关系的零售企业的某个门店。

3. 实训步骤：第一步，老师布置安排实训任务，提出实训要求，并强调实训纪律。第二步，由企业收银主管对学生进行简单岗前培训之后，在企业收银台进行全天候顶岗实习，实战锻炼。第三步，安排学生到门店客服部门或客服台、收银台现场观摩门店员工如何处理顾客投诉，在得到实训门店同意的情况下，在门店客服台进行全天候顶岗实习，处理顾客一般投诉接待。

4. 实训要求：

第一，服从实训门店要求。

第二，遇到突发情况，需要及时向实训门店带队负责人反馈，切忌私自处理。

模块六　促销管理

【学习任务】

1. 了解连锁企业门店主要的促销方式。
2. 掌握每种促销方式对销售的促进。
3. 掌握 POP 和 DM 方式的使用。
4. 掌握促销工作流程。
5. 掌握对促销效果的评估。
6. 掌握促销人员的管理和培训工作。

导入案例

金鹰精品超市的促销方式

在零售行业竞争激烈的状况下，金鹰提出了全生活中心概念。为了吸引人气，金鹰精品超市引入了一系列的促销方式。

1. 限时抢购

对于新引入产品和重点推荐产品，设置有限数量，进行超低价供应，在限定的时间里进行限时抢购，这类产品多数是人们日常生活比较需要产品或者是应季产品。如南京记忆酸奶、有机大米、中秋月饼等利用金鹰的掌上金鹰平台进行限时抢购，都取得了很好的关注度，也吸引人们后期持续关注该类产品。而且因为限时特点，对产品的价格变动大家接受程度较高。

2. 主题促销活动推广

在周末、节假日、周年庆典等日子，举行主题促销活动，通过主题促销推出不同系列促销产品。在主题促销期间，吸引具体品牌供应商加大推广力度，进行主要产品促销推广。

在国庆节期间，金鹰超市举办了"寻味云南，云南美食节活动"，通过"用一个故事换取金鹰超市云南美味"的活动，把人们对旅游中美景的关注和美食很好地结合，带动大家参与的积极性。同时也吸引了爱吃的人们对金鹰超市推出的美食的关注。

在每年万圣节之际，举行"奇趣万圣，金鹰超市狂欢主题促销"，推动万圣节相关产品销售的同时，也带动了超市内其他类产品购买需要。

3. 满赠活动

为了鼓励顾客多消费，金鹰超市根据顾客的平均客单价来进行设定满赠促销方案，赠送小礼品或者是现金券。

4. 试吃试用活动

金鹰超市新引进的一些日常用品，供应方会组织试吃或试用。通过试吃、试用来让顾客增加对产品的认知。某布丁品牌初进入金鹰超市时，厂家在热销情景下为了更进一步地让更多顾客了解该产品，于下午人流高峰时期，组织了试吃活动，起到了很好的宣传推广作用。

5. 超市内便捷就餐区设置

为了让购买鲜食顾客能够品尝到最佳口感，金鹰超市在超市内设置了就餐区，顾客购买后就可以直接在超市内品尝，而且也增加人们在超市的停留时间，提高了对其他产品的购物兴趣。

6. 美食实验室

金鹰超市会定期组织美食实验室，向VIP客户教授美食制作方法。比如在传授如何制作煎牛排的同时，还提供“买到一定额度，提供上门煎牛排”服务，或者是现场煎烤服务。

资料来源：根据企业实操整理改编，作者：李冬梅

［问题］

1. 金鹰超市促销有什么特色？

2. 金鹰超市的全生活体验概念，让你对未来连锁超市的促销有什么启示？

项目一　促销概述

一、促销含义

连锁企业的促销策略是由连锁企业制定的旨在促进商品销售数量而采取的一系列措施的总和，它不仅能使促销商品的销售业绩有很大的提升，同时通过促销活动还可以增进企业和消费者之间的了解，强化企业与消费者之间的互信关系，突出品牌特色，进而达到提升企业形象，增强竞争力的目的。

连锁企业促销是指对现有和潜在顾客，运用各种积极的方式，告知、劝说、提醒、吸引他们，并进而刺激其购买需求，以增进连锁企业各类商品销售的一系列传播沟通活动。连锁企业运用较多的促销手段包括广告宣传、营销推广、公共关系及其他相关的促销手段，如外送服务、免费停车、优惠券的使用等。

企业促销作为在特定时间内，企业以某种实惠、某种利益或某种机会作为短期诱因，诱导和鼓励消费者达成购买行为的活动，有其鲜明的活动特征：

1. 即期效应明显。促销是企业在特定的时间内向消费者提供特殊的优惠购买条件，因而能给消费者以强烈的激励购买作用。只要方式选择得当，销售效果立竿见影。

2. 形式多样。促销既有能给消费者以实实在在优惠的促销方式，如特价、折扣、优惠券等，也有能激发消费者兴趣和参与热情的奖励活动，如赠送、抽奖、竞赛等。这些方式各具特点和长处，企业可根据实际情况加以选用。

3. 持续时间较短。促销是为某种即期促销目标而专门设计的，通常作短程考虑，不像广告、公共宣传等作为一种连续、长期的活动出现。

连锁企业的促销目标以企业经营目标为出发点，主要表现为以下几点：

(1) 在一定的期间内，扩大商店营业额并提升毛利额。

(2) 稳定老顾客并吸引新顾客，以提高来客数。

(3) 及时清理店内存货，加速资金运行周转。

(4) 增加特定商品(如新产品、季节性商品、自有商品等)的销售，以提高客单价(每位顾客的平均消费额)。

(5) 提高企业知名度，提升企业良好形象。

(6) 和竞争对手相抗衡，以降低其各项活动开展后对本企业经营的影响，增强本企业竞争力。

企业在不同时期有不同促销目的，促销目的不同，促销方式也不尽相同，例如为获得广泛的传播效果，宜利用广告促销方式；为获得长期效应，宜采取公共关系促销；为在短时期内击败竞争对手，宜采取低价促销方式等。所以，在制订促销计划时，首先要明确具体的促销目的，这样才能有的放矢，事半功倍。

二、连锁企业促销的类型

(一) 按照时间长短划分

1. 长期性促销。长期性促销活动持续时间一般在一个月以上，主要着眼于塑造本企业的差别优势，增加顾客对本企业的忠诚度，以确保顾客长期和稳定地来店购物，并且在忠诚老顾客的带动下，吸引商圈的新顾客，提高客流量。

长期促销举例：早晨提前开店时间，晚上延长闭店时间；提供免费停车服务，或凭购物发票提供免费停车服务；设置快速收银通道和无购物通道；晚上 7:00 以后部分商品打折出售；购买大件商品，免费送货上门；水果、鱼肉等生鲜货品直接面对面销售，任意量包装，满足顾客适量购物的需求。

2. 短期性促销。短期性促销的主要目的是希望在有限的时间内，通常是 3～7 天，借助特定主题活动促销，以提高店内来客数量，达到短期内提高营业额的目的。

短期促销举例：圣诞节狂欢，12 月 21 日至 25 日，买指定产品满 39 元即赠圣诞礼物一份，赠完为止；2 月 10 日～2 月 14 日情人节巧克力特卖。

(二) 按促销主题划分

1. 开业促销活动

几乎所有的零售商店在开业期间都会策划一个大型的促销活动。开业促销对任何企业而言都只有一次，顾客是第一次来店，会在心目中留下深刻的第一印象，它将影响顾客的将来购买行为。因为第一印象一旦形成就很难改变，而顾客往往根据第一印象来判断商店的商品、价格、服务、环境等，并将之与竞争店进行比较，进而决定以后的购物去向。所以每家店对开业促销活动都非常重视，如果开业促销策划成功，通常开业时的营业额可以达到平时几倍以上。

2. 周年庆典促销活动

周年庆典促销活动是仅次于开业促销的又一重要活动。因为每年只有一次，而且，供货商对商店的周年庆典也比较支持，会给予商家更多的优惠条件。所以商店一般都会在这一重要时段举办较大型的促销活动，活动范围比较广。如果周年庆促销活动策划成功，其营业额也可以达到平时营业额的两倍左右。

3. 例行性促销活动

除上述的开业和周年庆促销活动外，商家往往还会在一年的不同时期推出一系列促销活动。这些促销活动的主题五花八门，有的以节日为主题，如国庆节、春节、三八节、情人节、圣诞节等；有的以当年的重大事件为主题，如北京申奥成功庆祝活动等，不一而足。尽管这些主题花样繁多，但商家每年都要做相应的促销计划，并且变化不会太大，所以称之为例行性促销活动。而有些超市或货仓式商店每隔半个月就要搞一次促销活动，这均可算在例行性促销活动之列。一般的例行性促销活动期间，营业额会比平时提高2～3成。

4. 竞争性促销活动

竞争性促销活动是指针对竞争对手的促销活动而采取的临时性促销活动。由于目前零售连锁企业蓬勃发展，特别是一些国外大型连锁企业的进驻，使市场竞争日趋激烈，于是价格战、广告战、服务战等促销活动此起彼伏，为了与竞争对手抗衡，防止竞争对手在某一促销时期将当地客源吸引过去，商家往往会针对竞争对手的促销行为推出相应的竞争性促销活动，以应对竞争。

项目二　销售促进方式概述

连锁企业向顾客传播所运用的媒介有五种：广告、销售促进、宣传、店内氛围和视觉营销，以及人员销售。根据我国连锁企业的特点，我们重点介绍前三种促销组合。

一、销售促进

销售促进是在一段特定时间内，向顾客提供额外价值和动力以使他们光顾门店并购买商品。应用一系列具有短期诱导作用的具体促销方式，能刺激消费者需求，促使消费者迅速产生购买行为，对扩大连锁店的知名度、击败竞争对手，特别是在滞销季节扩大销售有相当重要的作用。

连锁企业在使用营业推广促销时，最好综合考虑季节性因素，利用节日庆典、换季或公司纪念日等有利时机进行，同时在一年的活动安排表上，要统筹规划，有张有弛，从而在消费者中不断制造消费热潮，保持永久的吸引力。

表6－1　常见的超市销售促进方式

活动名称	活动方式
特价	对指定类型产品，通过给予大幅度降价优惠，让顾客享受到该类产品的价格优惠。
会员制	通过申请办理会员卡，使顾客成为会员，并向会员顾客提供各种优惠、便利或其他服务。
积分兑换	顾客购买产品达到一定金额即可换取对应的积分奖励，也有的需要收集产品的购买凭证数量来进行累计积分进行兑换。

续表

活动名称	活动方式
抽奖	顾客购买产品后，可以通过收银票据参加抽奖活动，从而获得对应的奖品。
试用、试尝	新产品通常会向顾客免费赠送试用品或者是进行免费品尝，从而让顾客了解新产品的特点。
赠品	通过搭配关联赠品，让顾客购买一定金额的货品，或者购买指定产品享受到额外的赠品优惠。
特惠包装	通过增加产品的容量，使顾客得到比以往更多的实惠。
现金返还	顾客购买达到特定金额后或者购买指定货品达到规定金额后，可以按照规定得到一定金额的现金抵用券。
优惠券	顾客凭发放的优惠券购买指定类型的促销货品即可享受价格优惠；或在顾客购买指定产品后向顾客发放优惠凭证，当顾客持此凭证再次购买相应产品时，会享受到一定数额的优惠。
竞赛	顾客参加某种竞赛，如面点制作比赛、找货比赛、回答有关产品知识的问题等，通过比拼来获得奖品。

小资料

首批优惠券是1895年由亚特兰大的一名叫阿萨·钱德勒的药剂师用手写成，向顾客免费提供一杯软饮料——可口可乐。

山姆会员店是以沃尔玛创始人山姆·沃尔顿的名字命名的会员制仓储商店。这种仓储商店不仅商品种类齐全，而且价格特别便宜，同样的商品在仓储商店比在普通零售店便宜30%～40%，因此大大提高了对顾客的吸引力。山姆会员店销售量大，速度快，库存周转速度有时能达到1年20次。实行会员制可以补偿成本和稳定顾客。山姆会员店的会籍分为商业会籍和个人会籍两类。商业会籍申请人须出示一份有效的营业执照复印件，可提名8个附属会员；个人会籍申请人只须出示其居民身份证或护照，可提名2个附属会员。两类会籍收费统一，主卡年费均为150元，附属卡年费每张50元(以深圳山姆店为例)。简便的入会手续保证了每一位消费者都有成为会员、享受优惠的可能性。山姆会员店目前在美国有443家、中国有2家、其他国家有38家。在中国，深圳的山姆会员店只对会员开放，不对非会员开放。任何团体和个人，只要每年交纳150元人民币，就可成为山姆商店会员，享受会员价格。

二、POP的使用

广告宣传是现代企业最常用的促销手段之一，对连锁企业而言，运用各类广告促销显得更为重要。广告促销是连锁企业运用广告手段向消费者、厂商企业和各类社会机构提供各种商品或服务的信息、传播企业形象、扩大知名度和提高销售额的一种方法。广告能引发顾客的注意、兴趣，激起顾客购买行为。

对于连锁企业门店而言，由于商圈有限，以及成本收益比较，并不是任何广告形式都适合于门店。广告中被门店使用较为广泛的一种形式是 POP，POP 是“point of purchase”的缩写，即为“卖点广告”，其主要用途是吸引消费者关注卖点产品，并带动卖场促销气氛。

（一）POP 的作用

由于 POP 广告符合现代消费者的消费习惯，并且成本低廉、简单快捷，具有其他促销手段所无法比拟的优势，所以在国际零售行业中，担负着商品销售宣传的重要角色。

实践已经证明，POP 广告是连锁企业开展市场营销活动、赢得竞争优势的利器。而且，据美国学者对 POP 广告成本的统计，每千人成本不足 50 美分，从而使 POP 广告的作用较之其他类型的广告更为突出，POP 广告的作用体现在以下几个方面：

1. 吸引顾客注意，引发购买兴趣

POP 广告可以凭借其新颖的图案、绚丽的色彩、独特的构思等形式引起顾客注意，使之驻足停留进而对广告中的商品产生兴趣，唤起消费者潜在购买意识。根据美国 DSB 商业研究机构对美国本土 100 家大型零售商店的研究显示：促销类 POP 的科学应用，可以使商店内单品销售成绩提高 50%～300%，使整体销售成绩提高 30%～100%。在欧美、日本等西方经济发达国家，以及我国香港、台湾等经济发达地区，许多企业通过在终端巧做 POP 广告，使产品销售得到了不同程度的提升。

2. 塑造企业形象，与顾客保持良好的关系

POP 广告是企业视觉识别中的一项重要内容，连锁企业可将商店的标识、标准字、标准色、企业形象图案、宣传标语、口号等制成各种形式的 POP 广告，以塑造富有特色的企业形象。当消费者接触到这些标识时，就会明白它代表哪些企业以及这些企业的经营特色。目前，国内的一些企业不仅注重提高产品的知名度，同时也很注重企业的形象宣传，POP 广告同其他广告一样，在销售环境中可以起到树立和提升企业形象，进而保持与消费者良好关系的作用。

3. 丰富促销手段，传达商品信息

连锁企业可在货架上、墙壁上、天花板下、楼梯口处，将有关商品的信息及时地向顾客进行展示，通过色彩、造型、文字、图案等手段，向顾客强调产品具有的特征和优点，同时，又能凸显产品的特质，起到很好的映衬作用，从而使顾客了解商品的功能、价格、使用方法以及各种辅助服务等信息。商店内的各种 POP 广告传达着广告商品的信息，刻画着商品的个性。

传达商品信息主要表现为以下几点：

① 吸引路人进入店内。

② 告知顾客店内在销售什么。

③ 告知商品的位置、配置。

④ 简洁告知商品的特性。

⑤ 告知顾客最新的商品供应信息。

⑥ 告知顾客商品的价格。

⑦ 告知顾客特价商品。

⑧ 刺激顾客的购买欲望。

⑨ 促进商品的销售。

4. 创造店内购物气氛

随着消费者收入水平的提高，其购买行为的随意性增强，而且消费需求的层次也在不断提高。消费者在购买过程中，不仅要求能购买到称心如意的商品，同时也要求购物环境舒适。商家利用 POP 广告强烈的色彩、美丽的图案、突出的造型、准确而生动的广告语言，既能为购物现场的消费者提供信息、介绍商品，又能美化环境、营造购物气氛，在满足消费者精神需要、刺激其采取购买行动方面有独特的功效。此外，POP 广告能用来配合季节、节假日进行促销，营造一种欢乐的气氛。

5. 促进商家与供应商之间的互惠互利

通过促销活动，可以扩大商店及商品供应商的知名度，增强两者影响力，从而促进商店与供应商之间的互惠互利。

（二）POP 的种类

根据 POP 的使用地点及用途不同，可将 POP 进行如下的分类。

表 6－2　POP 种类及用途

区分	种类	具体作用
店外 POP	店头招牌、商品促销信息的标示	让顾客知晓卖场有吸引力的促销产品信息。
	橱窗的展示、旗帜	促进顾客直观地了解促销活动信息，并提升热销的气氛。
店内 POP	柜台 POP	展示不同促销货品促销卖点。
	传达信息的 POP、服务性的 POP	告知顾客特卖品或新产品上市信息、促销活动信息。
	陈列架的 POP	使顾客易于选择商品、易于了解商品的价值。
陈列场所的 POP	展示卡	可用于家电、酒类、新品等，让顾客清楚促销商品功效、生产商、促销价格等。
	标贴、贴纸	粘贴于陈列架上，使顾客易于了解某种商品放置何处，并可保护产品陈列空间不被其他产品挤占。
	价格卡	表示商品名称与价格，通过原价与现价价差比对，来吸引顾客。

（三）POP 使用中的注意事项

1. 主题突出，多样化

卖场 POP 一定要做到主题明确突出，否则很难让顾客看到并提起购买兴趣。特别是在周年庆、新店开张、节假日等不同时间的促销主题，一定要做到有所区别才能有吸引力。例如一些超市在时间较长的周年庆促销期间里推出几个突出主题，选择不同主推产品来吸引顾客多次进店消费。

2. 日期清晰明确

超市卖场的促销周期比较短，频率比较频繁，所以海报上的促销日期一定要做到清晰明确，促销期过后要及时撤掉。特别是前期做的促销，如果日期没有标明，在后期促销中还未清理掉，很容易产生纠纷。很多超市为了提前进行宣传，过早张贴促销海报，也容易让顾客产生误解。

3. POP 的摆放

POP 广告的摆放，首先要吸引顾客的目光，能够让顾客驻足观看，进而吸引顾客对产品产生兴趣。

(1) 高度适中

促销员要将 POP 摆放在方便消费者关注的高度。过高或者过低，都会影响实际销售。一般来说，主通道堆头大张 POP 的高度底边控制在 1.7 米左右比较合适；悬挂式 POP 悬挂高度通常保持在距离地面 1.8 米左右较为合适，保证不遮挡顾客视线，同时也容易观测到，通常是和商品垂直线的上方，尽量不要挡住商品，否则会影响消费者选择购买；张贴式 POP，张贴的高度在距离地面 0.7～1.6 米的高度范围内比较适合。

(2) 数量适中

POP 广告摆放数量要结合卖场空间，数量保持适度。过多的 POP 广告会让顾客产生压抑的感觉，不利用刺激顾客停留选择购物，过多的 POP 还会遮挡住货品；如果数量过少，会显得卖场冷清，难以起到烘托气氛的效果。

(3) 及时更新

POP 在不同的促销过程应做到及时更新，不同的色彩、别致的图案和新颖的造型都可以很好地吸引消费者关注；在摆放 POP 时注意清洁，保证摆放整齐，防止有污损。

(4) 放置合理

如果把促销品放置橱窗或者货架上，要避免遮住商品：如果把 POP 广告等宣传用品直接贴在商品上，则尺寸应尽量不要遮挡住产品本身，一般粘贴在商品的右下角。

小资料

常用的 POP 有大立牌、大布幔、横幅、促销海报、产品海报、易拉宝海报架、吊旗、角旗、单张、产品证书、机顶台牌等，摆放方法如表 6-3 所示。

表 6-3 常用 POP 摆放方法

POP 种类	主要作用	摆放方法
大立牌	醒目提示品牌，锁定顾客目光	摆放在卖场大门或主要通道口前
大布幔	宣传主要卖点，吸引顾客注意	悬挂于大型商场或高层建筑物外
横幅	宣传促销活动的主要内容	一般悬挂于卖场周围或卖场内的醒目位置
促销海报	发布促销活动的信息	张贴于卖场及户外促销场所
产品海报	传达产品的主要利益	张贴于卖场及户外促销场所，以醒目、有气势为准

续表

POP 种类	主要作用	摆放方法
易拉宝海报架	方便海报的展示	与海报组合,放置于卖场中的醒目位置
吊旗	用于介绍产品的功能特点	保持"一"字形悬挂,使得形象统一
角旗	突出产品的最大功能卖点	悬挂于卖场或促销活动现场
单张	用于介绍产品的功能特点	整齐地放在卖场或促销现场的展台边或产品旁边,也可以用资料架单独陈列,以方便顾客随时取阅
产品证书	向顾客展示产品的品质	获奖证书包括产品获得的各种奖励、各种认证以及各类荣誉等标识,应该放在卖场醒目的位置
机顶台牌	传达产品特点,以吸引顾客注意	通常摆放在样机上方,起到提示作用。

三、DM 的使用

（一）DM 概述

直邮英文简称 DM,超市 DM,通常将主推的重点商品或者特价商品目录制作成彩色海报发放给顾客,用以激发顾客的购物欲望,是一种行之有效的促销手段。通常会选择在指定场所派发,从而送达指定范围的目标消费人群。连锁超市通常利用 DM 宣传超市或企业产品促销活动信息的宣传纸或宣传图册或优惠券,比如特价销售、买赠活动、积分有奖、凭单兑换等类似信息。

（二）DM 使用中的注意事项

1. DM 要带动整个门店商品销售周期

通常卖场促销前通过对商品进行选择,并和供应方进行谈判,以此来组织拟定 DM。一般情况,门店 DM 时间为 14 天,一年会有 24 期,DM 投放周期与超市促销活动、促销主题保持同步一致,可更好地促进超市销售活动,并带动超市促销的周期更换。

2. DM 要更好起到超市导购功能的作用

(1) 促销商品选择要有吸引力

DM 除开始前拟订好的 DM 促销主题外,还需要讨论确定好当期 DM 主推的商品目录。一般日常易耗用品、季节性产品、新产品及高毛利润产品是 DM 设计上首先考虑的品类。

(2) 图案设计有冲击力

DM 上商品如何吸引消费者关注,关键在于 DM 设计的冲击力,除了传统的爆炸花外,关于价格及产品介绍的文字艺术化表现,还有产品拍摄造型的新颖设计都会影响到人们对 DM 上商品的兴趣度。通常 DM 展示为一个产品对应一个价格,如何在众多产品和价格系列中进行有效区分和突出单品特点非常关键。将商品和价格从每个单品到每打商品组中用不同的间隔和突出表现手法展示,来强化感官视觉。

3. DM投递和发放

DM的有效投放会直接影响到进店的顾客数量,通常DM投放多见于超市入口、居民社区、繁华路段,促销卖场内会放在收银台或者是购物车里,也会派专人散发。

在成本增加、盈利减少的状态下,如何把控好DM投递和发放的有效率非常关键,为此需要保证好投递人员的培训及监督管理,对投递的区域需要事先做好调查,做好投递发放的时间管控,以保证将DM精准投放到目标消费人群。

(1) 投递基本要求

保证投递具有真实性,不得人为销毁或变相处理掉DM单,不能进行重复投放,确保每人、每户发放一份,并尽量不要出现在指定区域漏投放DM。

(2) 投递商圈分析

商圈分析,只有充分掌握投递区域的状况(包括商圈内的小区分布图、小区建筑状况、楼层状况、居民消费能力、圈内小区的户数、详细地址、小区环境等)提前做好调查了解,才能够保证投递的DM带动进店消费的顾客数量提升。

项目三　促销流程

一、总部统一促销流程

(一) 促销策划与组织

一般来说,企划部人员促销组负责撰写促销计划。根据年度的促销需要先制订好年度促销计划,同时做好每期主题促销活动的计划;采购部门负责与供应商进行促销谈判,争取到有吸引力的商品配备及特价支持;设计部门负责对促销宣传海报、DM等宣传品、促销品的设计和制作;各门店的店长负责执行将促销活动在负责的店内具体实施,同时配合公司总部对促销情况进行监督、检查、控制;商营部门负责对促销活动中商品价格及质量进行控制、监督和检查,并负责协同具体部门对每期促销活动完成后进行资料收集;企划部事后对促销进行评估,为下次促销策划服务。

(二) 促销活动工作程序

1. 市场分析

企划部门根据信息部门提供的各门店的销售数据,和收集到的顾客、竞争对手的信息以及通过其他渠道收集整理的其他商业信息,进行市场情况分析、近期门店销售状态分析、会员消费状况分析、竞争对手促销状况分析等。

2. 制订促销活动计划

企划部在每次促销活动后,需要进行促销情况总结,并制订好下次促销活动计划。一般来说,连锁集团每月都会组织制订下个月度的促销活动计划。连锁超市的新一年度促销计划制订一般需要在年底前完成,有些外资连锁超市通常会提前在10月份就开始启动新一年度促销整体计划设计。

（1）年度促销计划的内容

年度促销计划制订主要考虑：年度促销活动要达成的销量目标、客户消费的客单价提升、会员维护和发展等目的；根据消费者的消费关注度来设定年度促销活动主题；促销活动的主要内容；促销活动的时间及促销活动主要预算。

（2）每期主题促销活动计划制订

企划部促销策划人员主要根据年度促销计划目标及具体促销情况变化来构思每期活动具体促销计划。在制订每期的主题促销活动计划时主要包含以下内容：

① 促销锁定的目标消费群

集团在促销开始前，需要明确主要促销目标消费群，才能够确定相应的主要优惠方式及优惠力度。比如大润发在周年庆中，锁定的主要消费人群为经常到大润发消费的会员客户，推出的优惠也以会员享受特价印花产品为主要卖点。

② 促销要达成的目标

促销的目标主要有提高销售额、增加销售盈利；增加来客数，增加客单价；加快产品周转；扩大商圈范围；提升竞争力，改善企业形象等。

③ 促销活动的时间

总部促销活动的时间通常关注的是一年中重大节假日及特殊的时间点。

④ 促销内容执行细则

促销活动内容具体执行过程中会涉及促销活动开始前进行的相关行政管理部门宣传备案工作，以及促销活动中所需用具的选择等内容。

⑤ 促销期间具体部门分工与支持

促销活动期间需要企划、信息、商营、采购、安保和防损部、收银、客服等不同部门人员相互做好支持。每个部门的分工要明确，又要相互配合。比如对于企划人员来说如何确定促销买赠力度，需要超市营运管理部门对促销前后的毛利进行确定；信息部需要将电脑系统中的平均客单价、不同品类的客人消费情况进行统计，提交给企划人员；采购人员负责与供应商进行促销条件谈判；安保防损部门需要做好促销期间的货物毁损把控监督及检查；而收银人员需要做好促销产品促销期间的收银工作等等。不同部门工作重点不同，保证促销顺畅进行，并实现很好的业绩需要各个部门相互支持。

⑥ 促销活动各方面工作的具体安排时间表

促销活动各项工作时间进度把控包括控制好促销活动准备及到货时间、促销产品在促销过程中的补货时间把控等具体安排。

⑦ 促销费用预算

总部促销计划制订时，需要根据上一年度同一时期促销活动的开支费用，来制定本年度促销费用预算额度。通常要结合实际经营环境变化因素，包括现在竞争对手情况、消费者消费变化等因素。比如在各大品牌实体店连锁数量扩张、团体客户消费下降、消费者网上购物的冲击下，总部制定的促销费用预算比往年要低，控制好各个促销环节花费是关键，才能降低经营的成本。

⑧ 促销评估方法

促销效果评估的方法可以根据实际需要选择，通常可将促销前后对比法、市场调查法和观察法等综合进行运用。比如:通过观察促销活动期间进店客流量情况来发现促销效果;通过调查对手促销情况来发现与竞争对手促销效果存在的差距;通过前后客单价变化、销售额变化及毛利额变化来发现促销业绩实现情况。

(3) 落实需供应商支持

促销效果的实现离不开供应商的支持和配合,为此需要采购人员在促销开始前做好与供应商的谈判,争取供应商的支持,使得卖场得到更多的促销优惠,促销活动才具有竞争力和吸引力。

① 落实促销商品供应

采购人员要结合市场上消费者关注的产品情况、竞争对手热销的产品系列及卖场销售的情况来组织促销商品谈判供应。尽可能争取供应商提供畅销的产品、性价比较高的产品,并保证促销产品供应足量以防促销期间缺货。

② 申请促销赠品提供

赠品的供应会增加消费者对促销品的选购,所以采购人员要尽力和供应商争取到更具有吸引力的促销赠品供应。

③ 督促促销宣传配合

产品品牌供应商的促销宣传物、宣传道具的提供,可以帮助卖场更具促销气氛,并能够为连锁超市节约促销宣传费用支出。

④ 促销人员安排

具体品牌产品促销需要供应商安排专门促销人员,以保证产品促销更具有专业性和针对性。促销人员供应商可以根据实际直接自己选拔提供给连锁店,也可以申请让连锁店进行统一帮助,按照品牌产品需要进行招聘。要注意的是促销人员应尽可能符合品牌的特色。

⑤ 促销费用承担

供应商为促销活动进行的促销费用承担程度会更好地帮助连锁企业实现促销效果。但是作为供应商来说,负担的促销费用多就意味着品牌产品的毛利下降,为此需要采购人员利用好卖场的货架展示空间、促销产品的卖场销量保证等因素来和供应商进行技巧谈判,尽可能让供应商给予更多促销费用的分担。

(三) 促销实施与控制程序

1. 拟订促销落实计划

促销计划制订后,需要拟定落实促销的细节计划方案。

2. 与促销活动中所需的供应商进行洽谈

在做好供应商支持计划后,还需要实际落实供应商给予的支持力度能够尽可能落实,同时组织促销商品足量并能保证促销商品按时到达各卖场。

3. 设计宣传促销活动中的宣传品、促销品方案

在促销开始前,企划部根据采购部谈判结果,确定宣传的促销产品,及促销活动设计方案。

4. 配送中心对供应商提供的促销商品优先收货,并组织配货

5. 促销活动在各门店店长的组织下进行具体实施

6. 促销商品进行价格调整

落实好促销产品后，根据促销产品最后定价明细来确定价格调整。

7. 整个促销活动的安全及防盗工作控制

促销期间也是货品丢失的高发期，因为人多，安保部门做好促销期间货物的防盗工作，是确保连锁门店盈利的关键。

8. 落实促销活动中供应商促销员的进场和监督考核

促销员的落实和监督考核关系到促销业绩的实现，需要人力资源部门给予重点选拔和筛选，并对促销期间的表现及时监督，保证能够为供应商品牌做好促销工作。

9. 准备和落实促销活动中道具及所需要的相关设备

促销活动中需要的各种道具及相关设备要提前准备到位，保证促销期间促销效果的实现。不同的部门需要根据各个部门对促销道具及相关设备的需要进行准备。

10. 对卖场促销活动商品价格、促销商品质量进行控制、监督和检查

11. 收集每期促销活动完成后的评估用资料和企划促销活动的评估总结

促销效果到底如何，需要在促销活动中及时收集客流量情况数据、客单价数据、购买品类数据等各方面资料，为促销效果客观评价提供支持。

（四）促销过程组织

1. 促销准备

（1）促销宣传准备

促销策划人员负责宣传文案的撰写，明确促销主题及宣传文案内容；寻找宣传品来源，进行促销品宣传制作；与供应商进行谈判，获得供应商赞助；将宣传品具体发放到各门店，同时将供应商提供的赞助宣传品配送到具体门店。

（2）促销商品准备

根据每期主题促销计划组织需要的促销商品。具体在与供应商谈判时要获取供应商在促销各方面的支持，如：买赠、折扣、特价或特殊优惠条件等；落实供应商提供的促销商品、促销赠品及相应的促销赞助费用，与供应商签订促销商品协议；做好促销品向供应商下订单及跟踪促销品到货、收货和配送，保证在促销开始前将促销商品和赠品配送到各门店。

（3）促销人员的准备

一般来说各类产品的促销通常由供应商根据促销需要自主设定促销人员，配合做产品促销活动，并提出促销人员派驻申请。卖场可以协助负责招聘、面试和培训需要的促销人员，并做好促销工号牌和服装的准备，熟悉促销产品及卖场促销活动信息。

（4）促销商品变价的准备

卖场与供应商谈判争取到促销商品的优惠价格和优惠政策后，对电脑系统中促销品类商品进行变价，并根据变价商品清单打印促销商品特价价签；企划人员制作商品特价POP及宣传。

2. 促销活动落实、实施

促销准备结束，在活动开始前进行促销活动会议，落实具体促销计划及明确职责。各门店店长根据促销活动要求负责促销在门店的具体实施，包括促销活动期间对促销商品的重点陈列，突出促销气氛，并对促销商品进行价签更换，POP悬挂，张贴促销宣

传品，告知门店收银员要注意促销商品的价格变更情况，并进行促销活动收银工作指导，确保收银工作无差错等。安保和防损部门注意维护促销现场的秩序，做好现场的安全和防盗工作。

3. 监控、协调

在促销活动期间，门店要随时关注促销活动的进展，对于出现的问题与相关部门协作，迅速进行纠正和改进。对促销活动中的商品价格及质量进行控制、监督和检查，及时发现问题，及时纠正；关注促销期间每天促销商品销售报表，为促销活动的效果分析和及时调整提供充分的数据支持。

二、单店促销流程

连锁企业的促销一般由总部策划，门店主要按照总部的策划具体执行，但有时门店也会根据自身商圈特点进行单店促销。单店促销主要有三种情形：店庆促销活动、应对竞争促销活动，及其他类型促销活动。

（一）促销活动的策划

门店在总部下发的年度促销方案之外，可补充制订本店自行组织的促销活动计划。门店的促销活动方案中，店庆、单店印刷 DM 等较大型的单店促销活动以及多店联合促销活动方案，需提前确定。

促销活动方案应明确以下内容：

（1）促销活动背景：一般为组织本次促销活动时门店的经营状况、商圈情况、竞争对手情况等。

（2）促销活动目的：一般为客单价的提升、客流量的增加、提升某品类商品销售、社区关系的改善、提升门店形象等。

（3）促销主题：指促销活动的宗旨，促销活动一般是围绕着主题来开展相关的活动。

（4）促销活动时间：是指促销活动开始至结束的时间段。

（5）促销地点：指促销活动实施的场所。

（6）活动内容：包括促销的方式、促销的商品或主题内容，以及如何开展促销活动的方式方法等。

（7）宣传方式：一般包括发放 DM 单；由营销策划部设计、制作的店内吊牌；店外拱门、巨幅喷绘、氢气球等；利用店内广播、分众传媒宣传各项活动信息；员工对活动进行口头宣传等。

（8）总部支持：指活动实施需公司相关职能部门配合、协助的事项。

（9）部门分工：指活动实施门店各部门的分工。

（10）促销预估：本次促销对销售提升的预测，预估客流、客单、销售、毛利额等的达成目标。

（11）费用预算：即预计本次活动的物料、赠品费用及来源。

（二）促销方案的审批执行

单店促销必须上报总部，总部审批同意后方可执行。具体流程如下：

（1）门店在规定的时间将促销方案报至总部。

(2) 总部对活动方案进行审核。

(3) 总部将审批后的活动方案送至营销策划部门。

(4) 相关部门按照活动方案的内容给予相关支持。

项目四　促销注意事项

一、促销活动效果评估

促销活动结束后，需要对促销活动的情况进行总结，评估促销整体效果、总结成功经验并为后期改进提供建议。

(一) 评估促销结果

促销活动结束之后，促销员要根据促销策划时制定的促销目标对促销活动进行评估。

1. 需要评估的内容

对促销活动效果评估的内容如表 6-4 所示。

表 6-4　促销效果评估表

项目	内容	衡量指标
产品销售情况	产品销售量增长	产品的销量增加、产品销售额增长度、市场份额扩大、预期销售目标实现度
消费者购买行为	通过促销活动可以改变消费者购买量，并提升对卖场和产品印象	新顾客购买、竞争品牌顾客购买、顾客重复购买、顾客忠诚度和满意度提高、单次购买量增加、购买频率增加、提前购买时间
供应商影响	通过促销活动可以提高供应商产品销量，提高对卖场支持	产品销量增长情况、供应商对产品销售的支持情况
卖场销售人员参与情况	卖场人员对卖场产品管理能力和对销售的积极参与度	销售人员的工作态度、对产品管理的能力增强、掌握更多产品知识、销售技巧的提高等

2. 评估资料的取得

为了对促销活动成果进行评估，促销员需要收集各方面的资料，并对它们进行对比分析。具体来说，需要的资料及取得途径如表 6-5 所示。

表 6-5　促销活动评估资料取得方法

资料内容	取得方法
产品销售及金额、促销商品销售量、客单价、来客数、发放赠品/礼券数	由信息部根据电脑销售数据统计得出
顾客对产品印象、顾客对产品满意度、卖场整体营业额、顾客对促销活动满意度等	通过售后退换货情况和对顾客的回访获得
促销活动对产品销售的长期影响	通过后期销售资料统计获得

3. 对资料进行分析

通过销售数据及其他相关资料的收集整理，可以对促销前、促销中、促销后的各种数据进行分析，了解促销活动效果如何。

(1) 通过对卖场具体产品平均日销售量的分析，可以得出促销活动对具体产品销售的影响，并可了解顾客对品牌选择及产品品类的接受度。

(2) 通过卖场销售量比较情况的分析，可以了解促销的实施效果及顾客对卖场促销的反应。

(3) 通过对竞争对手的销量进行分析，可以得出促销活动对竞争对手的影响，及竞争对手促销情况效果。

(4) 通过各卖场营业额的变化，可以得出促销活动对各卖场的销售影响差异。

(二) 总结经验并提出建议

促销活动结束后，根据促销活动的评估结果，对于达成或超额完成的促销目标，总结出成功的经验，为以后的促销活动提供参考。

对于促销活动中未能达成的促销目标或促销活动中存在的不足，认真分析原因，并提出改进建议。可以按照表 6-6 中所示的内容，对促销活动的各个方面进行总结。

表 6-6　促销活动总结表

活动主题		活动内容	
活动日期		活动地点	
促销活动效果的总结分析	活动主题	对活动主题的评价	非常好　较好　一般　不理想　极差
		原因分析	
		改进意见	
	活动形式	对活动形式的评价	非常好　较好　一般　不理想　极差
		原因分析	
		改进意见	
	活动时机	对活动时机的评价	非常好　较好　一般　不理想　极差
		原因分析	
		改进意见	
	活动地点	对活动地点的评价	非常好　较好　一般　不理想　极差
		原因分析	
		改进意见	
	人员表现	对人员表现的评价	非常好　较好　一般　不理想　极差
		原因分析	
		改进意见	

续表

促销活动效果的总结分析	准备工作	对准备工作的评价	非常好　较好　一般　不理想　极差
		原因分析	
		改进意见	
	执行过程	对执行过程的评价	非常好　较好　一般　不理想　极差
		原因分析	
		改进意见	
活动效果的总体评价			非常好　较好　一般　不理想　极差

（三）撰写总结报告

促销活动结束时，应根据促销表现，提出促销总结报告，找出本次促销活动过程的经验及不足，也为后期促销活动提供改进建议。

1. 了解报告内容

总结报告是对促销的整个过程及结果的描述与总结，它的内容应该包括促销的准备工作、促销的执行过程、促销活动的成果以及促销预算使用情况等总结，具体需要撰写的内容如表 6-7 所示。

表 6-7　促销总结报告内容

项目	总结内容
活动概述	促销活动的主题、内容、时间、地点设计及影响如何
准备工作的总结	① 促销活动物料准备是否完备 ② 促销活动人员安排情况是否到位及参与情况 ③ 促销活动宣传情况是否存在问题 ④ 促销活动现场布置情况是否具有吸引力
执行过程的总结	① 参加活动人员的工作情况是否积极 ② 参加活动人员的相互配合情况是否协调 ③ 活动现场控制情况是否妥当
活动预算的总结	① 促销活动预算及使用情况是否控制得当 ② 是否有费用节余，促销同比增长与否 ③ 超出预算费用有多少
活动效果的总结	① 促销活动取得的效果，客流情况如何，销售业绩如何 ② 促销活动中存在的不足主客观原因 ③ 提高促销活动效果的改善建议

2. 撰写总结报告

撰写促销总结报告时，需要注意以下三个问题：

(1) 内容要完整

总结报告要结构完善、内容完整，能够清楚地描述促销活动的各个环节，反映出促销活动中出现的各种问题。

(2) 语言要简练

促销总结报告在语言表达上力求简明扼要，使人容易理解。对重点问题应进行详细描述；对一些不重要的问题简略描述即可。

(3) 条理要清晰

促销总结报告的条理要清晰，先对促销活动的各个过程进行描述，总结活动成果，然后再对不足之处加以分析，并提出相应的解决方法。

(4) 建议要有可操作性

促销报告最终提出的意见或建议，不能空泛，要具体、细致，具有可操作性。

小思考

你认为连锁企业总部统一促销和单店促销在促销效果评估时的侧重点一样吗？

二、建立相关档案

（一）进行信息收集

1. 收集顾客信息

在促销过程中应该尽可能收集整理顾客的信息，需要收集的顾客信息包括以下两个方面。

(1) 顾客的个人信息，包括顾客姓名、性别、年龄、职业、家庭住址、联系电话、生日及其他重要的纪念日等。

(2) 顾客的购买信息，包括顾客的品牌偏好、主要购买的产品系列、购买的金额、购买的频率及对产品或服务的意见等。

2. 收集顾客信息的方法

收集顾客信息的方法及各自的特点如表 6-8 所示。

表 6-8 收集顾客信息的方法

方法分类	方法说明	优点	缺点
现场收集	在顾客购买商品后，请顾客填写“顾客档案卡”	① 信息准确 ② 成本低	① 可能被顾客拒绝 ② 信息深度不够
促销过程中收集	在销售商品时，通过与顾客聊天，有针对性地获取顾客的信息。	① 顾客往往能提出一些重要的细节问题 ② 可以与顾客建立长期关系，维持顾客忠诚度	① 会因顾客配合的差异而难以收集准确 ② 不能全面、系统地了解顾客情况

续表

方法分类	方法说明	优点	缺点
活动收集	在举行促销活动时，可以通过活动的形式收集顾客信息，如赠品促销时可以要求顾客留下个人信息后才能领取赠品	① 收集信息的方式可以随着活动而变化，方式灵活多样 ② 顾客参与度高 ③ 信息准确	① 由于需要与促销活动结合，因而成本较高，不适合单独使用 ② 受促销活动限制，资料收集的范围固定
顾客意见调查表	将设计好具体问题的意见征求表格放置于易被顾客拿取的地方，由顾客自行填写并放入意见收集箱	① 信息由顾客自愿提供，避免打扰顾客 ② 信息收集的范围广泛 ③ 客观性比较强	① 顾客参与率比较低 ② 信息获取的深度不够

3. 收集竞争对手的信息

(1) 收集竞争对手信息的内容。促销员在销售工作中还要注意竞争对手的情况，收集竞争对手的信息，对竞争对手有一个详细的了解。需要收集的竞争对手的信息包括以下四个方面。

首先，是竞争商品的信息，包括竞争商品的质量、性能、价格、主要卖点、销量等。

其次，是竞争商品的促销信息，包括竞争商品的柜台展示特点、POP 广告表现、促销的主要宣传方式、正在举行或将要举行的促销活动等内容。

再次，是竞争商品促销员的信息，包括擅长的销售方式、能力及销售特点等。

最后，是竞争商品的顾客信息，包括竞争商品顾客数量、顾客范围、消费特点等。

(2) 收集竞争对手信息的方法。收集竞争对手信息的方法如表 6-9 所示。

表 6-9　收集竞争对手信息的方法

方法分类	方法说明	优点	缺点
通过观察	在平时的销售活动中，应该时刻注意观察竞争对手的情况，并将竞争对手的信息进行整理	① 信息的时效性强 ② 信息真实	① 必须建立完善的统计机制，对信息进行及时整理 ② 信息不具有连贯性，需要进行分析整理
直接现场调查	可扮演成顾客，有目的、有计划地到其他目标卖场收集、打探竞争对手的产品、价格等方面的信息资料	① 产品信息全面 ② 可以有针对性地对竞争产品的特点进行了解 ③ 成本低，效率高	① 要具备高度的隐蔽性，防止被竞争对手识破 ② 对打探者的素质要求比较高，要求其处变不惊
通过供应商	在与供应商的日常沟通中，通过技巧性的询问方式来发现供应商品在不同竞争对手中的商品供应情况及对手的促销信息	① 了解竞争对手动态的速度快 ② 信息的准确性高	难以直接取得，必须先与经销商建立良好的关系
通过产品促销人员	通过与商品供应商方促销人员的交谈，了解商品在竞争对手的促销动态	① 了解竞争商品动态的速度快 ② 信息的准确性高	难以直接取得，必须先与竞争产品的促销人员建立良好的关系

（二）做好信息分析

收集信息的目的是为了增加销售量，因此，在对商品相关信息进行收集整理后，还要通过分析，得出能够应用的结果。

1. 分析顾客信息

促销员对顾客信息的分析，主要包括以下五个方面。

(1) 分析顾客的住址

通过对顾客档案中顾客的住址进行归纳，找出顾客主要的居住区域特点。顾客住址的信息可以为不同卖场选择合适的产品进行促销，以及宣传重点等促销决策提供参考。

例如，上海城市超市通过分析发现，到卖场的顾客主要集中的社区，那么在举行促销活动前，就可以对锁定社区进行重点宣传、重点促销。很好地帮助了进店客户的购买选择，并带动了销量的大幅度提升。

(2) 分析顾客的主要购买时间

对顾客进店购买商品的时间进行分析，总结在主要节假日及不同时节，进店顾客的主要购买时间，依此来制定促销活动的开始时间及持续时间。

对于季节性商品，还可以据此判断出具体的淡季与旺季的时间，为商品销售工作的展开提供依据。

(3) 分析顾客对商品的需求

通过分析顾客的购买行为及变化，可以了解顾客当前需求，对比以往需求产生变化为后期卖场产品选择调整提供依据。

(4) 分析顾客对促销方式的偏好

通过分析可以了解顾客对各种促销活动方式的接受程度与参与热情，为日后促销活动方式的选择及控制方法提供依据。

(5) 分析顾客的购买行为

根据平时对顾客的购买信息进行分析，找出不同区域、不同性别、不同年龄顾客购买商品时的行为特点及应对方法，从而改善卖场的销售业绩。

2. 分析商品销售信息

通过对商品销售中的顾客选择、商品质量、销售价格及商品自身特点的分析，得出商品的销售情况，并据此寻找改善商品销售情况的办法。

商品常见的畅销、滞销原因如表 6－10 所示。

表 6－10　产品常见的畅销、滞销原因

项目	畅销原因	滞销原因
定价	① 价格符合目标顾客接受度 ② 价格实惠	① 价额昂贵 ② 价格定位不合理
功能	① 功能完善 ② 功能独特 ③ 有针对顾客的独特功能设计	① 功能无法满足目标顾客的需求 ② 没有差异性特点和功能 ③ 功能不完善，没有改善型的功能出现
外观	① 外观时尚 ② 外型小巧、精致	① 外观过时 ② 外型缺乏吸引力

3. 分析竞争对手信息

促销员对竞争对手信息的收集进行分析,包括以下内容:

(1) 分析竞争对手的特点

可以通过听取竞争对手促销员的促销产品讲解、了解竞争对手对促销产品的介绍、观察竞争对手促销产品 POP 等方法,分析竞争对手促销的优缺点,然后结合卖场的特点,制定相应的应对措施。

(2) 分析竞争对手促销产品的独特卖点

对竞争对手促销产品详细了解,需要分析出竞争对手促销产品的独特卖点。

(3) 分析竞争对手的定位

根据对竞争对手销量、促销产品定价等的了解分析,以及竞争对手推荐促销的产品观察,分析出竞争对手的定位。

(4) 分析竞争对手的促销活动

对于竞争对手的促销活动,促销员要根据对方的主题、方式、时间、地点、现场执行等方面,结合竞争对手产品的特点及定位,分析出竞争对手促销活动成功或失败的原因。

4. 建立相关档案

促销员对收集的信息,要进行系统地整理,建立相关档案。

(1) 对信息进行筛选及分类

① 对所有收集的信息进行筛选,确定信息的全面性及可靠性。

② 对筛选后得到的信息,进行分类整理。

以顾客信息为例,可以将顾客资料按照顾客居住的社区特点、顾客收入、职业特点、顾客年龄等方式进行分类。

③ 对信息进行编辑,将经过筛选、分类整理的信息进行编号,做成索引,并将各种信息填写在相应的档案中。

(2) 建立信息档案

为了使筛选并分类整理的信息能够长期保存,需要将相关的信息进行统一的记录。

① 建立顾客档案

对于整理好的顾客信息,促销员可以通过填写顾客档案卡的方式建立顾客档案。一份基本的顾客档案卡需要包含的内容如表 6－11 所示。

表 6－11　顾客档案卡

顾客姓名		档案编号	
顾客性别		出生日期	
家庭住址		邮政编码	
固定电话		手机号码	

续表

顾客购物档案			
购买日期	购买产品	购买金额	购买产品
顾客购买习惯分析			
顾客购买力分析			

② 建立竞争对手档案

对于竞争对手的信息，应该对其建立档案，填写竞争对手档案卡，如表 6－12 所示。

表 6－12 竞争对手档案卡

竞争对手名称	促销产品系列	销售价格	销售额	主要卖点	促销方式
促销品牌 A					
促销品牌 B					
……					

③ 建立其他档案

根据具体的需求，促销员根据所收集的信息，建立其他相应的档案。

例如，为了分析竞争商品的促销活动，促销员根据收集到的资料可以建立一份一定时期内所有竞争商品促销活动的档案，其中可以包括竞争对手促销活动要素以及活动成果的记录，并对其进行适当的分析。

为了准确把握卖场的销售及经营情况，促销员也可以建立一份卖场销售档案，其中可以包括一定时期内各品牌商品在卖场的销售数量、销售金额以及卖场的库存情况等内容。

二、促销人员管理和培训

（一）对促销人员的要求

1. 了解促销产品

促销员只有充分了解商品知识，才能更好地向顾客介绍商品，并对顾客疑问进行妥善回答，以此赢得顾客对促销员及商品的信任，最终促成顾客购买行为实现。

新来的临时促销员往往由于对商品不熟悉，常常被顾客问得无话可答，因此会丧失销售成交机会。促销员只有熟悉自己所售商品，了解相关技术，弄清楚商品的构造原理和技术标准，了解了日常使用过程中容易发生的问题并找到了相应的解决办法才能应对不同顾客的咨询，让顾客选择购买。

促销员应了解的商品知识主要包括商品的基本知识和外延知识，如表 6－13 所示。

表 6－13　促销员需要了解的商品知识一览表

项目	具体内容
促销商品的基本知识	① 促销商品的品牌特点、款式、型号等
	② 促销商品的质量、材料特点、性能、成分含量等
	③ 促销商品的价格、促销产品的规格情况
	④ 促销商品的售后服务、产品保质期限等
	⑤ 促销商品的使用方法、存储保养方式及注意事项
	⑥ 有关促销商品的专业术语，以及专业术语对顾客的直接利益点
促销商品外延知识	① 了解促销商品的优缺点，阐述促销商品的独特优势，不回避存在的问题，主要能给顾客购买提供合理的理由
	② 促销商品的卖点。独特的卖点是顾客购买卖场促销产品而非竞争对手产品的原因。
	③ 促销商品的美誉度、流行趋势、顾客选择度等

2. 了解销售地点

卖场是促销员工作的主要场所。促销员应对卖场的各项制度充分了解，以便开展工作，同时处理好与卖场各类工作人员的关系，以保证促销活动的顺利开展。

3. 了解卖场的相关制度

促销员代表着卖场的形象，因此促销员必须掌握卖场的规范制度要求。促销员需要了解的卖场相关制度如表 6－14 所示。

表 6－14　促销员需要了解的卖场制度

卖场制度	具体内容
管理制度	促销员上下班时间、交接班流程、着装规范、促销规范等
陈列制度	促销产品陈列规定、主要的陈列方式、陈列要求布置等
宣传制度	POP 的张贴规范要求、卖场促销宣传的位置特点
经营规范	促销卖场地理位置特点、卖场经营管理规章制度要求等

4. 处理好与卖场人员的关系

促销员作为供应商派驻商家的员工，其工作关系在供应商，工作场所却在卖场，这种独特的身份特征决定了促销员必须处理好与卖场中各类工作人员的关系，为顺利展开促销活动赢得环境的支持。这就要求促销员既要服从卖场人员的管理，又要促进自己促销活动的开展。当卖场利益与供应商的利益发生冲突时，促销员要尽量化解冲突；遇到自己无法处理的问题时，及时向供应商相关人员汇报，以便及时解决。

（二）对促销人员的培训

1. 对所促销产品的培训

促销员了解商品的形式有多种，但通常可以通过“听、看、用、问、想、讲”六字方针来掌握商品的知识，如表 6－15 所示。

表 6－15　了解产品知识的方法和途径

方法	说明
听	促销员首先要听专业人员介绍产品的基本知识，可向企业的销售人员请教，同时了解顾客的使用情况反馈
看	促销员要亲自察看产品，了解商品特点、款式等
用	促销员最好要亲自使用商品，仔细体会商品的特点及使用上的便利和不足之处
问	从顾客的角度对商品情况提出疑问，并能及时咨询找到解答方案
想	通过与竞争品牌比对，思考、分析，找出产品的优缺点和主要卖点
讲	通过给顾客进行讲解，不断熟悉产品的特性和不同顾客的使用情况

除上表中了解商品知识的方法外，还应该让促销员学会从各种渠道学习掌握商品知识。

(1) 积极参加商品知识及销售技巧培训，认真听取企业专业人士介绍商品的相关知识。

(2) 让促销员认真学习促销产品说明书，掌握商品的基本知识及使用方法等。

(3) 让促销员多关注网络、电视等媒体关于商品的信息，了解商品流行趋势、最新动态等。

(4) 让促销员向熟悉企业产品的销售人员当面请教，直接地获得产品促销的经验。

2. 推介促销产品的培训

在进行商品说明时，促销员需要结合具体顾客灵活推介，从而能够保证促销业绩的实现。

对于关注商品质量的顾客要首先推出高品质商品进行介绍。对于比较关注价格的顾客，适合先选择低价位产品进行介绍。在没有捕捉到顾客对价格敏感度的情况下，促销员适合先选择低价位商品，再对价格高的商品进行介绍。

对于低档社区店，通常对于普通顾客先推介低价位商品，再进行高价位商品推介。对于高档社区店，如果商品定位人群消费能力较强，比较适合去选择高品质、高价位商品进行推介。但是需要根据实际进行灵活运用。有的顾客对商品不熟悉，对比低价位商品后，发现高、低价位产品的质量差异，最终才会选择高价位产品。

促销员对顾客关注的商品的缺点，要客观正视，直接认可说明产品的缺点，这样才可能得到顾客的信赖。世上没有完美的产品，面对产品不足，促销员可以使用“直接面对缺点，再介绍优点”的方法。这样反而会让顾客忽略掉商品存在的不足之处。

例如，在顾客提出进口牛排价格贵的问题时，促销员可以这样介绍：“这种牛排价格虽然贵，但是它的味道非常好。”通过缺点展示在前，让顾客更多注意到了牛排的口味。

3. 规范动作的培训

在向顾客介绍产品时，促销员应该规范介绍动作，具体要求如下：

(1) 促销员介绍商品时，应该站在顾客的斜前方。

(2) 促销员指示商品时，要做到手指并拢，手心向上，指向商品。

(3) 促销员要根据顾客视线关注点，来进行商品特点介绍。

(4) 促销员要时刻关注顾客的语言和肢体反应，来进行促销介绍。

4. 其他方面的培训

(1) 要控制介绍产品的数量

促销员在向顾客介绍产品时，应该首先抓住顾客需求，盲目介绍往往会使顾客找不到真实需要。介绍顾客主要关注的商品即可，数量一般控制在3个以内。

(2) 要控制好介绍商品的时间

促销员在向顾客进行商品介绍时，应该注意控制好时间。长时间的商品介绍，会使顾客注意力分散，影响顾客对产品说明的理解。

(3) 选择正确的演示方法

对于一些难以用语言进行描述的功能，选择进行现场示范，能够起到很好的促销效果。促销员应该根据商品要突出的卖点或使用方法，设计相应的演示方法。超市的烹饪器材、熨烫产品、洗涤产品、健身保健产品和其他电子产品，通过促销员的示范，并邀请顾客参与体验，往往会取得很好的产品认知和接受度。

小思考

你认为卖场促销管理的重点和难点在哪些方面？

【模块小结】

1. 连锁企业促销是指对现有和潜在顾客，运用各种积极的方式，告知、劝说、提醒、吸引他们，并进而刺激其购买需求，以增进连锁企业各类商品销售的一系列传播沟通活动。连锁企业促销时运用较多的方法主要包括广告宣传、营销推广、公共关系及其他相关的促销手段。

2. 促销活动的特征：即期效应明显、形式多样、持续时间较短。

3. 促销按照时间长短分为长期性促销和短期性促销；按促销主题分开业促销活动、周年庆典促销活动、例行性促销活动、竞争性促销活动。

4. 销售促进是在一段特定时间内向顾客提供额外价值和动力，以使他们光顾门店并购买商品。

5. POP的作用、种类，使用中的注意事项。

6. DM使用中的注意事项。

7. 连锁企业总部统一促销的一般流程和单店促销的一般流程。

8. 对促销活动应该进行效果评估并撰写促销评估报告，为今后企业促销提供参考。

9. 要利用促销活动收集顾客、竞争对手和市场相关信息，为企业和门店的经营决策提供依据。

10. 为使促销顺利进行，提高顾客满意度，最大化促销效果，在促销前必须对促销人员进行培训，以使促销员达到上岗要求。

【关键术语/关键词】

促销　促销方式　销售促进　DM　POP　促销评估　促销人员管理

【知识链接/拓展阅读】

企业促销活动操作注意事项

企业促销方式包括“折扣”、“满赠”、“满减”、“抽奖”、“换购”、“限时抢购”等，花样繁多，但组织活动的基本操作方法其实都差不多，究竟选择什么样的活动方式效果最好并没有定论。活动成功与失败就在一瞬间，关键是看企业怎么根据市场需要进行选择和操作。根据多年的经验，以下几点提请大家注意：

1. 把握市场时机选择活动方式。要充分熟悉所在市场的顾客需求，掌握其他连锁店促销活动情况和顾客反应，根据商店不同发展阶段的需要，把握机会组织活动。

2. 活动力度得体，既不能太大，也不能太小。活动力度太大，成本太高，也不利于今后的发展，容易演变成“活动”商场，没活动就没顾客来；活动力度太小你就将成为竞争对手的反面教材，白花钱帮竞争对手做广告。最好的活动力度就是比竞争对手略高，让顾客感觉购买同样商品的综合费用比竞争对手低，使竞争对手成为本企业的反面教材，就成功了。

3. 注意活动的保密性。活动前，竞争对手在研究你，你也在研究对手，就看谁先把谁看透。例如，几年前“满赠”活动非常受顾客欢迎，新年时某企业和竞争对手都想组织类似活动，双方都在研究对方的活动力度。由于双方标杆品牌重叠，需提前洽谈，很难保密，结果双方于 12 月 18 日开始活动时竟然都是“满 200 送 100”，圣诞平安夜升级至“满 200 送 168”，平分秋色。但某企业采取了一个策略，隐藏了平安夜的真正活动力度。直到 12 月 23 日深夜报社排版最后时间，某企业突然把平安夜广告改为“满 200 送 200”，第二天竞争对手看到宣传时傻眼了，结果可想而知，竞争对手门可罗雀，眼睁睁看着顾客在某企业通宵疯狂购物。

4. 活动周密性。促销活动组织是一个系统工程，涉及商场的各个部门，要提前训练，提高配合默契程度，特别要注意细节方面的落实。客流量突然大量增加，安全保卫工作尤其重要，要提前做好预案，让每个员工清楚自己的职责。

5. 活动的创新性。促销活动方法大同小异，做的时候要想办法略有创新，在促销方式上赋予新意，给顾客耳目一新的感觉，达到吸引顾客消费的目的。

6. “赠券”类活动要努力提高“赠券”使用方便性，能使用的品牌越多越好，最好是全场通用。个别商场自作聪明，加设了不少使用限制，那是搬起石头砸自己的脚，顾客下次还会再来吗？

（资料来源：http://i.cn.yahoo.com/joekoe/blog/p_94/）

自测评估

1. 选择题

(1) 促销的主要任务是(　　)。

A. 宣传与说服　　　　B. 引起消费者注意和兴趣

C. 传递与组织有关的信息　　D. 促进消费者购买

(2) 影响连锁门店促销效果的因素主要有哪些(　　)。

A. 促销方式是否有吸引力　　B. 供应商支持的力度

C. 销售人员的参与积极性　　D. 促销商品本身

(3) 取得供应商支持的要点在于(　　)。

A. 取得产品供应支持　　B. 取得促销特价

C. 取得促销费用分担　　D. 取得供应商配送支持

(4) 作为促销员在促销开始前要做哪些准备工作(　　)。

A. 促销产品熟悉　　B. 促销产品陈列和摆放

C. 促销赠品了解　　D. 促销优惠方式

(5) 促销人员推介产品时应该注意哪些问题(　　)。

A. 仪容仪表　　B. 推介产品优点

C. 推荐产品卖点　　D. 利用好卖场优惠政策

2. 判断题

(1) 对连锁门店来说,促销主题是否有新意并不重要,做好产品选择及定价才是关键。

(2) 对于连锁门店店长来说,做好促销的落实和监督管理非常重要。

(3) 对促销效果评估只需要评估促销业绩实现程度。

(4) 促销人员在门店促销与供应商发生利益冲突时,应尽可能去维护供应商利益。

3. 简答题

(1) 简述连锁门店的促销方式有哪些?

(2) 促销前如何与供应商谈判。

(3) 结合实际,说明如何做到保证 DM 发放效果?

(4) 如何有效提升连锁门店促销业绩的实现?

(5) 作为一名促销员,需要做好哪些工作?

4. 案例分析

广州百佳超市隶属于香港百佳超市集团,具有丰富的超市经营经验,目前在广州有 10 多家连锁门店。百佳超市一贯注重开展促销活动,其促销活动分为两类,一类是长期例行性促销,另一类是短期主题性促销。百佳将 2005 年 5 月定义为"欢笑月",围绕"家庭欢乐"的主题,进行了一系列促销活动,下面对几个主要促销活动进行简要介绍。

"圆满百佳梦"是"欢乐月"推出的主要促销活动,活动内容:顾客凡一次性购物满 58 元,即可获赠"百家梦想卡"一张,经过抽奖有机会实现家庭梦想。家庭梦想包括:A. 旅游大奖(价值 3 000 元);B. 家庭影院(价值 1 500 元);C. 体育用品(价值 500 元);D. 电影票(价值 200 元)。

"'快乐儿童'绘画比赛"是"欢乐月"推出的另一项主要促销活动。凡参加比赛的小朋友均有机会获双重丰富大奖,一重奖:所有参赛小朋友都可以获得精美文具礼品一份;二重奖:分别评选出一二三等奖,一等奖是价值 200 元的精美文具用品,二等奖是价值 100 元的精美文具用品,三等奖是价值 50 元的精美文具用品。

"长途电话卡免费派送服务",这是百佳与润迅联合搞的一次赠品活动,活动内容:凡一次性购物满68元的顾客可免费获得10分钟的长途电话卡一张。

"5元现金券",活动内容:凡一次性购物满68元,即可送一张5元现金券;满136元,可获两张现金券,每张小票最多只可以送2张。

"宝洁百佳联合促销",这是百佳与宝洁公司的一次联手促销活动,活动内容有两大项,一项是特价促销,例如玉兰油新生眼部退纹紧致霜15克149元,玉兰油水润保湿泡沫面乳100克24元;另一项是"买就送"促销活动,例如,买满宝洁沐浴产品48元送原色生活沐浴套装一份,买满宝洁产品68元送时尚百宝箱一个……

"10元换购",活动内容:顾客一次性购物满58元以上,可用10元换购以下产品:恒隆清香铁观音250克(原价25.9元),百佳牌婴儿润肤乳500毫升(原价19.9元)……

(资料来源:广东商学院零售学精品课程网站 http://lsx.jpkc.gdufe.edu.cn/default.aspx)

[**问题**]百佳超市"五一"主题促销包括哪些具体促销方式?试分析这些促销方式的可能效果。

【实际操作训练/技能实训】

1. 实训目的:能根据对实训门店的观摩实训,了解不同门店的区域特点掌握常用的促销方式运用,能够适应门店对促销员的基本要求。

2. 实训环境:校内实训超市或与学校有合作关系的零售企业的某个门店。

3. 实训步骤:第一步,老师布置安排实训任务,提出实训要求,并强调实训纪律;第二步,安排学生到不同门店现场观摩,大型超市门店包括卖场、后仓、办公区域、前台,并由门店管理人员简单介绍企业和门店历史和现状,加深学生对促销过程管理的感性认知;第三步,学生分组为实训门店具体促销工作服务,并能对促销产品进行准确介绍,对卖场促销存在的优点及不足进行总结和提炼,其他小组同学和老师进行点评。

4. 实训要求:第一,结合实训门店的具体情况来分析和评价促销产品选择、促销方式选择及促销管理其他方面特点;第二,对促销品介绍能够结合具体产品定位。

模块七 安全管理

【学习任务】

1. 了解连锁企业门店损耗产生的原因及危害。
2. 了解如何控制连锁企业门店损耗。
3. 了解连锁企业门店常见的危机事故。
4. 了解如何处理连锁企业门店危机事故。
5. 了解门店消防安全管理的内容和制度。

导入案例

防损员在商场里注意到一位顾客手里拿着糖、口香糖及价值17元的巧克力5块。此顾客胳膊下夹了一把雨伞，购物篮里装了一些青菜。当他走到角落时，趁机将所拿商品藏在篮子里的三袋青菜内，又在篮子里加了三把青菜后去计量处打价。几把青菜提起来明显没那么重，计量员却未发现任何可疑迹象，且未觉察青菜重量与实际不符，依旧照常计量。当顾客走出收银台时，收银员仍未察觉。青菜的总价钱也就六七块钱，而里面的商品总价值130多元钱。

资料来源：联商博客，作者：胡斌

1. 你认为造成该门店商品损耗的原因是什么？
2. 你作为防损员发现此事应如何处理？

项目一 损耗管理

所谓"商店损耗"是指门店接受进货时的商品零售值与售出后获取的零售值之间的差额。例如：如果某一商店收到了价值10 000元的零售商品，完全售出后，商店只实现了9 000元的收入，那么就存在着10%的"损耗"系数，商品的价值减少了1 000元。但是，并不是门店中每个员工都完全明白它的含义。一些人或许以为"损耗"只源于盗窃，也有些人认为"损耗"是由商品损坏所致。实际上，"损耗"是由盗窃、损坏及其他因素共同引起的。

全世界零售业每年的商品损耗高达1 600亿美元，商业超市由于其竞争日趋激烈，目前其经营利润只有1%左右；而业内人士普遍认为，若能够将目前国内零售业2%以上的商品损耗率降低到1%的话，则其经营利润就可以增长100%，这相当于多开了一倍的门店所能取得的收益。

损耗因素会受到一个或多个因素的影响，门店出现其中的任何一个因素，都会减少利润额，增加损耗。据统计资料显示，在各类损耗中，88%是由员工作业错误、员工偷窃和意外损失所导致的，7%是顾客偷窃，5%则属厂商偷窃，其中尤以员工偷窃所遭受的损失为最大。以美国为例，全年由员工偷窃造成的损失高达 4 000 万美元，比顾客偷窃额高出5～6 倍。资料表明，防止损耗应以加强内部管理为主。因而，了解门店商品损耗发生的原因，并严格加以控制，是提高企业经营绩效的重要保证。

小资料

损耗的计算

计算损耗的方法主要有两种，即进价计算法与售价计算法。售价计算法方便易行，但会受价格变动的影响，相比而言，进价计算法能更准确地反映实际损耗程度。

（一）售价计算法

售价计算法是指库存商品以售价为计价标准的方法。计算方法如下：

损耗金额 = 实际盘点库存 − 账面库存

实际盘点库存 = ∑(各类库存商品盘点数量 × 各类商品售价)

账面库存 = 期初库存 + 收货金额 − 销售额 − ∑ 降价金额

降价金额 =(原售价 − 新售价) × 商品现货数量

损耗率 =(损耗金额 ÷ 盘点期内商品销售额) × 100%

公式里的每一项都以零售价计算，由于库存商品以零售价计算，每个商品在盘点期间的每一次零售价变化都需要准确记录，确认变价商品的现货数量，以便计算出变价金额。所以，要特别注意账面库存中的降价金额部分。

（二）进价计算法

进价计算法是指库存商品以进价作为计价标准的方法。我国大部分零售企业采取进价核算方法，所以，损耗的计算方法也以进价计算法为主。计算公式如下：

损耗金额 = 实际盘点库存 − 账面库存

实际盘点库存 = ∑(各类库存商品盘点数量 ÷ 各类商品进价)

账面库存 = 期初库存 + 收货成本 − 销售成本

损耗率 =(损耗金额 ÷ 盘点期内商品销售成本金额) × 100%

公式里的每一项都以成本价计算，商品的库存数量和账面库存一一对应，每一次库存的调整都会改变账面库存，改变库存的途径通常有库存调整和报损调整两种。进价计算法的关键是平时要进行周期性盘点，并调整库存，累计损耗，再加上年终盘点时的库存差异，即为全年的损耗。

（资料来源：周勇、池丽华，《连锁店营运管理》，立信会计出版社，2012）

一、损耗产生的原因

损耗的产生主要是由于管理不当、作业错误、偷窃、意外损失、生鲜处理不当、价格调整和其他一些原因导致。

（一）作业或管理不当产生的损耗

1. 商品管理疏失，如先进先出未彻底执行，导致商品过期败坏。

2. 仓库管理疏失，如商品可能因潮湿、鼠虫等侵害，受到损害。

3. 商品加工技术不当产生损耗，如因调理不当使商品无法出售，或因作业时间过长使商品鲜度劣败等。

4. 进存货作业中产生的损耗。

（1）验收不正确。如商品验收时数量不足，没有及时发现；厂商套号，以低价商品冒充高价品；促销赠品未随货发送。

（2）厂商进出管理不当。如厂商将商品夹藏于空箱内蒙骗带出超市；退回厂商的商品或坏品未检查，致夹带其他商品出去；厂商利用管理疏失，伪造签收单。

5. 员工作业疏失将商品标价错误。

6. 特价期间结束后未将商品变回原价。

7. 夜间执勤时未恪尽职责，导致他人有偷窃机会。

8. 收银人员管理不当或操作失误。

（1）利用收银机退货键或立即更正键消除登打金额，乘机抽取金钱。

（2）遇到熟人，故意漏扫部分商品或私自按下较低价格抵充。

（3）对收银工作不熟练，按错部门别。

（4）特价已结束，但收银员仍以特价贩卖。

9. 盘点工作不当或失误。

（1）盘点人员未确实依实际库存量盘点。

（2）不堪食用或使用的商品列入盘点。

（3）看错或记错售价、货号、单位等。

（4）将赠品记入盘点表。

（5）重复盘点。

（6）已办退货商品，厂商未取走，或已报废的商品，却尚未处理，盘点时计入存货。

（二）偷窃产生的损耗

内部员工或顾客的盗窃行为。

（三）变价损耗

1. 固定促销变价，如月特卖活动、定期特卖活动、周年庆、开幕庆等。

2. 临时促销变价，为应对竞争店临时降价或生鲜品时段降价出清存货。

3. 厂商调降市面零售价，存货因而产生降价损耗。

4. 快过期商品促销变价，因商品食用期限或使用期限超过三分之二，为求销售量增加，故成立特价区，降低售价。

5. 为消耗量大的商品库存的变价：在月底或年关将近时，为减轻库存所作的促销变价。

（四）废弃损耗

1. 节庆商品逾期未售完的商品，例如，粽子、红糖果等因年节已过，无法售出。

2. 国外进口商品，如进口葡萄柚、加州李、美国进口牛肉等，因无法退货、容易产生废弃。

3. 自有品牌，开发自有品牌，建立企业形象，然因无法退货产生废弃。

4. 订货不当或不正确，使商品过剩却无法退回而产生废弃。

（五）意外事件引起的损耗

1. 自然意外事件，水灾、火灾、台风和停电等。

2. 人为意外事件，抢劫、夜间盗窃和诈骗等。

二、损耗的控制

（一）后场管理

1. 进货管理

（1）厂商进货务必先出示订货单，并将商品一一陈列整齐，由验收人员逐一核对。

（2）检验时务必要拆箱核对是否与订货商品一致，尤其是有拆箱痕迹时，更需要检查。

（3）验收人员检验时，食用期限超过二分之一以上的食品或有凹凸罐情况时，不得收货。

（4）商品验收无误后，应立即移至暂存区或卖场，不得任意逗留，避免混淆。

2. 厂商进出入管理

（1）厂商进入店铺务必要先向后场登记，更换厂商铭牌佩挂，离去时经检查后，再缴回识别证。

（2）厂商从现场或后场更换坏品时，须有退货单或先向后场登记换货单，且经部门主管签认后，方可准予放行。

（3）厂商送货后的空箱不得覆盖，纸箱则须拆平，避免借职务之便夹带商品。

（4）厂商车辆欲离去时，要接受督察等人员检查无误后，方可离开。

3. 商品出入库及调拨管理

（1）店与店调拨时必须填写调拨单，填明商品代号、品名、规格、数量、单价等资料，便于会计部门作账，避免混淆。

（2）调拨时，须先报备店长同意，并且与他店事先取得协议后，方可进行调拨。

（3）商品出入库及调拨时，程序须与进退货相同，要由验收人员确认验收后，才可认定完成手续。

4. 员工出入管理

（1）员工上下班时，须由规定出入口出入。

（2）员工下班离开店铺时，一律要自动打开携带的皮包，由督察员检查，店长亦不可例外。

(3) 若有购物者,亦须主动出示收银发票确认。

(4) 员工携带皮包,不得进入作业场或卖场,须暂存于员工休息区的衣物柜。

5. 垃圾的清出管理

(1) 垃圾的拉出必须接受督察人员的检查,方可入池。

(2) 包装物(纸箱)等物品出卖场必须接受督察人员检查方可入池。

(3) 设备导出卖场须经督察人员检查是否有商品藏匿。

(二) 卖场管理

1. 夜勤工作管理

(1) 夜间闭店后,欲在店内从事清洁打蜡或装修等工作,均须事先报店长(督察中队长)核准。

(2) 夜勤工作,均须由店长(督察中队长)指定相关人员,负责看守财产及商品。

(3) 夜勤人员工作完毕后欲离开时,亦须自动出示携带物品,由负责留守人员检查。

(4) 店长(督察中队长)可派人员或亲自前往抽查。

2. 专柜人员管理

(1) 专柜人员进出店铺,须按照公司员工进出管理办法。

(2) 专柜厂商进出货时,须按照其他收货办法进行收退货。

3. 员工购物管理要则

(1) 禁止员工于上班时间内购物或预留商品。

(2) 休息时间或下班后,员工所购物品不得带入卖场或作业区。

(3) 已结账商品,结账人员接受督察人员检查,核实商品。

4. 顾客偷窃注意要则

(1) 禁止顾客带背包入内,须存放于服务台保管。

(2) 加强现场工作人员卖场巡视,尤其特别留意死角及人多聚集之处。

(3) 注意由入口处出去的顾客。

(4) 顾客边走边吃商品,委婉口头提醒。

(5) 定期作现场人员防盗讲解,鼓励全体人员共同防盗。

(6) 发现有偷窃事实时,须待其结账离开收银台后才能上前取缔。

(7) 抓到偷窃者,应依照公司统一处理规则处理。

小资料

防范顾客不当行为的一些技巧

① 发现可疑的顾客时,微笑着向顾客走过去,进行整理商品、清洁或补货等,或主动同他打招呼,引起注意,从而制止不当行为发生。

② 发现顾客已有不当行为的种种迹象时,应不动声色地跟踪,并立即通知防损员或值班经理协助解决,决不能当面质疑顾客。

③ 对顾客的一时失误,忘记付款行为表示理解,引导顾客补付货款,态度要友好,切

忌使用怀疑或指责的语气与顾客对话。

④ 顾客贪图小利，有主观占有意识，占有单件且价值较低的商品，以补交货款、批评教育为主。同时对特殊人群（如老年人、残疾人、孕妇、儿童）要特别对待，对此类例外事件的处理要适当网开一面，从宽处理，尽可能要求其补付货款即可，不可激化矛盾，也不得用不友好语言刺激对方，防止事态进一步扩大。在处理女性顾客例外事件时应有女性工作人员在场；遇老人、未满16周岁人员、大学中学学生时应及时联系其家属或学校保卫部门，采取教育为主的方式；对门店的老顾客、周边居民的不当行为应尽量以宽容的方式处理，严禁使用“偷”、“盗”、“窃”等敏感字眼，并防止顾客情绪失控、身体不适等引发不良后果。

⑤ 对于团伙盗窃、职业盗窃、吸毒分子偷拿等具有明确盗窃目的的行为，在证据确凿的情况下及时报警，并坚决予以严厉打击。

5. 换品券管理注意要点

（1）制作顾客兑换券登记表，每日由收银主管收集后，交给店长确认。

（2）收银主管将收集的兑换券凭证及登记表移交验收部门处理。

（3）验收主管依兑换券数量打出退货单，凭证交给厂商，以退货处理。

（4）私自窃取兑换券凭证者，以偷窃行为认定。

6. 生鲜管理注意要点

（1）生鲜品有些须当日售完，如生鱼片、绞肉、活虾等，在高峰时刻逐渐折价出售，避免成为坏品。

（2）生鲜人员必须彻底执行翻堆工作，店铺随时抽检，防止新旧生鲜品混淆，鲜度劣化。

（3）生鲜作业人员留意避免作业时间太长或作业场温度太高使商品鲜度劣化。

（4）冷藏冷冻柜每日须检查三次，时间分别是AM 11:00、PM 4:00及PM 9:00。

（5）门店停电时，假如时间较长，须将商品尽量移入冻藏、冷冻库，并且不得任意开启。

7. 外送管理要点

（1）每日定时外送作业，务必至服务台填写外送单，清点好袋数，由送货人员接手将货品推至标准区，送至顾客处所时，清点给顾客并验收回执。

（2）随时性顾客要求外贩外送，一定要先结账付款，将送货单经店长核准后，方可外出。

（3）外贩、外送尽量避免签单月结或收受支票，把风险降至最低。

（三）收银岗位管理

1. 收银基本动作确定

（1）收银员替顾客结账时，一定要念出商品价格，并且注意与显示屏数字是否一致，若不一致要登记商品代号、品名及价格。

（2）收银员收取顾客金钱时要先置于钱柜上并且念出收取金额数。

（3）交付找零钱至顾客手中时，再念出“找您××元”，待顾客确认无误后，才将大钞入柜。

2. 收银员安排

(1) 收银员每天轮换不同收银台,包装员亦不得固定,避免滋生弊端。

(2) 新收银员上机时务必由资深收银员陪同,防止紧张发生错误。

(3) 收银主管要随时在收银台后管理,注意是否有异常状况。

(4) 吃饭休息时间,常是有意图的收银员趁机大做手脚的时刻,主管在此时要特别注意。

3. 收银机管理

(1) 避免收银员使用退货键或立即更正键来消除已登录之商品的记录。

(2) 收银主管要注意各收银台金额进度,假使有异常时要先停止该机台,进行查核。

(3) 发票记录纸卷缴回存档时,注意是否有断裂或短少等情况。

(四) 门店其他作业管理

1. 变价时机及权限

(1) 固定促销活动变价,促销计划须在前一个月提出,由采购部负全责。

(2) 单店促销活动变价,促销计划亦须在前一个月提出,由采购部主管负责。

(3) 随时变价,由采购部主管随时提出计划,由采购部经理负责。

(4) 正常商品变价,可随时提出计划,经采购部同意后公布实施。

(5) 价格变动时,须填写变价单,通知网络部门,调整售价及会计账务。

(6) 价格变动前,现场应盘点库存数量,促销结束后,再作残量盘点。

2. 盘点工作注意要点

参考模块四:商品控制管理

3. 自用商品使用注意要点

各部门自用品须自行申请请购买,任何人不得以任何理由从卖场调拨商品。

4. 损坏品登记注意要点

(1) 损坏品登记表每日由部门负责人填写,并且加上原因说明,由店长抽查确认。

(2) 生鲜品如水产、畜产、果菜、日配可于登记后立即丢弃,杂货可每周一次集中报废,但须会同处长及驻门店防损员、督察监督执行。

(3) 损坏品金额愈少,表示管理愈好,坏品登记可提供给部门管理者参考。

5. 条码电子秤操作注意要点

(1) 条码电子秤最忌讳的是任何人都可以操作,如此将无法区分责任,一般而言,只有负责人及指定人员才能操作,避免错误发生。

(2) 标价错误之废弃标签,不得任意丢弃,防止有人冒用。

(3) 条码电子秤操作完毕后,应设定锁住,避免他人操作。

6. 订货工作注意要点

(1) 订货前,要确定检查卖场及后场存货状况。

(2) 订货时,要注意未来的天气及是否有促销活动或竞争店动静如何,才能避免疏忽。

(3) 过去历史订货簿资料保管与参考。

(4) 单笔大量订货或一个月内订货量超过某一标准时，将该商品列为重点订货商品，部门组长、处长、店长或采购人员须掌握其销售状况，以防弊端。

小资料

眼识扒手

1. 别理所当然地认为所有扒手都衣着寒酸

职业商店扒手为了避免被察觉，会装扮成普通顾客光临商店。

2. 留意游手好闲者

业余扒手经常在意欲行窃的地方闲逛。职业扒手也会花时间等待时机成熟时下手，但他们的目标不会那么明显。

3. 留意团伙成员

计划行窃的未成年人经常搭帮结伙。团伙中有些成员负责引开售货员的视线，同时其他成员动手偷窃商品。职业扒手经常是两人合作，一个人偷窃商品，然后交给躲在商店洗手间、电话亭或餐厅里的同伙。

4. 留意衣着宽松的人

职业扒手经常把赃物藏在宽松的衣服里。在夏天穿冬衣或者在晴天穿雨衣的人很可能就是潜在的扒手。

5. 观察眼睛、手和身体

职业扒手并不专心致志地看商品，而是寻找可能看得见他们举动的店员。扒手准备行窃时，他们的动作可能会很不寻常。

资料来源：迈克尔·利维、巴顿·韦茨，《零售管理》，人民邮电出版社，2004

项目二　危机事故处理

一、常见的危机事故

危机事故包括一般危机事故和严重危机事故。

一般危机事故包括盗窃、顾客毁损商品、骗取现金、轻微意外伤害、突然停水停电等。

严重危机事故包括火灾、抢劫、严重意外伤害、自然灾害、打架斗殴、电话恐吓等。

二、一般危机事故处理

(一) 一般危机事故的处理原则

(1) 预防为主、预防为先。

(2) 事件发生时，首先保持镇定。

(3) 迅速向上级汇报，并与有关部门(有关保安部或派出所)取得联系。

(4) 确保门店员工、顾客生命安全为首要任务。

(5) 保护门店的财产安全。

(6) 服从现场管理人员的指挥。

(7) 在采取抢救措施时,应本着“先救人后救物”的原则,抓紧时机进行抢救。

(8) 危机事故发生后视情况采取相应措施,如保护现场,通知公安机关、劳动部门、保险公司等进行相关勘查、裁定、理赔等,或听从管理人员安排,回各自工作岗位清点物品。

(二) 盗窃处理

1. 事前预防

(1) 店内分布的格局避免死角。

(2) 光线充足。

(3) 店内可装置监视器(电眼、监视镜)。

(4) 随时注意可疑之人,店内工作人员不断巡视或整理物品,以良好之服务态度接近有心人士,以示警告。

(5) 金钱管理依照收银钱财管理,每日上缴或存入指定银行。

(6) 非营业时间,大门钥匙和防盗门钥匙(或者防盗锁)应分开保管。

(7) 应注意员工的生活作息是否正常,言行举止是否有怪异现象。

(8) 主门锁要配 2 套,门店店长及开关门者各持 1 把负责开关门,备用钥匙则全部交回公司总部或者区域分部。

2. 事中处置

(1) 若在营业中,则须于嫌疑顾客欲离开卖场之前,由门店人员(店长、值班店长为宜)礼貌拦阻,并邀请至办公区内处理。

(2) 处理方式皆以收回被偷之物品、金钱即可,但事态严重时,例如对方有暴力行为或态度强硬,则一律送警方处理。

3. 事后处理

(1) 检查事前预防之要项是否有漏洞出现,并予以改善。

(2) 将个别案例做成报告,以便加强员工训练。

(三) 顾客损毁商品的处理

1. 事前预防

(1) 门店的样机可供顾客体验,销售人员可与顾客保持一定的距离,在不让顾客反感的同时,随时观察顾客的行为,对于一些可能导致样机受损的行为可予以及时制止或者向客户提供正确的操作指导。

(2) 如果有客人带孩子购物,应提醒小朋友尽量不要打闹,以免造成意外,弄坏商品。

(3) 对于易碎易坏的物件应注明“小心轻放”、“轻拿轻放”等字样。

(4) 严禁酗酒者进入,对恣意生事者应小心防备。

2. 事中处置

(1) 如果因为顾客的无意行为造成商品损毁的,首先委婉地要求顾客留下,将顾客引离销售区,不要影响门店的正常运作。

(2) 在顾客的见证下,检查商品的损毁情况。

(3) 根据商品的损毁情况,向顾客讲明商品的价格(应拿出该商品的价格签),协商赔付金额。如果能修理好的商品，可要求顾客买下，按优惠价进行一定的折扣处理。

(4) 如果是故意捣乱的顾客，对其破坏行为立即制止，并拨打110报警。应阻止员工和顾客围观，以免影响门店营业。

(5) 状况处理过程中，店长或者值班店长应在场。

3. 事后处理

(1) 检查事前预防之要项是否有漏洞出现，并予以改善。

(2) 将个别案例做成报告，以便加强员工训练。

(四) 骗取现金的处理

1. 事前预防

(1) 不要背对或离开已打开的钱财放置处或保险箱。

(2) 视线不要离开已打开的钱财放置处或保险箱。

(3) 收到顾客所付钱财，应确定顾客给付金额符合后，才可将钱放入放置处。

(4) 收到顾客大钞时，应注意钞票上有无特别记号并辨识假钞。

(5) 注意顾客以"零钱掉落法"及"声东击西法"骗取你已打开之钱财放置处或保险箱。

(6) 各种骗术手法，应实施在职训练，以熟练防范技巧。

2. 事中处置

不可因人手不足、顾客拥入，而自乱阵脚，疏忽了上述防范措施。

3. 事后处理

做成示范个案，通报各店注意，避免再中圈套。

(五) 停电、停水的处理

1. 及时汇报上级部门。

2. 停电、停水应及时与有关单位联系，了解停电、停水的原因，例如停电了，应与电力局或是业主联系，了解停电区域。如果只是本店所在楼层停电，可找工程保障部电工解决；如是电力局的原因，整个区域停电，应了解什么时候来电。

3. 如遇停电，严防场内发生混乱，阻止顾客趁乱从出入口偷离卖场。若能使用应急电源，合理安排顾客有次序结款后离开。

4. 及时停止进客。

二、典型危机事故的处理

(一) 火灾处理

火灾事故往往会给人民生命财产安全带来不可估量的损失，所以政府对消防措施有严格的政策法规。门店商品种类多、数量大，有些商品本身具有易燃性，另外，门店尤其是大型超市和仓储会员店电器设备多，如管理不善，就会带来火灾隐患。所以门店的消防管理工作不仅对门店经营非常重要，而且比较复杂，我们在后面的项目三消防管理中将单独介绍。

（二）抢劫的处理

1. 预防措施

（1）强盗最容易下手的六种状况，应注意避免：太多钱财外露、暗淡的灯光、凌乱的门店、柜台无人看守、没有目击者、有容易逃走之路线。

（2）可装置监视器或安全系统。

（3）钱财放置处不得存放太多现金，大面额的钞票应分开存放或随时放入保险柜内。

（4）尽量保持店内的明亮度。

（5）保持店内外的整齐，不凌乱。

（6）不得堆置大量的物品，以免遮住店面的能见度。

（7）打开钱财放置处时不要露出太多现金。

（8）不要在顾客面前清点钞票。

（9）留意店外徘徊、鬼鬼祟祟的人。

（10）提高警觉，发觉可疑人物时，应迅速通知全体工作人员。

2. 状况处理

（1）尽量和歹徒拖延。

（2）尽量记住歹徒之特征，如身高、口音、穿着、身材、体型等。

（3）不必试图说服歹徒。

（4）以生命财产安全为首要原则，应沉着冷静、机智勇敢。

（5）不要破坏歹徒双手触摸过的物品及设备。

（6）歹徒离开后应立即报警，并尽快通知卖场有关人员。

3. 善后工作

（1）被抢之店往往很容易再度成为歹徒目标，所以必须针对事前防范之各项要点，改进缺失。

（2）联络公安部门，请他们重点关注。

（3）组织员工集体训练，提高员工防范抢劫、抗击抢劫的能力。

（三）严重意外伤害的处理

1. 预防措施

（1）店内、店外打破的玻璃碎片及尖锐的破碎物，应立即清扫干净。

（2）受损或有裂痕的玻璃器具有割伤顾客可能时，应用胶布暂时封住，或暂停使用。

（3）登高必须用牢固的梯子。

（4）不可站到纸箱、木箱或其他较软且易下陷、倾倒的物品上。

（5）抬重物时应先将身体蹲下，再站立双脚来抬起物品。

（6）不用背部力量抬起物品。

（7）玻璃柜、压克力柜不可置放过重物品，亦不可将双手、上半身压在其上。

（8）发现走道上有任何障碍物，应立即清除，以免撞到或跌倒。

（9）其他物品的陈列架，或 POP 架，有突出之尖锐物时，应调整改善，以免伤人。

（10）不可奔跑，应小心慢走。

2. 状况处理

(1) 若受伤害者系本公司员工,视情况送医院治疗,并汇报上级主管、严重者通知家人。

(2) 若受伤害者系顾客,轻微伤,则先为顾客做简单处理,并由店长赠送小礼物致歉;需要送医院治疗者,则须通报上级并由上级部门出面及赠送礼物致歉,并负担医药费;严重者应立即通知其家人。

(3) 以抢救为第一要务,不要在现场争吵或追究责任。

(4) 要尽速清理,以免影响继续营业或再度发生意外。

3. 善后工作

(1) 检讨事情发生原因,及实际处理之结果。

(2) 做成个案,通报各单位。

(四) 自然灾害防患处理

1. 预防措施

(1) 随时了解中央、地方各单位的灾害预报。

(2) 了解附近地势及排水道设施。

(3) 各店排水道,平时应注意维护畅通。

(4) 建筑物天花板、门、窗检查,漏水整修。

(5) 紧急照明设施装置。

(6) 建立留守人员及紧急联络名单。

(7) 易受破坏之商品、资料、设备等物品应该移往安全处。

2. 状况处理

(1) 天灾发生时,先参考政府机关公布的上班规定,但仍应以当日的情况为实际上班依据,上班前向门店店长确认上班与否。

(2) 确认上班后,仍应与各人员联络通知,若有人员因不可抗拒之原因,如道路被阻断或其他灾害而无法上班,店长或者值班店长应于上班后,将实际上班人员及未上班人员人数、状况,先以电话向门店管理部报备,于当日下班时,再书写上班人员报告。

(3) 确认不用上班时,若情况严重,店长应至门店查看有无突发状况,如未能亲自到达时,可安排就近之人员到门店查看。

(4) 依天灾状况,通知必要之出勤人员。

(5) 将商品、资料、设备等抢救出来后,搬运至安全处。

(6) 向公司报告最新受损动态。

3. 善后工作

(1) 受损状况报告(商品、设备)。

(2) 灾后重建,以尽速营业为优先。

(五) 打架斗殴事件的处理

1. 公司内部员工发生打架斗殴事件,要及时制止,了解事件原因,并将责任人送至相关部门处理。

2. 如顾客之间发生打架斗殴事件,应视情况进行疏导,将旁边的顾客引导到其他区域。同时,及时拨打110报警,并保护好现场,交110处理。

3. 向上级部门报告。

(六)恐吓事件处理

如果员工收到炸弹威胁的电话,应做到以下几点:

1. 保持冷静

2. 仔细聆听威胁发出者在电话中的讲话。

3. 向炸弹威胁发出者尽可能多问几个问题以充分了解相关讯息并记下答复。

(1) 炸弹何时引爆?

(2) 是什么类型的炸弹?

(3) 炸弹在超市的什么位置?

(4) 炸弹是什么样的?

(5) 炸弹威胁者从何处打来电话?

(6) 为什么要放置炸弹?

4. 在记录以上答复的同时,尽量记下:

(1) 炸弹威胁者的声音是男性还是女性,是年轻的还是年老的,以及其口音、语调和背景声音。

(2) 通话时间。

5. 立即汇报给店长(值班经理)与物业安全部。店长(或值班经理)通过广播指挥顾客及员工进行紧急疏散。

6. 物业安全部立即报警。

7. 可以利用闭路电视系统录下的录像带。

8. 在需要疏散时,为避免造成恐慌,可通过广播系统作出其他解释,比如:各位顾客请注意,本超市刚刚接到供电局的通知需要作短暂停电,敬请各位顾客现在按秩序通过前门离开商场,我们将尽快重新营业。这样可以使顾客有序离场,不造成拥挤等伤害。

(七)促销活动现场安全工作处理

门店促销或重大节假日期间往往客流量会大量增加,为避免出现由于拥挤导致的踩踏等伤害生命安全和财产安全的情况出现,门店必须提前做出预案。

1. 重大促销活动(涉及促销商品面较广、价格非常惊爆,易造成客流大量增加;或重大节庆庆典等活动)必须提前一周将活动举办时间、活动内容、促销形式、安全管理措施向当地公安机关报备,争取当地公安机关的重视和支持。

2. 在举办重大促销活动或庆典前,应重点确保现场安全,落实相关安全责任人和负责区域,安排充足的安全保卫力量(可向当地公安机关申请警力支持,也可在区域内各门店间进行防损力量调度)。

3. 在举行促销活动之前,门店必须根据周边交通状况、门店通道设计和预计最大客流量提前制定现场保卫和应急疏散预案。

4. 做好各种促销活动的宣传工作,促销内容、促销时间、促销方式以及促销位置应在明显处公示顾客，广告或宣传信息应保持与现场销售一致。

5. 各种惊爆商品促销活动应避免集中摆放，应分散设置促销区域（尽量选择开阔地域），周围避免设置障碍物，各疏散通道保证畅通。

6. 从商场入口到促销区域，人流线路上的电扶梯、道口、楼梯等应设置专人值守，负责人员疏导和安全提示。

7. 惊爆促销区域应安排人员设置好顾客排队的进口和出口，不得重叠和交叉，应利于快速通过。

8. 针对限量销售的惊爆商品可另行提前安排发放票据和凭证，并保证商品销售数量与宣传信息相符，避免集中哄抢。

9. 针对限时销售的惊爆商品，应提前准备好现场销售区域的位置，商品销售数量要准备充足，安排保卫人员到位。

10. 一些零散、需称重的商品应提前包装、称好，利于快速发放。易碎商品应安排专人发放。

11. 促销活动赠品发放和换购商品应避免和销售商品在同一区域进行，应另行安排场地发放（尽可能在收银区和出口以外），同时做好宣传和指引工作。

12. 促销活动期间的每天早晨，门店应提早做好各项准备工作，安排值班店长和防损人员至外场观察客流情况，发现客流人数众多（超过平时客流）并不断快速增加时应提前开门营业。

13. 门店防损人员应在开门前先行到达入口门外，将顾客与入口门隔开一段距离，避免开门时客流一起涌入，发生顾客摔倒，碰撞挤伤或撞击卷帘门、玻璃门。

14. 当客流量大增，电扶梯载客量接近饱和时，应安排人员节流，有其他通道的，引导从其他通道进入。避免因电扶梯超负荷出现故障，或拥挤造成扶梯玻璃损坏扎伤顾客。

15. 促销活动前要检查商场出入口、安全出口、门窗、电扶梯等相关设备设施是否完好，各区域地面是否有积水或不利于疏散的障碍物。

16. 一旦发生顾客受伤事故，应第一时间将伤者带离现场送医院治疗，维持现场秩序，防止意外再度发生。

小资料

商场促销带来的经济纠纷案例分析

某商场为举行大型暑期打折促销活动，事先发了许多宣传资料。活动当日，商场组织数名保安现场维持秩序，并在商场门口竖起安全警告牌，提醒前来购物的顾客自觉维护现场秩序。但由于前来商场购物的顾客太多，一大早商场门口就已经聚集了大量人群。到商场开门营业时，人群一哄而上，场面失控，致使一名八旬老太太被人群挤倒在地，造成左臂骨折以及身上多处外伤。

事发后老太太的家人立即前来与某商场交涉，认为商场没有尽到保护的义务，应该对老太太的伤害负有责任，要求商场赔偿老太太受伤期间所产生的医药费、营养费等经济损失。但商场负责人的态度是，他们当日组织数名保安在现场维持秩序并且竖起了安全警告牌，已经尽到保护顾客安全的义务。老太太自己也应该意识到商场举行打折活动，购物人员必然很多，自己应该避免单独到这种人多且存在安全隐患的地方。所以，对老太太的请求不予采纳。面对这种情况，老太太的家人来到“148”进行咨询，如何才能保护老太太的合法权益得到实现？

根据我国《消费者权益保护法》的第七条：消费者在购买、使用商品和接受服务时享有人身、财产安全不受损害的权利。消费者有权要求经营者提供的商品和服务，符合保障人身、财产安全的要求。

第十八条：经营者应当保证其提供的商品或者服务符合保障人身、财产安全的要求。对可能危及人身、财产安全的商品和服务，应当向消费者作出真实的说明和明确的警示，并说明和标明正确使用商品或者接受服务的方法以及防止危害发生的方法。经营者发现其提供的商品或者服务存在严重缺陷，即使正确使用商品或者接受服务仍然可能对人身、财产安全造成危害的，应当立即向有关行政部门报告和告知消费者，并采取防止危害发生的措施。

第十一条：消费者因购买、使用商品或者接受服务受到人身、财产损害的，享有依法获得赔偿的权利。

在此案中，某商场虽然采取了竖立安全警告牌和组织保安现场维持秩序的措施，在一定程度上尽到了保护义务，但是，当开门营业之前看到门口聚集大堆人群，商场有关人员能够预知到场面可能会发生混乱，应当采取打开其他进入商场的入口，疏导人群从不同的入口进入商场，或者组织现场群众排队，有秩序地进入商场购物等相关措施。从而达到防止危害发生的目的。所以，虽然商场采取了一定的防范措施，但并没有完全避免危害的发生。商场应当对老太太所受的伤害负有责任，老太太有获得赔偿的权利。

但是，老太太自己也应该考虑到自己年纪大、行动不便等因素，尽量避免单独前往人多的地方。并且，商场竖立了安全警告牌，尽到了一定的提醒义务。所以，老太太也应当因为自己没尽到注意义务而对自己的伤害负有一定的责任。因此，商场应当在其过错范围内承担相应的赔偿责任。

资料来源：http://www.lawtime.cn/info/zhaiquan/zqzwal/2011102435784.html

（八）开闭店期间安全处理

门店开门营业和结束营业时，往往会出现一些意外情况，而且这时为保证一天营业的正常进行，以及门店的财产安全，门店在营业前和结束营业时还有大量的安全管理需要完成。为确保开闭店期间的门店安全，必须按照一定的流程和规范进行处理。

1. 营业前

（1）店长或值班经理同防损员在员工通道，配合人事部门监督维护员工考勤秩序，检查员工工服、工牌及仪容仪表是否规范。首先防损主管检查各通道安全状况，无异常后开启员工通道并进入各岗位；电工开启照明设备、空调设备、电梯等并检查各项设备运转情况；值班经理及防损员按员工仪容仪表规范，对员工进行检查，不符合要求者劝阻进场。

（2）店长或值班经理组织早晨班前例会。具体内容包括通报部门班组目前工作中存在的问题及改正方法；安排当天工作并提出要求；传达上级指示精神等。

（3）值班经理检查各岗人员营业前准备工作。具体内容包括各岗位备好相关台账、表格、笔；人员着装整齐，领取对讲机；做好报警系统调试工作；各通道电源是否正常；电工开启电动扶梯。

2. 开始营业

具体内容包括开门前店长或值班经理用对讲机与外保人员联系了解顾客人数情况，如顾客较多暂不开门，立即抽调内保、防损机动人员支援门外岗位维护秩序，待秩序正常后方可开启大门；疏导顾客安全有序地进入卖场。

这个过程要求：

(1) 入口防损员向当日首批顾客微笑致意，面带笑容，可轻声向顾客致意，“欢迎光临”，“早上好”等问候语。

(2) 防损员提醒顾客存包，有礼貌地说：您好！请把您的包存起来好吗？谢谢！

(3) 首批顾客进场后，还原人员，正常进入营业状态。

3. 进入营业结束状态

具体工作内容包括关闭上行电动扶梯；防损组织人员做好关门前清场工作；防损员做好收银营业款护送工作；当最后一名顾客离开卖场后，关门闭场。

4. 营业结束

具体工作内容包括防损员按程序锁好大门；晚班人员召开班后会总结当班期间工作情况；夜班防损进入值守夜班工作状态；各部门例会结束后，所有员工由员工通道退场，并接受夜间防损员例行检查，防止商品被非法带出卖场；最后值班经理、防损主管、夜间防损人员进行清场。清场要做到：(1) 检查各个安全死角是否有未离场人员；(2) 消防隐患检查；(3) 检查电源、水阀、燃气阀是否全部关闭；(4) 锁好门窗，钥匙交由夜间值班经理保管；(5) 完成全天营业工作；(6) 夜间值班经理负责“夜间 110 报警系统”设防工作；(7) 夜间所有员工不得随意进入卖场。

项目三　消防管理

一、门店消防管理的重要性

(一) 提供安全环境

1. 保障顾客购物的安全。

2. 确保员工工作的安全。

(二) 减少企业损失

安全管理通过制定相应的管理措施和培训教育，使连锁门店具备意外事件的应急能力，降低企业在事故中的财产损失。

(三) 维护企业形象

通常，连锁门店的日常作业活动会在相当程度上对周边住户、企事业单位、当地政府产生影响。因此，健全的消防安全管理可以达到建立、维持企业与政府、社区良好的关系，提升企业形象。

二、门店消防安全管理内容

零售企业为了加强卖场的安全管理,保障商业企业和社会公众的安全,应根据《中华人民共和国安全生产法》、《中华人民共和国消防法》、《特种设备安全监察条例》及有关规定,结合企业的实际情况,制定消防管理制度。

(一) 明确安全管理人员和职责

商场的法定代表人对本单位的安全工作负全面责任,依法履行各项安全职责。商场应逐级落实安全责任制和岗位安全责任制,明确逐级和岗位消防职责,确定各级和各岗位安全责任人。商场应依法确定本单位安全工作管理的职责部门,并确定专职安全管理人员。安全工作管理人员应经本单位考核合格后,方可上岗。

(二) 安全培训

商场应制定并完善火灾扑救和应急疏散预案、处置突发事故等应急预案。有关负责人和从业人员能够掌握预案内容,履行预案规定的岗位职责。商场应当对从业人员进行安全教育和培训,未经安全培训和培训考核不合格的人员不得上岗。特殊工种要依法取得资质证书,持证上岗。商场应至少每半年进行一次全员消防安全培训。

(三) 安全审核

商场的新建、改建、扩建和内部装修工程须经公安消防机构审核合格后,方可施工;工程竣工后,须经公安消防机构验收合格后方可投入使用或开业。内部装修面积在 200 ㎡以下,不改动防火分区、火灾自动报警、自动喷水灭火、防排烟等消防设施,并且装修材料符合《建筑内部装修设计防火规范》要求的非高层建筑,可不报公安消防监督机构,由商场、超市负责安全的部门审核、备案。

(四) 安全器材、自动报警系统

商场应按照《建筑灭火器配置设计规范》的规定,在营业区、库房等部位配置 ABC 类灭火器材。每层建筑面积超过 3 000 m^2 以上的商场应设置火灾自动报警系统。每层建筑面积超过 3 000 m^2 或总建筑面积超过 9 000 m^2 的商场应设置自动喷水灭火系统;建筑面积超过 500 m^2 的地下商场以及高层建筑内的商场均应设置火灾自动报警系统、自动喷水灭火系统和消防防烟、排烟设施。建筑总面积大于 2 000 m^2 和建筑面积大于 500 m^2 且在民用建筑内的商场,应按照《简易自动喷水灭火系统设计规程》的规定,设置自动喷水灭火系统。商场营业区内灭火器材配置点的间距不应大于 20 m。

(五) 卖场安全标准

商场内柜台、货架应合理布置。建筑面积大于 3 000 m^2 的超市应在收银台两侧设置宽度不小于 1.5 m 的无障碍疏散通道,并设置明显标志。柜台的设置不应遮挡、圈占消火栓、灭火器材以及其他消防设施。超市应根据营业区疏散通道的面积限定购物车的数量。疏散通道的面积与购物车的数量应保证 100 m^2 不超过 10 辆的比例,并及时清理停滞在营业区内的购物车。商场的营业厅内,安全出口、疏散通道和其他疏散线路的顶部、地面或靠近地面 1 米以下的墙面,应设置符合国家规定的灯光疏散指示标志。营业厅、疏散通道、封闭和防烟楼梯间及前室均应设置火灾事故照明。商场的装修、装饰及柜台、货架应采用不燃或难燃材料。疏散通道、疏散楼梯间的装修材料应使用不燃材料。

（六）商场、超市库房应符合下列防火标准

库存物品应分垛码放，每垛占地面积不应大于 100 m^2。库房内主要通道的宽度不应小于 2 米。库存物品码放不得挤占或影响消防设施、器材的使用。库房内不准使用碘钨灯和超过 60 瓦以上的白炽灯等高温照明灯具。使用日光灯等低温照明灯具时，应当对镇流器采取隔热、散热等防火措施；镇流器不应设置在闷顶内。库房内不准设置移动式照明灯具。照明灯具下方不准堆放货物，照明灯具垂直下方与储存物品水平间距不应小于 0.5 米。库房内敷设的配电线路，应穿金属管或非燃硬塑料管保护，并与可燃物保持 0.2 米以上的间距。每个库房应当在库房外安装电源开关装置，保管人员离库时，必须拉闸断电。商场库房严禁存放化学危险物品。禁止在库房内设置办公室、休息室或留人住宿。商场内的中转库与营业厅应采取防火分隔措施。

（七）配电室安全要求

建立健全电气运行操作规程、电气设备维护检修、电工岗位责任、运行交接班等各项基本管理制度。配电室应配备用电设备布置平面分布图、配电线路平面分布图、配电系统操作模拟图板等安全技术资料。电工应做到持证上岗。配电室绝缘工具应定期进行试验，试验合格后应加装标志，码放整齐。配电室内严禁存放杂物。配电室和值班室应当分开，值班室内不得放床。

（八）电器设施、设备安全标准

商场应对火灾自动报警系统、自动喷水灭火系统、消火栓系统、防排烟系统、防火卷帘、消防安全疏散指示标志、应急照明、火灾事故广播等消防设施的完好有效情况进行定期检查和维修保养。严禁擅自拆除、停用火灾自动报警、自动灭火等消防设施。商场电气线路的敷设、电气设备的安装必须符合国家和本市有关电气安装技术的要求，并由专业人员实施安装敷设。商场内附设食品加工、餐饮部位应设立独立的防火分区。商场应加强对燃气管道、燃气管道自动切断阀、调压装置、燃气灶具、阀门的维护保养，使用燃气的部位、调压装置室等应设置可燃气体报警探测器。高层建筑的燃气应采用管道供气，禁止使用瓶装液化石油气。商场内食堂、餐饮等场所的抽油烟机、集烟罩以及排油烟管道，每季度应全面清洗一次。商场在营业期间内禁止电、气焊等明火作业。设备维修等特殊情况确需动火作业的，应由单位的消防安全责任人或消防安全管理人批准，采取严密的防范措施，确保用火安全。商场所用特种设备的使用应当符合《特种设备安全监察条例》和有关安全生产的法律、行政法规的规定，保证特种设备的安全运行。

小资料

某零售企业消防安全管理制度

（一）门店卖场防火制度

1. 卖场内及存放易燃易爆物资的场地禁止吸烟、动用明火，需设置明显禁止吸烟标志。

2. 卖场内消防器材、消火栓必须放置在明显位置。

3. 禁止私接电源插座，乱拉临时电线。

4. 营业或其他工作结束后，要进行全面检查，保证各种电器不带电过夜。

5. 柜台内有射灯的，工作结束后必须关闭，以防温度过高引起火灾。

6. 货架商品存放要与照明灯、镇流器、射灯、装饰灯、火警报警器、消防喷淋头、监视头保持一定间隔。

7. 销售易燃品，只能适量存放，便于通风，发现泄漏、挥发或溢出的现象要立即采取措施。

（二）每月防火巡查制度

1. 巡查火灾隐患的整改情况以及防范措施的落实情况。

2. 巡查安全疏散通道、疏散指示标志，应急照明和安全出口情况。

3. 巡查消防车通道、消防水源情况。

4. 巡查灭火器材配置及有效情况。

5. 巡查用火、用电有无违章情况。

6. 巡查重点工种人员以及其他员工消防知识的掌握情况。

7. 巡查消防安全重点部位的管理情况。

8. 巡查易燃易爆危险物品和场所防火防爆措施的落实情况，以及其他重要物资的防火安全情况。

9. 巡查消防（控制室）值班情况和设施运行、记录情况。

10. 巡查防火巡查情况。

11. 巡查消防安全标志的设置情况和完好、有效情况。

（三）每日防火巡查制度

1. 巡查消防安全重点部位的防火管理情况。

2. 巡查消防控制室的值班人员在岗情况和自动报警控制设备的运行情况。

3. 巡查消防器材的分布与使用情况。

4. 巡查各安全通道、安全出口是否正常，有无堆堵情况。

5. 巡查各种消防安全疏散和安全出口标示是否正常。

6. 巡查有无违章动用明火和电源的情况。

7. 巡查在商场内和仓库区有无违章吸烟的情况。

8. 巡查库存区的商品摆放与消防喷淋、烟感设备，照明灯具是否保持适当距离（50 cm）。

9. 巡查易燃易爆物品是否与其他商品混放。

（四）办公区防火制度

1. 办公区严禁吸烟，并在明显位置设置防火标志。

2. 办公区不得储存杂物，不得堆放易燃易爆物品。

3. 办公区不得使用电炉、酒精炉、热得快电饭锅等不安全大功率用电器。

4. 如发现违反本制度者，将对责任人处以50～200元罚款，给责任部门处以500～1 000元的罚款，并给予通报批评。

5. 因违反本制度而造成火灾事故者，将依法追究当事人及主管领导的刑事责任。

（五）仓库消防安全管理制度

1. 仓管员必须熟知保管的商品性质，库内不准存放易燃、易爆、易腐蚀商品，危险品必须存放在危险品库房，要在库房醒目处标明主要商品名称、性质和灭火方法。

2. 库房内严禁吸烟、使用明火，严禁使用家用电器，严禁存放私人物品。严禁无关人员、顾客、供应商入内，不准在库房内会客。

3. 商品码放要整齐，架垛间有不少于90 cm的通道，仓库门口、库区通道、消防栓前端、电闸周围不得存放商品和物料。

4. 仓库内商品必须按照(墙、柱、梁、顶、灯)，五距码放，并要做到商品离灯50 cm，灯泡不得超过40瓦，配电箱下放严禁存放商品。

5. 严禁埋压、圈占监控报警设施及灭火栓、灭火器等消防器材，并要爱护消防监控设施和器材。

6. 仓管员必须熟练掌握灭火常识，会使用消防器材，会发现火险隐患，会扑救初起小火，及时报警。

7. 库房内不得私自拉临时电线，不得使用酒精炉、电炉、煤油炉。

8. 库区如需动用明火作业，经物业安全部批准后，办理动火手续，落实安全防范措施，指定专人监护现场，备足消防器材，作业结束时，认真检查，严禁留有火种。

9. 库房内不得使用移动式照明灯具、碘钨灯和60瓦的白炽灯，灯头应装在通道上方。使用镇流器时，应采取隔热、防热措施。

（六）配电室安全防火制度

1. 配电室内不得会客、吸烟和动用明火、储存杂物、堆放商品以及易燃易爆物品。

2. 各种电器、照明设备及线路的安装使用以及配电室的清洁维修要严格按照有关技术标准执行。

3. 当班上岗时须穿绝缘鞋，带电作业时必须两人以上，停电作业时挂牌操作，并有专人守卫电闸箱，高空作业时系好安全带。

4. 当班上岗时要配适量的消防器材和设施，所有工作人员必须训练有素，不断提高抢险自救能力。

5. 每天由两名以上电工昼夜值班，不得在当班时饮酒、睡觉或擅离值守，对设备运行要定时巡视。

6. 凡安装电器设备、线路，必须经有关部门同意后，由电工操作。

7. 配电室人员和物业安全部每月对地上地下各楼层经营厂家进行电气安全检查，并且认真做好记录。

8. 机房机器需要维修使用油漆或其他化工材料进行擦拭、涂抹、搅拌等，工具物料及其包装物应送到指定地点处理，不得随意弃置现场。

9. 机房工作人员必须严格履行劳动纪律，认真做好工作记录，交接班认真检查，不得在当班时饮酒、睡觉、玩耍(麻将、扑克、棋类)或擅离职守。机房内所有设备、电气要经常检查保养。

(七) 安全疏散设施管理制度

1. 安全门、安全疏散通道

① 确保各安全门、安全疏散通道的畅通,严禁在通道内外堆放杂物或商品。

② 确保安全门的正常开启及在断电情况下的开启。

③ 每月对所有安全门进行开启测试,发现故障及时报修。

④ 安全疏散通道内应保证断电情况下的照明。

⑤ 落实各区域安全门、安全疏散通道的负责人,根据防火巡查要求每日检查。

2. 消防应急疏散标识

① 消防应急疏散标识(灯)的设置应符合消防规范的标准;保证疏散方向正确无误。

② 不得随意更改现有的消防应急疏散标识(灯)的位置。

③ 不得随意遮挡消防应急疏散标识(灯)。

④ 落实各区域应急疏散标识(灯)的责任人,根据防火巡查要求每日检查。

⑤ 定期对应急疏散标识(灯)进行维护保养,发现故障及时报修。

(八) 消防设备、器材管理制度

1. 物业安全部全面负责超市所属的消防报警设施、灭火器材的管理,负责定期检查、维护修理,以确保完备,并建档案登记。

2. 物业安全部负责维护、管理超市公共场所内的消火栓,在重大节日前对器材、装备进行检查,春秋季进行试喷抽查。

3. 各部门、班组对本岗位的消防器材由义务消防员进行兼管,定期进行维护,禁止无关人员挪动、损坏消防设施,防止消防器材丢失,发现问题及时上报物业安全部。

4. 禁止非专业人员私自挪用消防器材,各部门、班组的消防器材因管理不善发生丢失、损坏,该部门、班组应承担一切责任和经济损失。

5. 禁止无关人员动用消火栓,禁止将消火栓用于其他工作,动用消火栓必须要向物业安全部报告。

6. 禁止以任何理由阻挡、遮拦、装饰、侵占、利用、拆除消防设施及消防标志。

7. 本规定未尽条款,均执行消防法所规定的有关条款。

【模块小结】

1. 消耗是门店接收进货时的商品零售值与售出后获取的零售值之间的差额。

2. 损耗是由盗窃、损坏及其他因素共同引起的,了解门店商品损耗发生的原因,并加以预防控制,是提高连锁企业经营绩效的重要保证。门店损耗主要有以下原因:盗窃、作业错误、管理不当、意外事件以及商品价格变动、商品废弃等。

3. 降低损耗,要做到事前预防和事中控制。连锁企业要制定完善的损耗控制制度,并加以严格执行。

4. 门店直接面对消费者,对于超市业态而言,经营环境复杂,所以安全管理极其重要,应引起高度重视。

5. 安全管理主要体现于确保顾客生命财产安全、确保员工工作环境安全、确保门店财产安全,同时通过安全管理,能维护门店与所在地社区、政府良好的关系。

6. 安全管理要做好事前预防、事中控制、事后处理三个阶段的工作。

7. 对危机事故的处理,重在事先要有处理预案,这样在发生危机事故时,才能将损失降到最低。

8. 消防管理是安全管理的重中之重,门店应该认真执行消防法规和连锁企业的消防安全管理制度。

【关键术语/关键词】

损耗　损耗率　危机　处理　预案　消防　消防法规

【知识链接/拓展阅读】

从两起案例谈超市损耗的内部控制

一、案例简介

案例一:超市是我家,东西随便拿

A超市是家1997年建立的大型超市,经过10多年的发展,已经形成了一套比较完善的超市标准作业流程。比如,开门前的作业标准流程是,8点之前有一个值班的保安;8点之后各作业人员开始到门店;8点半全部人员到岗,例行工作安排20分钟;之后各作业人员到各自岗位,9点整门店准时营业。

一日,糖饼课的课长报告门店总经理,该月妙芙蛋糕和果奶存在大量损耗,损耗率已经大大超过超市原先设定的千分之五标准损耗。门店总经理马上会同防损课长,一起调阅了近一个月的监控录像。从监控录像中发现该地区为监控盲区。由于这两类商品为低单价的商品,所以没有像高单价商品采用磁条或者磁扣。从防损部调阅的反盗防损记录中,也未发现大批量的被偷窃记录。门店总经理、防损课长、糖饼课长商议先不把这个消息传开。

在接下来的几天中,门店总经理与糖饼课长通过对日常销售的检查,排除了收银员飞单的可能。但是从调查中发现,此两件商品每天都在损耗,而且损耗的量总在20到25件之间。

门店总经理怀疑开店前有人提前进入营业区所致。次日,门店总经理与糖饼课长在早上7点进入超市悄悄守候。终于发现了情况,原来在早上8点半之前就有人进入超市营业区,进一步确认为新进的一批收银员。通过对部分收银员的调查询问,有收银员坦白了作业过程。因为知道超市的视频监控存在作业盲区,一个收银员初次作业后,并没有被察觉,就告诉了另外一个收银员,同时买通了出入门监控的保安,所以一个多月未被发现。

在事情真相查明之后,该店总经理对所有参与的人员(含收银员10多人,保安2人)做出了开除的决定。

案例二：超市四内鬼偷走百万货物，赃物低价转卖小卖部

据媒体报道，某大型超市在盘点货物时发现大量货物无法平账，其损失额度远远超出日常正常损耗，超市怀疑存在盗窃行为，遂向警方报案。警方根据超市提供的线索分析，超市在货物储存、配送环节可能会有监守自盗的情况。经侦查后，警察在超市物流中心内将库管员安某等四人抓获。据安某等人交代，他们四人属于一个班组，两名库管员两名保安，仓库钥匙分别保管，四人由于常在一起当班，逐渐熟络。因知道超市有日常损耗的指标，四人聊天时都流露出利用损耗指标浑水摸鱼偷仓库货物的想法，最终将这一想法付诸行动。

去年年初，安某等四人下班后返回物流中心内，打开食品仓库，将干果、饮料、巧克力、食用油等搬出，然后打电话找货车司机来拉走。四人将盗出的货物低价转卖到郊区的小卖部，所得钱财挥霍一空。

由于安某等人在盗窃完毕后都会在台账上做手脚，加上几个人每次盗窃的数量不多，盗窃次数也少，因此近一年的时间都未被发觉。安某等人胆子越来越大，近几个月，安某等人盗窃越来越频繁，每次盗窃货物也越来越多，最终在盘货时露出马脚。据查，四人在一年多时间里盗窃的财物价值上百万元，安某等几人因涉嫌职务侵占被警方刑拘，依法追究刑事责任。

二、案例分析：超市损耗的常见风险

超市损耗是指超市所经营商品的账面金额与实际盘存金额的负差异，是因人为不当或因商品报废所产生的损失。在激烈的商业竞争中，防损管理是商家经营管理中的重大问题，是商家降低成本、提高利润的重要环节之一。

超市损耗的风险分为两类，外部损耗风险和内部损耗风险。

外部损耗的对象分别为供应商和消费者。

供应商带来的损耗风险表现为，过量提供货物，以低价商品冒充高价品，未提供赠品或者赠品提供不足，随同退货商品夹带商品等。

消费者带来的损耗风险表现为，未付款将商品夹带出超市，私自更换商品价格条码，付款前将货物当场消费，将已经售出的低价货物退成同类的高价物品等。

内部损耗是内部管理不善或员工恶意舞弊造成的。内部损耗的风险表现为多个方面：

1. 价格设定方面：未及时更新价格条码标签，未经授权私自变价；员工用改换标签或包装，将贵重的商品以便宜的商品或价格结账。

2. 存货管理方面：直接偷窃商品、赠品；偷吃商品或未经过许可试吃；将赠品与正常商品混合管理，进入仓库后随意拿用物品。

3. 收银管理方面：漏扫部分商品(飞单)；以较低价格抵充正常商品；商品特价时期已过，但收银员仍以特价销售；未开具小票私吞客户款项；收银员从收银机中盗窃钱款；收银员为亲属、朋友等少结账或不结账；收银员或客服人员利用退货、换货等手段偷窃钱款。

从前述两个案例来看，都是内部员工利用超市在货物管理上的漏洞，偷吃物品或盗窃物品加以变卖，而且都存在串通舞弊现象，如收银与保安岗位的串通、库管与保安的串通等现象，说明即便公司已设定措施，也需对可能的串通舞弊加以防范。

三、建议：降低超市损耗的内控措施

由于大卖场营业面积大，部门众多，所以对员工的管理也相对比较散乱。员工为一己私利或工作不认真、不负责而造成卖场损耗的事时有发生。据有关数据显示，卖场全部损耗中的88%是由于员工作业错误、员工偷窃或意外损失造成的，7%是顾客偷窃，5%属于厂商偷窃，其中尤其以员工偷窃所遭受的损失最大。以美国大卖场为例，全美全年由于员工偷窃造成的损失高达4 000万美元，比顾客偷窃高出5～6倍。再如台湾省，卖场员工偷窃比率占60%之高。这些资料表明，防止损耗应以加强内部管理及员工作业管理为主。

具体内控措施包括：

1. 加强人员招聘管理。卖场员工往往流动性比较大，因此招聘时要做好简历核实工作，并进行相关背景调查，避免招收品行不端人员，并可考虑要求入职员工提供担保人，降低人员使用风险。在招聘过程中，还应注意职责分离，避免由用人部门自行招聘和决定录用人员，一些超市舞弊案的发生，往往是用人部门人员招收自己熟悉人员进来工作，进行串通舞弊。

2. 开展员工预防教育。从入职开始对员工进行不间断的教育工作，教育分正面、反面等多种形式，采用开会、板报、活动等多种方式，告知员工最基本的道德规范、超市管理制度、违规处罚办法，让员工了解偷窃将给个人带来严重的后果，包括承担刑事责任。

3. 完善作业程序。规范的作业程序是降低超市损耗的主要手段，包括完善收货、向供应商退货、仓储保管、赠品管理、价格标签管理、降价执行程序、客户退换货程序、人员出入管理等各项作业，评估每项作业的风险点所在，并设计相应的控制措施，相关人员定期检查这些措施是否有效执行。

4. 建立举报机制。控制损耗是商场每一位员工的责任和工作内容；因此鼓励员工检举偷盗行为，调动员工的积极性，设立内部举报奖励制度；设立举报电话和员工信箱，接受内部员工的举报；内部举报一般要求实名举报，不接受匿名举报；对举报者的举报姓名、内容予以保密；对于举报的查证，由安全部进行，在规定的时间内完成；对于举报经查证属实者，对举报者给予一定的经济奖励，根据举报案例所挽回的经济损失，具体决定奖励的数额。

5. 对损耗率指标持续监控和分析，并考虑采用数据挖掘技术进行数据分析，及时发现异常情况并采取针对性措施。除了总体损耗率分析外，还对细分商品的损耗率设立标准，并持续监控分析，一旦发现异常，及时予以关注、及早发现问题，并采取对应检查及改进措施。同时，利用数据挖掘技术还可发现损耗异常情况。

6. 建立人员轮岗措施。很多超市损耗往往是串通舞弊引起的，为此，超市可对员工进行岗位轮换，防止员工熟悉后进行串通合谋，亦可将一些相对可靠的员工轮换到不同班组，发现异常情况可及时举报，通过岗位轮换，可在一定程度上防范或发现损耗的相关舞弊行为。

7. 强化内部审计措施。建立内部审计机制，定期和不定期派驻审计人员对管理制度、作业流程执行情况予以检查，及时发现问题，督促各岗位按照规范进行操作，确保内控措施持续有效运行。

资料来源：马军生、郑智园，《中国会计报》2011 年 5 月 20 日

商店消防系统组成

1. 消防标志：消防标志是指店内外设置的有关消防的标志，是国家统一的标志，如“禁止吸烟”、“危险品”、“紧急出口”、“消防设备”等。全体员工要熟记消防标志。

2. 消防通道：建筑物在设计时留出的供消防、逃生用的通道。员工要熟悉离自己工作岗位最近的消防通道的位置。消防通道必须保持通畅、干净，不得堆放任何杂物堵塞通道。

3. 紧急出口：紧急出口是店内发生火灾或意外事故时，需要以最快时间紧急疏散人员离开时使用的出口。员工要熟悉离自己工作岗位最近的紧急出口位置。紧急出口必须保持通畅，不得堆放任何商品杂物堵塞出口。紧急出口不能锁死，只能使用紧急出口的专用门锁关闭，紧急出口仅供紧急情况使用，平时不能使用。

4. 疏散图：疏散图是表示商场（超市/连锁店）各个楼层紧急通道、紧急出口和紧急疏散通道的标志图。它提供危险时刻如何逃生的途径，疏散图须悬挂在商场（超市/连锁店）明显的位置，供员工和顾客使用。

5. 消防设施：消防设施是指用于火灾报警、防火排烟和灭火的所有设备。消防器材是指用于扑救初起火灾的灭火专用轻便器材。卖场主要的消防设施有以下几种：

① 火灾警报器：当发生火灾时，超市的警报系统发出火警警报。

② 烟感/温感系统：通过对烟的浓度和温度进行测试，当标准超过警戒时，烟感/温感系统发出警报。

③ 喷淋系统：当火警发生时，喷淋系统启动，屋顶的喷淋头会喷水灭火。

④ 消火栓：当火警发生时，消火栓的水阀打开，喷水灭火。

⑤ 灭火器：当火警发生时，使用灭火器进行灭火。

⑥ 防火卷闸门：当火警发生时，放下防火卷闸门，可以隔离火源，阻止烟及有害气体的蔓延，缩小火源区域。

⑦ 内部火警电话：当火警发生时，所有人员均可以打内部火警电话报警，以便于迅速组织灭火工作。

6. 监控中心：监控中心是商场（超市/连锁店）设置的监控系统的电脑控制中心，控制卖场消防系统、保安系统、监视系统。监控中心通过图像、对讲系统，能 24 小时对卖场的各个主要位置、区域进行监控，第一时间处理各种紧急事件。

7. 紧急照明：在火警发生时，商场（超市/连锁店）内的所有电源关闭时，可启动紧急照明系统。

8. 火警广播：当火警发生时，在营业期间或非营业期间，广播室都必须进行火警广播，通知顾客和员工，稳定其情绪。

资料来源：南兆旭、滕宝红：《现代商场·超市·连锁店星级服务培训》，广州，广东经济出版社，2010

自测评估

一、简答

1. 什么是损耗？损耗主要是由哪些原因引起的？

2. 如何防范外部盗窃和内部盗窃？

3. 商品损耗如何控制？

4. 安全管理对门店的重要性有哪些？

5. 门店常见的危机事故有哪些？如何应对？

6. 为什么说消防管理对门店经营十分重要？连锁企业的消防制度应该包括哪些内容？

二、案例分析

一超市连锁门店营业到凌晨一点钟，打烊后门店把夜间安全工作事宜交接给了大夜值班的防损员。夜班防损员在值班巡查的过程中，发现门店后面的一扇门被打开了，防损员惊讶之余细查，才知后门已经被人撬开，防损员立即把此事报告给了门店店长，店长立即赶到现场，并把该事件上报给了营运部及安全管理部门。

第二天，营运部及安全管理部门协同警方共同侦查此案件后初步断定：昨晚在门店作案的小偷，在门店下班之前就躲在门店里面的某一角落，等门店工作人员下班后避开店内所有监控录像，撬开了办公室装现金的柜子并把现金占为己有，再撬开后门扬长而去。营运部及安全管理部门一同协查，门店晚间《清场记录表》有相关人员巡场记录签名；再查夜班防损员也有半小时巡查的记录；店长晚间下班前已把现金锁入抽屉。

资料来源：联商博客，作者：李春波

［问题］

1. 一切都按规定流程去操作，为何还会发生此类现金被盗事件？

2. 各小组分组讨论，提出改进建议。（提示：建议要明确、具体，有可操作性）

【实际操作训练/技能实训】

1. 实训目的：能够针对卖场安全隐患问题提出解决措施；了解商店可能碰到的各种突发事件；掌握突发事件的处理和应对方法。

2. 实训环境：在校内实训超市设计相关场景。

场景一：你是某百货商场六楼的现场助理，下午 5 点你正在巡场，突然保安过来通知五楼着火了，要求立刻离开商场。那时店里面客人有不少，听到失火消息，开始有的客人还不相信，接着就看到浓烟了，这时客人都急了，请问遇到此事你该怎么办，如何避免此类事件的发生？

场景二：昨天中午 12 点，高女士购物完毕，从 3 层坐电梯欲下到 2 层，突然她看到前面人群顺着电梯逆行上跑。高女士随着人群跑回 3 层回头下看时，发现在 2 层的电梯下口处，一排手推购物车堵着，而数名顾客被挤在一个不到两平方米的地方。一位坐轮椅的老太太因拥挤而翻倒，轮椅上还压有数人。伴随“砰”的一声，电梯的玻璃挡板被挤破，碎片散落在人群之中。就在下口处人们挤作一团时，电梯仍在不停地滚动，压在人群下的顾客被电梯刷得连声尖叫。作为门店管理人员，遇到此事应该怎么办，如何避免此类事件的发生？

场景三：你是公司总经理办公室的工作人员，电话响了，你例行地拿起电话说："你好，某某公司总经办。"电话那边有一个男子用低沉的声音说："我在你们商场安放了炸弹，在一个小时之内往我的卡上打20万，否则后果你们自负，我的卡号是……"请问此时你该怎么办？公司该怎么办？

3. 实训步骤：第一步实训指导教师将学生5～8人分为一组，设定组长；第二步根据本次实训设计的三个场景，各组任意选择一个场景；第三步各小组学生根据场景，分组讨论，制定最佳处理方案。第四步各小组根据具体的应急处理方案进行模拟演习。

4. 实训要求：第一，处理方案要结合实训门店和场景的具体情况；第二，每个小组成员工作职责要具体、明确。

模块八　门店绩效指标分析

【学习任务】

1. 了解连锁企业门店经营目标主要有哪些？
2. 了解门店经营目标的评价内容。
3. 掌握门店经营指标的分类和计算方法。

导入案例

某便利店诞生两年多的时间，目前共有24家门店。企业业绩存在问题，管理人员感到不对劲，但不知从何下手调整，心里很着急。为了提升业绩，相关管理人员对该便利店进行了分类分析，通过分类分析，找出潜在的贡献销售额和毛利额的分类，重点关注，重点发展。分类分析至少需从三个方面进行分析，具体如下：

1. 首先进行销售额/毛利额分析，通过分析发现烟、饮料、粮油副食、啤酒的销售额和毛利额比重较大，其中烟尤为突出，销售额和毛利额遥遥领先于其他分类。

2. 销售额/毛利额占比和毛利率分析得到所有分类基本呈3大趋势：

(1) 分类贡献销售额和毛利额占比高于单品数量占比

如烟，单品数占比只有3%，销售额占比却高达36.3%，毛利额占比也高达26.6%；饮料单品数占比只有6%，销售额占比却达12.4%，毛利额占比也高达17.7%；啤酒单品数占比只有0.6%，销售额占比为5.5%，毛利额占比4.4%。这些数字告诉我们，烟的单品数量在该企业所有单品数量占比十分少，对销售和毛利的贡献却是居所有分类之首，啤酒对企业的销售贡献和毛利贡献相对于啤酒的单品数量占比高很多。

(2) 分类贡献销售额和毛利额占比低于单品数量占比

如非食品，单品数占比19.3%，销售额占比只有6.3%，毛利额占比只有7.4%；饼干单品数占比11.2%，销售额占比只有3.9%，毛利额占比只有5%。同样性质的分类还有糖果、小食两个在便利店业态相对重要的分类。

(3) 分类贡献销售额和毛利额占比与单品数量占比基本匹配

如乳制品，单品数占比3.4%，销售额占比4.8%，毛利额占比3.8%；烈酒单品数占比3.2%，销售额占比4.2%，毛利额占比3.6%。

3. 单品生产力分析

单品生产力分析需了解几个数据，以糖果为例，分别如下：

SKU占比＝182÷472×100%≈39%

销售额占比＝341 730÷980 391×100%≈35%

销售额/SKU＝341 730÷182≈1 878

销售额/SKU 占比＝1 878÷9 185×100%≈20%

毛利额占比＝65 861÷1 586 808×100%≈4%

毛利额/SKU＝65 861÷182≈362

毛利额/SKU 占比＝362÷1 671×100%≈22%

表 8-1　单品生产力分析

分类	SKU	SKU 占比(%)	销售额	销售额占比(%)	销售额/SKU	销售额/SKU 占比(%)	毛利额	毛利占比(%)	毛利额/SKU	毛利额/SKU 占比(%)
饼干	249	53%	405 916	41%	1 630	18%	79 379	5%	319	19%
糖果	182	39%	341 730	35%	1 878	20%	65 861	4%	362	22%
即食面	41	9%	232 745	24%	5 677	62%	40 619	3%	991	59%
总计	472	100%	980 391	100%	9 185	100%	1 586 808	100%	1 671	100%

从上表中，可以总结出分类的几种形态：

(1) 高产出分类(高销售占比，高毛利占比)。例如烟，SKU 占比只有 3%，每个 SKU 平均贡献销售额的占比高达 39%，每个 SKU 平均贡献毛利额的占比高达 32.6%。

(2) 低产出分类：单品数量多，每个单品平均贡献的销售额和毛利额极低，占比低。例如小食的单品占比 12.4%，每个 SKU 平均贡献销售额的占比低至 1.4%，每个 SKU 平均贡献毛利额的占比低至 2.3%。

(3) 高潜力分类：单品数量不多，每个单品平均贡献的销售额和毛利额较高，占比较高。例如即食面的单品占比 1.9%，每个 SKU 平均贡献销售额的占比为 3.9%，每个 SKU 平均贡献毛利额的占比 5.1%。

上述分类管理方向确定后，该便利店立即投入到实际的工作中，在饮料类、啤酒类等分类增加和引进新商品，同时在门店扩大了陈列面，并与领导型供应商协商提供冰柜。饼干、小食等分类则逐步地缩减商品，保留既有畅销商品的同时，引进市场上的领导型品牌、畅销的包装和口味。不久后店铺的业绩变得到了显著的提升。

资料来源：http://www.linkshop.com.cn/club/archives/2012/455836.shtml

[问题]

1. 门店的经营目标应包括哪些内容？
2. 如何才能实现预期指标？

项目一　门店经营目标

一、门店经营目标的内容

(一) 门店经营的目标

目标是企业经营动机的表现形式，也是企业经营动力的来源之一。经营目标就是门店在一定时期内预期可达到并要求保证达到的成果。它可以用计量的指标或指标群来具体表达。门店的各项经营活动都应当围绕着一定的经营目标来组织进行。

对门店来说,反映其经营目标状态的评价指标主要有销售目标、产品组合与服务目标、经济效益目标及发展目标等。

1. 销售目标

门店在一定时期内所实现的商品销售量或销售额的大小,一方面反映门店的经营机制是否有效运行,其商业职能是否能充分发挥;另一方面也说明了门店求生存、求发展的能力大小,其经营前景将如何。显然,只有销售量大的门店才能取得较大的销售额。在商业利润率相近的条件下,门店要创造较高的利润,首先就一定要创造较高的销售额。可以说,销售目标(包括销售量目标和销售额目标)是门店最基本的经营目标。

2. 产品组合与服务目标

商品交换的效率,在很大程度上依赖于商品的适销对路性。"适销"主要指品质好(具有适销性)和时令得当,"对路"则指目标顾客明确(商品适合于目标顾客的要求),在目标顾客方便购买的地点销售,价格和信息沟通受消费者欢迎。"向消费者提供适销对路的商品"有两层含义:一是指每个产品都适合消费者的需要,拥有较大的现实需要,消费者愿意以现行价格踊跃购买;二是指门店的所有产品都是适销对路的,符合现实的消费需求结构,并且按照消费者购买要求提供给消费者。商品的适销对路性将直接影响到门店的商品销售量。门店如能适时淘汰滞销品,经常调整产品组合结构,增加适销产品项目,提高产品组合的深度和广度,就能增加消费者选择购买的商品范围。

同时,周到良好的门店服务也能促进商品销售量的增长。这是因为,周到良好的服务意味着在商品之外增加了对消费者需求的满足。消费者能够得到更多的好处和满足,必然愿意较多地光顾并购买商品。对于门店来说,向消费者或用户提供周到良好的服务,既是吸引消费者或用户,扩大商品销售量的一种手段,也是以服务竞争取代价格竞争、创造较高经营收入的重要途径。

3. 经济效益指标

提高经济效益,增加利润是企业经营活动的基本动力。一个企业不仅要求生存,而且要求发展。发展的前提之一是企业必须有资本积累。这依赖于企业不断提高经济效益,增加利润。通常,可以用多项指标来反映门店的经济效益。资金利润率是其中的一项综合指标。提高经济效益意味着门店要增加商品销售额,相对降低经营成本,减少资金占用量,提高流动资金周转速度,从而提高资金利用率。

4. 发展目标

门店经营能否不断取得发展,一方面取决于门店管理体制和经营机制;另一方面也依赖于门店的经营素质。门店的经营素质是指门店的员工素质、技术素质和经营管理素质三者的状态及由三者综合形成的经营能量。建立健全科学的管理体制和经营机制,不断提高门店的素质和经营能量,使其始终处于良性循环状态,是门店经营管理的一项重要任务。

(二) 门店经营目标的重要性

门店运营目标有以下三个方面的重要作用:

1. 为企业各方面活动提供基本方向，是企业一切经济活动目标和依据，对企业的经营活动具有指导、统帅的作用。

2. 目标反映一个企业所追求的价值，是衡量企业各方面活动的价值标准，也是企业生存和发展的意义所在。

3. 实现企业与外部环境的动态平衡，使企业获得长期稳定协调的发展。

二、门店经营目标的实现方法

如何才能实现预期指标？对于门店营运未达到目标或者标准者必须分析原因，针对具体情况具体分析，找出问题所在，提出相应的解决方法，从而促进企业更好地发展，实现经营目标。对于如何实现预期指标，具体有以下几种方法：

（一）改善财务安全性

连锁企业很大一部分利润都是来自投资，所以如果投资大，利润率不高，经营不善，就会导致巨大亏损。因此连锁企业必须保证有充足的资本。如果只靠其他途径获得资金，则会存在相当大的风险。所以连锁企业还应该采取其他措施来改善财务安全性。

（二）改善收益

根据计算收益的常用公式：

净收益＝营业利润＋营业收入－营业外支出毛利＝营业额－进货成本－损耗营业利益＝毛利－销售费用－一般管理费用

我们可以知道，改善收益的方法除了促进营业额的增长外，还有以下几种：

1. 降低进货成本

（1）通过集中采购或者与供应商议价的方式，降低商品的采购成本。

（2）直接引进，有时从厂家或者国外直接进口，能节省很多进货成本。

（3）开发有高附加价值的特色产品，或者随市场调查的行情调整商品结构等其他比较有效的方法。

2. 减少损耗

首先针对商品采购、价格制定、进货验收、卖场演示、变价作业、退货作业、收银作业、仓储管理、商品结构等流程处理不当而引起的损耗进行处理；其次对生鲜品的技术处理、运送作业、品质管理、陈列量、商品结构的不恰当管理导致的损耗进行处理；再次对由于设备质量较差的商品损失及时处理。

3. 减少营业费用的支出

降低门店的人事费、折旧费、租金及水电等费用的支出。首先，应提高人员效率以降低人事费；其次可以在不影响价格的前提下，减少投资以降低折旧费；导入专柜可以分担部分资金；安装节电设备，可以节省电力费用。

4. 增加营业外收入

可以引进专柜、收取租金或收取新品上架费等，也可以将店内墙壁、柱子出租给厂商或广告商，在不影响整体美观的情况下收取看板广告费；或者与商品供应商协商，在商品销售年度营业额达到某一水平时，收取不同比率的年度折扣。此外，门店也可以在节假日等平常的促销时向厂商收取广告赞助费。

5. 减少营业外支出

营业外支出主要指利息支出，以及较少发生的投资损失、财产交易损失。

（三）改善销售

1. 寻找优良商圈

商圈是零售店以其所在地点为中心，沿着一定的方向和距离扩展，吸引顾客的辐射范围。简而言之，即来店顾客所居住的地理范围。因此，商圈的优良与否在很大程度上影响着销售业绩。

2. 商品力的提升

一些特殊的商品，其经营难度大，比如难以寻找可靠的货源，运输配送、销售过程都有较高的要求。如不能妥善解决，必定造成经营成本过高，无法与其他市场竞争，使商品不但不能成为连锁超市的利润点，反而容易成为连锁超市的亏损点，所以，商品力的提升也是改善业绩的一个重点。

3. 销售力的强化

连锁企业门店具有强大的营销能力，许多连锁企业经常开展各种促销活动，但是遗憾的是很多门店没有将这些活动整合起来进行强化，导致难以达到满意的效果。所以强化销售力是连锁企业门店应重视的。

4. 提升人员效率

提升人员效率要对人员的质量和数量给予合理的重视。提升质量方法为制定各层级、各部门人员的从业资格条件，并据此选人；数量方面，制定各部门人员编制，严格控制员工人数，简化事务流程，使用简便、高效设备；同时充分发挥连锁经营的优势，各门店具有共性的作业可在本部集中。

【案例】

某公司为广东省知名连锁集团，拥有独立干货及生鲜配送中心，经营业态涵盖食品、生鲜超市、大卖场及区域型购物中心等数十间门店，营业面积 2 000～20 000 m^2 不等，年度营业额逾 10 亿元。其门店以珠江三角洲为核心，辐射至华南各省市。目前公司正在加速圈地扩张，但由于超市行业竞争越来越激烈，公司出现整体竞争力下降，开业一年以上门店营业额、毛利额都达不到预期指标。

资料来源：http://www. linkshop. com. cn/web/Article _ news. aspx? ArticleId =68202

［**问题**］

1. 该门店都有哪些经营目标？
2. 如何才能实现店铺的预期指标？

项目二 门店经营目标评价内容

目标评价是在目标实施的基础上，对其成果做出的客观评价活动。目标评价是科学管理企业经营活动的主要方面，是提高门店经营效益的必要手段。对连锁企业门店的经营目标评价有利于总体衡量企业的经营状况，为进行经营决策提供准确依据，并通过严格的管理和经济核算提高企业自身的经营效益。连锁企业门店经营目标的评价内容涉及以下几个方面：

一、门店经营目标的实现程度

门店经营目标的实现程度主要包括数量、质量、时限等因素，是目标成果评价的核心内容。评价经营目标的实现程度时应注意以下几个方面：

(1) 计算目标成果的正确性。

(2) 评价用相对数表示的目标值时，要和绝对数结合起来，才能得到正确的评价。

(3) 评价定性目标的时候可采用集体审定和群众评议的方式来进行。

二、门店内的协作情况

门店内的协作是保证整体目标实现的重要条件，也是门店经营目标评价的主要内容之一，具体包括以下几点：

(1) 目标分解时规定的协作项目执行情况。

(2) 承担目标部门或个人向其他部门或个人求援协作情况。

(3) 主动帮助其他部门或个人协作情况等方面。

三、目标进度均衡度

目标进度均衡度是连锁企业门店按照预订的计划进度，组织目标实现的一种特性。有了好的均衡度，才能避免前紧后松、时紧时松和搞突击的现象发生。一般连锁企业总部都为门店设立了目标进度均衡率指标，门店也可以根据自身情况设置本店的均衡度指标。年度目标进度均衡率的计算公式为：

$$\text{年度目标进度均衡率}=1-(\text{目标实施进度}/\text{目标计划进度})\times 100\%$$

四、目标对策有效性

对门店经营目标有效性的评价是连锁企业对各个门店和个人在实施目标过程中主动采用对策措施进行评估，其内容主要包括以下几点：

(1) 经营对策是否符合连锁企业长期战略的要求。

(2) 门店业务管理对策是否符合现代管理方向。

(3) 门店具体技术对策是否符合技术进步的要求。

(4) 门店劳动组织对策是否科学合理等。

小资料

沃尔玛：快快收钱慢慢付款

《财富》杂志公布的2007年世界500强排行榜中，美国零售大王沃尔玛公司以3 511.39亿美元的年营业收入跃居榜首。有关人士分析认为，沃尔玛利用“快快收钱，慢慢付款”的财务策略，获得了丰厚的营运资金，提升了企业竞争力。

会计学认为，衡量企业是否有足够的能力支付短期负债，经常使用的指标是流动比率。流动比率的定义是流动比率＝流动资产÷流动负债。流动比率显示企业利用流动资产偿付流动负债的能力，比率越高，表示流动负债受偿的可能性越高，短期债权人越有保障。一般而言，流动比率不小于1，是财务分析师对企业风险忍耐的底限。台湾大学会计学教授刘顺仁分析认为，多年以来，沃尔玛的流动比率保持在2.4左右，现在已经下降到0.9，但这不代表沃尔玛的流动资产不足以偿付流动负债。

据了解，消费者在沃尔玛超市用信用卡购买商品2～3天之后，信用卡公司就必须支付沃尔玛现金。但对于供货商而言，沃尔玛维持一般商业交易最快30天付款的传统。这种“快快收钱，慢慢付款”办法，为公司带来了丰厚的营运资金。由于现金来源充裕且管理得当，沃尔玛不必保留大量现金，并且能在快速增长的条件下，控制应收账款与存货的增加速度。

沃尔玛与供应商的关系，也有值得借鉴的地方。沃尔玛不仅不收取供货商的任何进场费，而且还带动供货商改进产品工艺，降低劳动力成本，甚至分享沃尔玛的信息系统。这种良好的亲商形象，伴随着它在内地供应链体系的日趋成熟，将越来越显示其价值。

资料来源：http://crrc.org.cn/lsal/250716.jhtml

项目三　门店经营绩效的评估指标

一、门店经营绩效评估标准

经营绩效评估标准的设定应注意以下几点：

1. 具有挑战性而且可以达成。
2. 经过管理者及执行者双方同意。
3. 具体而且可以评估衡量。
4. 明确的期间限制。
5. 灵活性。
6. 简单易懂、便于计算。
7. 有助于持续性改善。

二、门店经营绩效评估指标

经营绩效不能靠直觉来判断，因为加盟店的扩展比率较一般企业快速，竞争比一般企业剧烈，所以在经营绩效评估方面，也比一般企业更为注重效率化及规格化的要求。把各种经营绩效的项目及程序规格化、标准化，不但可以迅速分辨出所属店铺的绩效，降低开店失败率，也可以就绩效评估的结果进行改进，减少浪费，增加利润。

门店的经营绩效可以通过对财务报表的分析得到，经营的最终成果都反映在资产负债表和损益表上，但在具体的经营活动中，还要建立一些更为具体的指标来及时反映经营状况。门店绩效评估指标主要有以下4类：

（一）收益性指标

收益性指标反映经营的获利能力。收益性指标的主要评估指标有营业收入达成率、毛利率、营业费用率、净利额达成率、净利率、总资产报酬率及所有者权益率等。收益率指标的计算数据大多来自于损益表。

1. 营业收入达成率

营业收入达成率是实际营业收入与目标营业收入之比。其计算公式为：

营业收入达成率＝实际营业收入/目标营业收入×100％

2. 毛利率

毛利率是毛利额与营业额之比。其计算公式为：

毛利率＝毛利额/营业额×100％

小资料

表8-1　某门店各部门的毛利率与毛利额

部门	销售额	销售比例(％)	毛利额	毛利率(％)
饮料	18 927.00	15.73	1 683.00	8.89
烟酒	25 987.29	21.59	3 267.00	12.57
休闲食品	18 573.89	15.43	2 031.00	10.93
冲调	22 387.45	18.60	2 102.00	9.39
粮油	17 937.95	14.91	8 723.00	48.63
南北罐头	16 534.80	13.74	9 002.00	54.44
食品类	120 348.38	15.03	26 808.00	22.28
……	……	……	……	……
销售总额	800 895.34	100.00	89 021.00	11.12

3. 营业费用率

营业费用率是指营业费用与营业收入之比。其计算公式为：

营业费用率＝营业费用/营业收入×100％

4. 净利额达成率

净利额达成率是税前实际净利额与税前目标净利额之比。其计算公式为：

净利额达成率＝税前实际净利额/税前目标净利额×100％

5. 净利率

净利率是税前净利与营业额之比。其计算公式为：

$$净利率=税前净利/营业额\times 100\%$$

6. 总资产报酬率

总资产报酬率是税后净利与总资产之比。其计算公式为：

$$总资产报酬率=税后净利/总资产\times 100\%$$

7. 所有者权益率

所有者权益率为净利润与所有者权益之比。其计算公式为：

$$所有者权益率=净利润/所有者权益\times 100\%$$

（二）安全性指标

经营的安全性主要是通过财务结构来反映的。评估的主要指标是流动比率、速运比率、负债比率、固定比率、自由资本率及人员流动率。安全指标的数据主要来自于资产负债表。

1. 流动比率

流动比率是流动资产与流动负债之比。其计算公式为：

$$流动比率=流动资产/流动负债\times 100\%$$

2. 速动比率

速动比率是速动资产与速动负债之比。其计算公式为：

$$速动比率=(流动资产-存货-预付费用)/流动负债\times 100\%$$

3. 负债比率

负债比率是总负债与总资产之比。其计算公式为：

$$负债比率=总负债/总资产\times 100\%$$

4. 自由资本比率

自由资本比率是所有者权益与资产总额之比。其计算公式为：

$$自由资本比率=所有者权益/资产总额\times 100\%$$

5. 固定比率

固定比率是固定资产与所有者权益之比。其计算公式为：

$$固定比率=固定资产/所有者权益\times 100\%$$

6. 人员流动率

人员流动率是期间人员离职人数与平均在职人数之比。其计算公式为：

$$人员流动率=期间人员离职人数/平均在职人数\times 100\%$$

（三）效率性指标

国际连锁企业管理协会的品牌研究专家认为，效率性指标主要反映企业的生产水平，评估的主要指标有来客数、客单价、损益平衡点、经营安全力、商品周转率、交叉比率、卖场面积效率、人均营业收入、劳动分配率、总资产周转率、固定资产周转率等。

1. 来客数和客单价

来客数是指一段时间内进入门店的顾客人数。其计算公式为：

来客数＝通行人数×入店率×交易率(依据发票数目统计)

客单价是指门店的每日平均营业额与平均每日来客数之比。其计算公式为：

客单价＝每日平均营业额/每日平均来客数

小资料

表 8-2　某门店各销售药品的客单价与比例

发票张数:8 321	客单价(元)	比例(%)
中药	14.47	15.03
西成药	43.32	45.01
非药品	38.46	39.96
小计	96.25	100.00

2. 损益平衡点(BEP)

其计算公式为：

损益平衡点＝门店总费用/毛利率

3. 经营安全率

经营安全率是指门店的损益平衡点销售额与实际销售额的比率。它反映的是门店的经营安全程度。其计算公式为：

经营安全率＝(实际销售额－损益平衡点销售额)/实际销售额×100%

4. 商品周转率

商品周转率是营业额与平均存货之比。其计算公式为：

商品周转率＝营业额/平均存货×100%

其中:平均库存＝(期初库存＋期末库存)/2

小资料

表 8-3　某门店各商品周转情况

	商品 A	商品 B	商品 C	商品 D	商品 E	商品 F
月销售量	192 960	1 011 540	83 044	58 662	55 176	48 160
日均库存量	90 048	910 386	86 888	23 464	16 552	4 818
周转天数	14	27	35	12	9	3
周转次数	2.14	1.11	0.86	2.5	3.33	9.99

5. 交叉比率

交叉比率是毛利率与商品周转率的乘积。它反映的是门店在一定时间内的获利水平。其计算公式为：

交叉比率＝毛利率×商品周转率

6. 卖场面积效率

卖场面积效率也称为卖场绩效，是指营业额与卖场面积之比，用来评估卖场面积是否得到有效运用。由这一指标可看出每单位空间所提供的效益。其计算公式为：

卖场面积效率＝营业额/卖场面积×100％

7. 人均营业收入

人均营运收入也称为人员绩效，是营业额与门店员工人数之比，是一个人力生产力指标，它反映门店的劳动效率。其计算公式为：

人均营业收入＝营业额/门店员工人数

8. 劳动分配率

劳动分配率是人事费用与营业毛利之比。其计算公式为：

劳动分配率＝人事费用/营业毛利×100％

其中，人事费用包括员工工资、奖金、加班费、劳保费和伙食津贴等。

9. 总资产周转率

总资产周转率是总收入与总资产之比，即门店的总资产周转率，是一个测度企业门店总资产利用程度的指标。其计算公式为：

总资产周转率＝总收入/总资产×100％

其中，总收入包括营业收入和非营业收入。

10. 固定资产周转率

固定资产周转率是企业的年销售额与固定资产之比，它反映的是企业固定资产利用的效果。其计算公式为：

固定资产周转率＝年销售额/固定资产×100％

（四）发展性指标

发展性指标主要反映企业成长速度，评估的主要指标有营业额增长率、开店速度、营业利润增长率、卖场面积增长率。

1. 营业额增长率

其计算公式为：

营业额增长率＝本期营业收入/上期营业收入×100％

2. 开店速度

开店速度是连锁经营企业本期门店数目与上期门店数之比，反映企业连锁经营的发展速度。其计算公式为：

开店速度＝（本期门店数/上期门店数－1）×100％

3. 营业利润增长率

营业利润增长率是门店本期营业利润与上期营业额利润之比，它反映的是门店获得利润能力的变化情况。其计算公式为：

营业利润增长率＝（本期营业利润/上期营业利润－1）×100％

4. 卖场面积增长率

卖场面积增长率是连锁经营企业门店的本期卖场面积与上期卖场之比。其计算公式为：

卖场面积增长率＝（本期卖场面积/上期卖场面积－1）×100％

企业的经营者在进行营运分析时，主要是根据资产负债表、损益表、费用明细表等财务报表进行各项比率的分析：以收益性指标分析获利能力，以安全性指标分析财务状态是否良好及偿债能力的强弱，以效率性指标分析资本及人力的效率，以发展性指标分析企业的发展性。

三、门店经营绩效改善方法

绩效评估之后，对未达到的目标或标准必须进行分析，找出原因，并研究出改善对策。下面对安全、收益、销售及效率的改善分别加以说明。

（一）安全性改善

安全性改善主要涉及以下几个方面：

（1）避免不当的库存金额，降低资金积压。要做好库存管理，适当订购，并做好商品ABC分级管理，淘汰滞销品。

（2）延长货款的付款周期，但不能影响商品的进货价格及品质。

（3）避免不必要或不适当的设备投资。

（4）妥善规划资金的来源与运用。

（5）适当的银行保证额度及余额。

（二）收益性改善

收益改善对策主要涉及以下几个方面：

（1）提升营业额。

（2）降低进货成本。通过集中采购，与供应厂商议价，降低商品进价；减少中间环节；开发有特色、附加价值高的产品；保持合理的商品结构。

（3）减少耗损。防止各项不当因素所引起的损耗，如商品流程不当（包括采购、定价、进货验收、卖场展示、变价作业、退货作业、收银作业、仓储管理、商品结构等流程的不当）。

（4）降低销售费用及一般管理费用。尤其是人事费、折旧费、租金及电力费用。提高人员效率，降低人事费；进行适当规模的投资，降低折旧费；导入专柜，分担部分租金；节省电力费用，装设节电设备，不开不必要的灯；有效运用广告促销费用，严格控制费用预算。

(5) 增加营业收入。如收取租金、新品上架费、看板广告费、年度折扣、广告赞助费、利息收入等。

(6) 减少营业外支出。营业外支出主要是指利息支出，较少发生的是财产交易损失和投资损失。连锁经营企业可采取强化自有资金、谨慎做好投资评估、减少投资损失等方式来减少营业外支出。

小资料

一位顾客想买可乐，走进一家商店，发现这家商店只卖一种品牌的可乐，顾客的感觉就不会很好。如果不仅有好几种品牌的可乐，而且有不同大小的包装，从 1 000 毫升到 550 毫升、355 毫升，甚至于小到 120 毫升的都有，顾客的选择几率就比前一种情况要大得多了，紧跟着的是购买几率也就相应地提高了。如果提高单品的销售金额，那么整家商店商品的销售金额也自然会随之提升。所以店面商品陈列的丰富性是一个很重要的因素。但是要注意一点，库存量要适当，避免过分囤积货物，否则对资金的周转会造成很大的压力。

资料来源：http://www.topbiz360.com/web/html/school/kaidianzhinan/20101019/67952.html

(三) 销售改善

销售改善对策主要涉及以下几个方面：

1. 强化立地力，寻找优良立地，减少开店失败率。

2. 商品力的提升，主要包括商品结构、品种齐全度、品质鲜度、商品特色及差异化、价格的竞争力等因素。

3. 贩卖力的强化。

小资料

售价合理并富有吸引力是促进销售量的重要手段

价格的合理性也是一个很重要的因素。价格如何合理化呢？要实现价格合理化的目标，就必须注意以下两点：① 市场的参考价；② 供货商提供的价格。任何商品的价格都有周期性，最新上市的商品，随着需求量的增加，价格会越来越高，当到达一个顶峰之后，就趋于缓和，逐渐下降。商品的售价如何，要看商品的周期性，是处在上升阶段，还是处在下降阶段。店面的利润是指扣除管销费用之后剩余的净利。像农副产品，包括蔬菜、水果、畜产品、肉类、海鲜类，一般的大超市平均利润在 22%～31%，而电脑等电子产品，大概在 10%之内。

资料来源：http://baike.1688.com/doc/view-d3301518.html

（四）效率性改善

1. 降低损益平衡点。若要降低损益平衡点，需降低固定费用及变动费用率，并提高毛利率。

2. 提高商品率。提高商品效率主要是指提高商品周转率及交叉比率。要提高商品效率，就必须提高销售量、毛利率及减少存货。但减少存货并非指一味地降低库存量，否则易发生缺货、断货的情形。

3. 提高人员效率。有效运用人力资源并合理控制人数，以提高人员效率。换言之，即重视人的质和量。在质的方面，必须规定各部门、各层级人员的资格条件，慎重选用人才，有计划地培育人才。同时，制定奖惩办法，创造良好的工作环境，让员工的潜能得到充分发挥。在量的方面，应制定各部门人员标准编制，控制员工人数，简化事务流程，使用省力化、省人化的设备，妥善运用兼职人员，训练并培养员工的第二专长、第三专长，使不同部门的人员可以相互支援。

4. 提高场地运用率，如开店之前应做好销售预测及店铺规划。

小资料

利用最少的人员达到最佳的营业额

商场一般是早晨 8 点开门，晚上 10 点打烊，实行 14 个小时两班倒。一家店面要配置最佳人数，人员越多，开销也就越大。一家个体商店的工作人员大概在 8 个人。大型的量贩超市，面积可达 20 000 平方米，甚至还会更大，就要用上 300～500 人。此外，还存在兼职人员的问题，有些量贩超市以经营农副产品为主，生鲜商品处理的量大，要求及时，并且工作集中在一段时间内，因此需要大量的兼职人员。而以日用百货、干货食品为主的超市，就不存在这样的问题，就不需要大量的兼职人员。

资料来源：http://www.topbiz360.com/web/html/school/kaidianzhinan/20101019/67952.html

【模块小结】

1. 门店经营目标的内容：实现销售的最大化和保证损耗的最小化。

2. 门店经营目标的重要性：(1) 为企业各方面活动提供基本方向，是企业一切经济活动目标和依据，对企业的经营活动具有指导、统帅的作用；(2) 目标反映一个企业所追求的价值，是衡量企业各方面活动的价值标准，也是企业生存和发展的意义所在；(3) 实现企业与外部环境的动态平衡，使企业获得长期稳定协调的发展。

3. 门店经营目标的实现方法：改善财务安全性、改善利益和改善销售。

4. 门店经营目标评价内容：门店经营目标的实现程度、门店内的协作情况、目标进度均衡度和目标对策有效性。

5. 门店经营绩效的评估指标：收益性指标、安全性指标、效率性指标和发展性指标。

6. 门店经营绩效改善方法：安全性改善、收益性改善、销售改善和效率性改善。

【关键术语/关键词】

经营目标　评价内容　评价指标　收益性　安全性　效率性　发展性

【知识链接/拓展阅读】

如何将客单价提升到80元以上

目前国内大城市的内资大卖场,客单价一直在40元左右徘徊;而家乐福的客单价在80元左右,上海家乐福古北店更是超过了百元。这些跨国公司究竟有什么秘诀?

客单价,一般来说就是顾客平均购物金额。假定有效客流不变,提高销售的唯一方法就是提高客单价。其决定因素有二:

1. 顾客属性,包括顾客生活水平、消费能力、购物习惯等

什么决定顾客属性?最直接的就是选址,当然商店定位、售卖环境风格也有影响。这些都是建店前要考虑的大问题,在此不作探讨。

2. 商店属性包括卖场规划、商品价格、商品结构、商品陈列、促销活动、顾客服务等

从这个角度提高客单价,有两个基本途径:一是提高来店顾客购买商品的单价,也就是创造让顾客购买高单价商品的机会;二是增加顾客单次购买商品的个数。

(1) 在不知不觉中提高客单价水平

在中国,大部分卖场都想建立低价形象。但低价形象并不意味着全面低价。我们的目标是,既强化价格形象,又保证较高的平均单价和利润率,使顾客在不知不觉中提高购物单价。

(2) 根据品类角色来定价

商品在门店里有不同的角色,身价也不一样。目标性品类代表商店的形象,是顾客在该店的首选,价格必须有竞争力。例如家乐福的生鲜和百佳超市的熟食,大部分是天天平价(Everyday Low Price),其敏感单品的价格一定比其他零售商低;而常规性品类价格与对手接近就行,大部分不用低价销售;稍微敏感的可采用高低价格策略(High Low Price),以刺激购买。季节性商品在旺季时获取适当的利润,季节一过,必然降价清仓,所以适用高低定价策略;便利性商品是拾遗补缺的,以满足顾客一次性购足的需求,其价格往往不敏感,不必采用煽动性价格。

另外,品类之下也可效仿。根据品类角色确定价格,可以深化到次品类,甚至次品类中的品牌,以获得更高的客单价和更多的利润。例如,口腔护理类中的牙膏、牙刷、漱口水及其他商品,就可以采取不同的价格策略。64%的购物者只购买牙膏,这使得牙膏类似于目标性品类,因此可以适当调低其利润;而牙刷的购买频率较牙膏低,价格敏感性也小,类似于常规性商品,毛利率可以偏高;漱口水和其他口腔护理产品的销量很小,类似于便利性品类,可以采用每日合理价格,以维持较高的毛利。

表 8 - 4

商品	进货成本	场景 1		场景 2	
		加价率(%)	销售量	加价率(%)	销售量
中华牙膏	2.60	5%	50	3%	140
高露洁牙膏	4.40	5%	80	3.5%	180
狮王牙膏	12.00	5%	6	18%	6
竹盐牙膏	7.30	5%	9	9%	5
总销售额		650.69		1 319.39	
总毛利额		30.99		54.89	

那么次品类中的品牌如何运用这种定价思路呢？请看表 8 - 4 的真实数据试验。其中，场景 2 不仅获得了更高的毛利收入(相对于销售额，这才是超市的真实收入)，还获得了对中华牙膏和高露洁牙膏供应商更强的谈判力。

其实，产品定价的深入程度因品类角色不同可以有所不同，你不必把精力花到所有单品上面。目标性、常规性品类贡献较大、重要性较高，可以做得比较深入，细分到单品。但便利性品类细分到次品类/品牌层面就足够了。

价格带中塞进高价货

以定价提高品单价是基本功，我们还可按价格带划分单品数，在每个品类中适当导入高价格、高价值的商品。

比较分析家乐福、麦德龙、好又多的女拖鞋价格带，可以发现他们对品单价的操作手法截然不同(见表 8 - 5)。

表 8 - 5

店名(单品数)	定价(元)												
	1.9	3.2	5.9	6.9	7.9	9.9	12.9	14.9	16.9	19.9	22.9	24.9	39.9
家乐福(27)			2		5	4	3	3	2	3		4	1
麦德龙(6)		1		1		1	1		1				1
好又多(16)	1		2	1	4	2	2		2	2			

购物心理调查显示：人们认为一双女拖鞋 6 元以下就比较便宜，所以家乐福最低定价 5.9 元，在这个价位上提供两个单品，让顾客感觉这儿有便宜的女拖鞋。

调查还显示，一双拖鞋 20 元以上就有些高了，所以家乐福 27 个拖鞋单品中，有 22 个定在了 19.9 元以下。同时，为了拉高品单价，又在 24.9 元的价位上提供了 4 个单品(后来又在 39.9 元价位上提供一个单品，突破传统心理价位，反衬 24.9 元不贵)。

反观好又多，16 个单品中最低价位在 1.9 元，最高价 19.9 元，从区间分布上来看，明显倾向于低价位单品，所以其品单价绝对低于家乐福，客单价自然也低。

如何跟价

一些外资大卖场制定出商品价格之后，马上就出台应对竞争的“跟价指数”。什么是跟价指数？即本店价格与对手价格的比值，比如跟价指数95%，意思是对手的价格现在调低为10元，则你的价格直接跟进为9.5元。这样就避免了门店在上万个单品的竞争过程中，无法快速决定价格究竟跟到什么程度的难题。

跟价指数一般是根据不同品类的商品，分别定出不同的指数。请注意：跟价指数不一定低于100%。

家乐福C类商品的跟价指数高达130%！这也就是为什么我们市调时不能只抄低价的原因。

抓住一切机会主推高价格、高价值商品

某门店身处的社区购买力强，希望能够吸引月收入2 000元以上的购物人群。实际上门店也做到了。但分析其卫生巾品类，却发现该品类吸引了大量1 000元以下收入的人群。也就是说，门店花费很多精力吸引来的中高收人群，却不在该门店购买卫生巾。

查找原因，发现该门店卫生巾品类的产品陈列、促销都倾向于低档或不知名的品牌。

门店立刻着手优化卫生巾品类，陈列从按夜用、日用转为按品牌陈列，并配以柔和的粉红色，促销也开始侧重一些高值商品，卫生巾品类的生意很快就得到了17%的增长。

在购买力低的社区，面向家庭消费的大卖场要考虑在促销时主推大规格、大包装、捆绑装或量贩装的商品，让顾客有价廉物美之感，引导多买多便宜的消费理念，最大限度地提高客单价。

回想一下，一线城市的大卖场里，方便面更多的是不是大包装？洗衣粉的包装是不是越来越大，甚至出现了一些超大包装？洗发水的促销活动是不是集中在大规格/大包装（如1 000毫升）上？这些都是提高客单价的手段。

如今很多零售商时常搞鸡蛋超低价，拿青菜、白菜2毛3毛一斤赚人气。这都没错，但要看时机。大节庆期间就应该让它们退居二线，不要在主通道或显要位置摆放这些单价低、损耗高的商品，可以的话连海报也不上。因为那段期间，顾客是不会为了鸡蛋便宜5毛、青菜便宜5分跑来凑热闹的。他们更关心过节的商品哪家卖场更多、更全。这时，门店要将有价格优势（高价格、高价值、高毛利）的商品，放置在主通道或货架最佳位置上，引导顾客。

曾经有一家零售商，从春节前一个月开始，杂货、百货低于5元的东西，不允许做促销，不允许做堆头，只能在排面上正常陈列。这种方法可能过于极端，但回头想想，一年365天就那10来天的光景，如果我们还沉迷在低价位商品，那另外355天的生意怎么做？我们要抓住一切可能的机会，力推高价格、高价值商品。

如何提高顾客购买的单品数

靠提高商品单价来提高客单价，仅能起一定作用，一味依靠它是非常困难也是不可行的，因为它可能导致入店顾客数和顾客购买数量的减少。你还得在顾客购买的单品数上做文章。

对于一家每天顾客数千人的大型超市来说，如果每个顾客平均多购买两个商品，就相当于超市每天又增加了上千顾客。要知道，目前超市间竞争异常激烈，每天能增加上千顾客是多么困难啊！

那么如何增加顾客购买的单品数?

买送活动

我们经常看到的,百货公司的返券活动,你搞“满四百送四百”,我就搞“满三百送三百”,那边马上跟进“满一百送一百”,底线一穿再穿。如此拉锯的根据,往往是业务部核算一下说“还有利可图”就可以操作了。

“购物满A就可获得B”,其力度要考虑两个因素,一是客单价,二是毛利率。考虑毛利率,主要是为了决定送出B后,我们会不会还有利润——业务部一般都会考虑这个因素。但他们很少考虑客单价的问题,否则也不会在A的数字上一降再降。

促销活动要提高客单价,A这个数字要适当高于客单价。

如果门店的客单价平均为60元,那么就可以“单票买满80元就赠送或低价购买某些商品”,提高交易金额。因为如果A只有50元,则几乎人人部可以享受到这种优惠,对客单价的促进作用不大,最多是吸引一些客流;反过来,如果略高于客单价,则正好可以刺激顾客把单价抬高到80元以上。80元,是家乐福等外资超市最常用的买赠数字。

在这种买赠活动中,赠实物与赠券是有一些差别的。如果是实物,就要定得稍微高于客单价;如果是购物券,总体思路不变,但在核算上要复杂一些,因为购物券是刺激连带消费的,不能简单高于客单价,就要在B的确定上与品单价错位——因为购物券在消费时是不找零的,不足部分还要补齐现金,这样才利于提高客单价。

比如,你送的B数字是200元,品单价是198元、200元的商品一大堆,你这次活动就没有太大的意义,纯粹让利,除非你没有200元左右的商品。所以买送赠券时,一旦双方价格战开打,尽量不要变动A,而是要根据商品价格状况,在B的大小上调整,这样才能刺激多买,提高客单价。

关联陈列

提高客单价的核心方式就是“关联陈列”,即根据商品与商品之间的关联因素以及顾客的消费习惯,进行合理的陈列。

我们可以设想:一个女性顾客进入门店,如果一开始只是想买一包饼干,但在选择的过程中看见了饮料,觉得吃了饼干口渴,顺便就拿了一瓶,这样客单价是不是就提高了?因此,饼干和饮料这两种关联性大的类别就应该尽量放在同一个地方。

把面包和果酱陈列在一起,方便面旁边搁上火腿肠,把大量两三元的小家庭用品堆积在老虎笼里,或在生鲜区陈列一些调味盒、清洁球等,都可能是好主意。

组合包装

例如薯片配瓜子,把想买薯片或想买瓜子的顾客,都吸引到一起。顾客拿一包,却买了两样商品。冬季的火锅节,把锅底料和小料以及羊肉捆绑销售,同样是组合。

当然,组合装的定价就很有学问了,不是简单相加两个商品原来的售价,而要体现一定的组合优势,让顾客在“觉得划算中”,不知不觉提高了客单价。这一点我们应该向麦德龙学习。

“礼尚往来”是中国的传统美德,而礼品购买,对于大部分集团客户来说是一个左右为难的问题。在一般商店购买礼品,没有好的商品包装;自己包装,又过于繁琐。这个问题常常让团购经手人疲于奔命,最终导致礼品市场大部分被一些广告和礼品公司占领,而零售商却难分"一杯羹"。

麦德龙注意到这个问题已经很久了。多年前,麦德龙就开始在欧洲经营豪华礼包业务,享有"礼包专家"的美誉。麦德龙总是结合相应的节庆及活动营销主题,准备相应的商品组合和特别设计的礼盒。这里的关键是:麦德龙门店成立了豪华礼包团队,专门负责寻找独特的商品组合成礼包,并为每一款礼包设计相应的礼盒。别看一个个花费不大的盒子,它们不仅更好地满足了顾客的需求,还有效地提高了客单价。

把购物车主动推给顾客

北京家乐福国展店开业时,门口只有购物车,没有购物篮,当时许多人不理解。站在投资的角度,购物车成本要远高于购物篮,难道是家乐福不懂成本控制吗?其实不然。

我们有时会看到,顾客左手抱一个西瓜,右手拎一桶金龙鱼油,同时还要杂耍般对付几个小瓶子和盒子,以免它们掉下来。

如果在顾客进入超市时给他们一辆购物车,他们的心理就会发生变化,尤其是对于闲逛型的顾客。第一,他们会觉得自己也应该买点什么,不然推着一个空车走来走去不是很好看;第二,只要把一件商品扔进车里,闲逛的人就开始改变主意了,最后他们也许会变成消费最多的顾客。

为了能让更多的人推着车走,最好在购物车领取处安排一个服务员,当顾客朝着购物车走去的时候,热情地给他们一辆车。这个动作很小,但顾客会很开心,因为这体现了对他们的关心。既可以让顾客满意,又能提高销售额,为什么不做?

不过,总有些顾客不肯推车或拿篮子。可是,他们会这样一直走下去吗?所以,只要看到顾客拿着3件或3件以上的物品,就给他们一个购物篮。

这就对购物篮的摆放位置提出了要求——这些位置需要测试。在主动线的一些位置放上购物篮,每次销售高峰过后,看一看哪里的购物篮被拿走得最多,说明哪里最需要放置购物篮,时间一久,就找到了最佳地点与最佳数量。

有人曾经做过试验,顾客空手进入卖场,最多购买4件商品;当他拿上购物篮后,平均购买件数成了5.5件;当他把购物篮换成购物车之后,平均件数上升为6.5件;主动线上分布一些购物篮之后,平均件数上升为8件。通过这些手段,不花一分钱促销成本,把顾客平均购买商品由4件提高为8件,何乐而不为?

谈到此处,相信大家开始意识到家乐福真的是非常精明了。

延长客动线,增加购物机会

目前很多超市的布局并不能理想化地设计,这就需要我们妥善利用现有的条件,让顾客尽可能在卖场内逗留得久些。

资料来源:http://ecschool.hishop.com.cn/resource/per_transaction

自测评估

1. 简答题

(1) 简述收益性指标所包含的内容。

(2) 简述安全性指标所包含的内容。

(3) 简述销售改善所包含的内容。

(4) 简述效率性指标所包含的内容。

2. 案例分析

尚品宅配O2O案例:一年让单店年销售额近2亿

成立于2004年的尚品宅配,是业内最早提出数码定制的家居企业。尚品宅配通过其强大的3D设计软件及云端设计资源整合能力,在设计端让消费者不仅能体验到单个的产品,甚至因为提供了整体家居设计,并给予高度模拟还原的3D装修效果图,最大限度地减轻了消费者家具与家装设计不搭的忧虑。而在生产环节,尚品宅配深度定制的C2B模式,真正响应了用户的个性化需求,获得消费者的偏爱也就顺理成章了。互联网时代,最重要的思维是什么?用户体验至上。企业以往的营销思路都是以我为主,一切为了销售,一切为了业绩,今天,企业依旧有业绩的要求,但业绩的达成是通过提升用户体验来实现的。简单来说,提升用户体验是目的,业绩达成是顺带的结果。

如果说,建筑在过硬的设计软件研发、强大的云端设计资源整合能力以及柔性生产能力之上的C2B模式是尚品宅配与其他家具定制厂商的核心差异,那么让尚品宅配实现单店近2亿销售的商业密码则是O2O模式。

传统的家居门店通常必备有家居顾问,也就是通常意义上的销售,但却不一定有设计师的岗位。早在尚品宅配成立之初,家居顾问和设计师就是尚品的标准配备。而在2009年成立网上商城新居网,为部分门店提供线上用户流量支持后,尚品宅配门店的架构再一次发生变化,这些门店也被称为O店。顺应消费者消费习惯向互联网转移的尚品宅配,主动出击,将家居咨询服务前移到网络,在网上为消费者提供家具选购的咨询,提前拦截网络上有家居用品购买需求的客流。现在,尚品宅配O店通过线上的SNS、论坛、微博、微信等社交媒体与消费者初步沟通确认量尺后,线上推广与运营部门便将消费者转交给线下门店设计师,从而开创了尚品宅配的O2O模式。该模式不仅从业务逻辑上来看是可行的,实际的盈利能力也非常惊人。相关资料显示,依托于强大的网络引流能力,尚品宅配广州O店单店全年销售额接近2个亿!而这仅仅只是尚品宅配体系遍布全国的O店中一家门店的销售情况。

可以说,尚品宅配的成功本质上是用户体验至上思维转变的成功,是免费策略的成功。而无论是用户体验至上或是免费策略,都是围绕着为顾客提供更优质服务来展开的。尚品宅配企业文化中,有所谓的6个核心行为,首当其冲的一点就是“顾客满意”,C2B也好,O2O也罢,均是顾客满意思维的延续。当一个企业能让它所服务的绝大多数顾客,都能够营造出自己心目中的家时,想不成功都很难。再回头想想东宝大厦尚品宅配O店展厅隔断墙上的“定制,从服务开始”,原来家居行业迅速崛起的全屋家具品牌,早已把它的核心竞争力写在了墙上。

资料来源:http://newshtml.iheima.com/2014/0918/145863.html

[问题]

1. 尚品宅配的经营目标实现情况如何?

2. 其经营目标实现的对策都有哪些方面?

主要参考资料

[1] 操阳,连锁经营原理与实务,高等教育出版社,2008 年

[2] 周勇、池丽华,连锁店营运管理,立信会计出版社,2012 年

[3] 麦肯思特营销顾问公司,门店销售技巧与策略,经济科学出版社,2005 年

[4] 张晔清,连锁企业门店营运与管理,立信会计出版社,2006 年

[5] 黄中鼎,现代物流管理,复旦大学出版社,2013 年

[6] 张琼,连锁门店营运实务,中国人民大学出版社,2012 年

[7] 中国连锁经营协会,2012 中国连锁经营年鉴,中国商业出版社,2012 年

[8] 操阳、李卫华,连锁经营实训,东北财经大学出版社,2008 年

[9] 迈克尔·利维,巴顿·韦茨,零售管理,人民邮电出版社,2004 年

[10] F·罗伯特·雅各布斯,理查德·B·蔡斯,运营管理,机械工业出版社,2013 年

[11] 李卫华,李轻舟,王菱,连锁企业门店开发与设计,中国人民大学出版社,2012 年

[12] 尹春兰、程桢,广告与促销,中国财政经济出版社,2008 年

[13] 克洛,巴克,广告、促销与整合营销传播,清华大学出版社,2012 年

[14] 李卫华,连锁店铺开发与设计,电子工业出版社,2009 年

[15] 叶素贞,节假日促销:108 个促销创意和特色方案,北京大学出版社,2006 年

[16] 林正修、曾新穆、邱文政,零售业促销方法与案例,企业管理出版社,2006 年

[17] 李卫华、彭建真,连锁企业品类管理,高等教育出版社,2012 年

[18] 陆影,连锁门店营运与管理实务,东北财经大学出版社,2009 年

[19]《销售与市场》杂志

[20] 中国营销传播网, http://www.emtk.com.cn

[21] 中国消费者协会网, http://www.cca.org.cn

[22] 中国消费网, http://www.ccn.com.cn

[23] 大润发超市、金鹰超市、家乐福超市、苏果超市卖场促销实例